昭和天皇欧米外遊の実像

象徴天皇の外交を再検証する

波多野勝 著

芙蓉書房出版

はじめに

二〇二二（令和四）年九月八日、エリザベス女王が七〇年間の治世を終えて崩御した。一九五三年に明仁皇太子が女王の戴冠式に参列してから七〇年余、日本の皇族と英王室の関係は三代に及ぶ関係でもあるので実に感慨深い。そして、戦後日英関係改善を推進した女王の功績は極めて大きい。昭和天皇の後継者たる明仁天皇は戦後の様々な課題を背負いながら皇太子時代から英王室と親善を深めてきた。二〇二二年の春、女王即位七〇年の記念式典に参列した明仁天皇の過去の訪英の足跡を見ても、女王との強い絆を感じ取ることができる。

二〇二三年五月六日、ウェストミンスター寺院においてチャールズ三世の戴冠式が行われる。そこから始まる英王室との新たな交流は、戦後日英王室交流の一つの節目といってよいだろう。

振り返れば、明治維新後、日本近代化の象徴となった皇室は、ヨーロッパ各国の王室、なかでも英王室と親交を深めていった。ヨーロッパ諸国を訪問した多くの皇族が、イギリスに立ち寄り英王族と会見している。ヨーロッパでは貴族階級が残っているため、その交流は古くから盛んだったが、日本の皇室も近代化という枠組みの中でこうした交流に加わっていった。帝国主義時代と呼ばれる時代の西欧列強は、「富国強兵」が大きなバロメーターであり、王家はそのシンボルでもあった。長い伝統と歴史に支えられる英王族と日本の皇族はいみじくも帝国主義時代に親交を深めていくことになる。

象徴的な事例は、日露戦争を目前にして締結された一二〇年前の日英同盟だろう。日本外交の基軸になった日英同盟は世界から驚きをもって迎えられた。明治天皇は、一九〇五年に来日したコンノート公よりガーター勲章を贈呈され、さらに日露戦争後にはロンドンで日英博覧会を開催するなど、両国の関係は二〇世紀に入って蜜月時代が続いた。同勲章の贈呈は日本の置かれた地政学的な背景にイギリスが敬意を表したものと思われるが、東アジアで近代国家を急ぐ日本はイギリスの重要なパートナーになっていったわけである。

さて、一九一二年七月三〇日、明治天皇が崩御すると、英王室は再びコンノート公を国王の名代として日本に送り弔意を示した。大喪《たいそう》の儀には海外から多くの貴賓が参列した。これは、日本が国際社会で広く認知され始めた証しでもあった。

日英両国の友好関係は第一次世界大戦のときピークを迎えるが、戦後ワシントン体制がこれに取って代り、日英同盟は消滅することになる。

ところで、二〇世紀の日本を牽引した昭和天皇は、皇太子時代をふくめ三度の欧米外遊を経験している。その中でも特筆すべきなのは一〇〇年前の皇太子時代の一九二一(大正一〇)年のヨーロッパ訪問だろう。大正天皇の病気もあり、皇室の将来を危惧した松方正義や山県有朋らの元老や原敬首相らが、大戦後のヨーロッパを視察して帝王学を学ぶという視点がこの外遊にはあった。これは裕仁皇太子にとって衝撃的な体験となったことが戦後になって次々と明らかにされる。のちに昭和天皇が記者会見で、この皇太子時代の外遊体験を「かごの鳥だった」と発言したのは天皇の本音を語る象徴的な言葉だった。

訪英した皇太子はジョージ五世から君主の威信を学び、そして大学での講演も聴き、「君臨すれども統治せず」といった英国流の立憲君主の姿を肌で感じた。そしてスコットランドの貴族アソール公の居城で過ごした三日間は忘れられない思い出になった。最後の晩の舞踏会でアソール公が領内の農婦らと踊る姿を見て、日本ではまずありえないことと驚きつつも感動を覚えた。イギリスで立憲君主を、さらにフランス、ベルギー訪問で第一次大戦時の戦場を何度も見聞して戦争の悲惨さを学んだことも大きな経験となった。

このとき裕仁皇太子は、アメリカへ外遊の話もあったが、長期間の外遊への危惧、大正天皇の病気ということもあって訪米は幻に終った。歴史にイフはないが、皇太子が訪米していれば、その後の日米関係の緊張に対する何らかの緩和剤になったかもしれない。

一九三〇（昭和五）年四月には、高松宮宣仁親王・喜久子妃が新婚旅行で世界一周の途上、イギリスに立ち寄っている。ロンドン軍縮条約を締結した直後だった。出発前、東京の英国大使館で開かれた高松宮親王夫妻の外遊祝いの送別会の席上、昭和天皇は、国際協調を謳《うた》いロンドン軍縮条約を高く評価するスピーチを行った。昭和天皇のこの踏み込んだ政治向きの発言を聞いた宮中の側近たちは驚いた。鈴木貫太郎侍従長は、このことを内密に日本代表団に知らせて元気づけるとともに、この発言が強硬派を刺激することも危惧し、注意するように伝えている。

さらに日英王室交流は続く。一九三七（昭和一二）年春には、イギリスに留学経験のある秩父宮雍仁親王・勢津子妃夫妻がジョージ六世の戴冠式に参列した。このときの英政府の待遇は破格だった。秩父宮親王夫妻は、戴冠式記念の大観艦式に英艦隊の旗艦に座乗するという厚遇を受け、戴冠式では列席する王族の中で席次が一番という栄誉を受けた。国際状況が緊張する中、日英皇族が良好な関係を維持していたことの証しでもある。ナチス・ドイツの台頭もあって欧州情勢が流動的になるなか、イギリスは古き友人を歓待したのだ。イギリス側の接遇には政治的配慮が感じられるが、そうだとしても異例の配慮だった。

国際情勢に合わせるかのような動きを見せていた王室と皇室の交流も、第二次世界大戦でそれまでの努力が水泡に帰すことになる。一九二九年にガーター勲章を授与された昭和天皇は、大戦勃発によってガーター騎士団の名簿から一度消されてしまう。

戦後、独立を取り戻した日本では、昭和天皇の弟宮たちを中心に、親善友好を目的とした皇族たちの外遊が増えていった。戦争で失った信頼を取り戻すためであったのだろうが、結果的に天皇外遊の環境づくりの露払いの役割を果たした。しかしながら、天皇が自ら外遊して日本が平和国家に生まれ変わったことを示す機会はまだなかった。天皇外遊についての法的整備がなされていなかったからだ。

焦土の中から復興した日本を外国から王族が訪れる機会が増えれば、答礼も必要となるが、一九六〇年代から七〇年代はまさにそのような環境を整える時代だったといえよう。

東京オリンピックと大阪の万国博覧会の開催を機に元首クラスの訪日が盛んになった。これが事態を動かすことになる。海外から国賓クラスの元首を迎えれば、政府や宮中にその答礼としての天皇外遊の気運が生まれていくことになる。つまり、外部からの刺激が国内で高まりつつある天皇外遊の機運を後押しすることにつながる。

これに対し激戦を繰り返したアメリカへの訪問については日本側は慎重だった。ましてや真珠湾訪問となると簡単ではなかった。加えて貿易摩擦や基地問題、さらには中国問題と多くの政治課題が存在し、宮中は訪米実現にはかなり苦労した。政治性を帯びない訪米という難題を乗り越えるには、いわば時の政権と厳しい交渉をしなければならないということであり、実現には長い期間がかかった。センチメンタル・ジャーニーと言われた訪欧と元首クラスの相互訪問を前提とした訪米は性格が異なり、昭和天皇の外遊の背景を振り返るとき注視しなくてはならない重要な問題でもある。戦後のいわゆる皇室外交は様々な要素を含んでいた。

以上のように、天皇の外遊は、戦後皇室外交の実績を積み上げるプロセスの始まりであり、象徴天皇のスタイルを世界に紹介するチャレジでもあった。当然、大戦の負の遺産を払拭しきれない日本の姿も明らかになる。日本の国際舞台への再登場への評価は、天皇が外遊することによって改めて確認されるような時代になった。昭和から平成、令和に変わるなかで、今後天皇の外遊はどのような変化をとげていくのだろうか。昨今、船橋正真氏の昭和天皇の外遊を分析した労作の成果も斟酌しながら象徴天皇の外遊のプロセスを検証してみたい。

二〇二一年は一九二一年の裕仁皇太子外遊から一〇〇年、一九七一年の昭和天皇の訪欧から半世紀という節目でもある。さらに二〇二二年六月は女王の即位七〇年、プラチナ・ジュビリーという英王室では誰も経験していない未知の祝賀行事が執り行われた。残念ながらエリザベス女王は同年九月に崩御したが、世界に悲しみが広がる中、徳仁天皇・雅子皇后夫妻が国葬に参列した。天皇が海外の王室の国葬に参列するのは一九九三年にベルギーのボードゥアン国王の国葬に明仁天皇が参列したのが最初で、エリザベス女王の葬儀に徳仁天皇が参列することは二度目だ。令和の天皇として即位後の訪英は外遊デビューとなった。それほどにベルギー王室との交流、イギリス王室の関係は明治以降、絆を育むべき関係になっているということだろう。

改めて昭和を振り返るとき、天皇の外遊は日本を取り巻く世界との関係を再検証する手立てにもなるだろう。昭和天皇の意思を引き継いだ明仁天皇時代には外遊は「慰霊の旅」ともいわれるようにもなった。令和の時代となり、「慰霊の旅」はどのように引き継がれていくのか、天皇外遊の持つ意味はどうなるのだろうか、過去の遺産をどのように次世代につないでいくのだろうか。天皇の外遊が今後、いかなる進化を遂げていくのか今までの足跡を検証して視座を積み重ねていくことが大切なことだろう。

なお本書で利用した主な新聞、資料や文献は特に必要と思われるものは本文の中で紹介し、巻末で全体の文献は記すことにする。

昭和天皇欧米外遊の実像　目次

第1部

天皇の訪欧

――センチメンタル・ジャーニーの現実――

第1章

✺日英皇室交流の再開

1　アレクサンドラ王女、国賓待遇の来日

戦後の日英両国の接近は、敗戦直後から動き出そうとしていた。一九四六年、グロスター公ヘンリー王子（エリザベス女王の叔父）が、日本に進駐していた英軍の視察名目で訪日する計画があった。しかし、英政府は占領時代という当時の微妙な状況に鑑み、訪日は幻に終わった。一九五一年九月、サンフランシスコ講和条約が調印され、GHQによる対日占領はようやく終わりを告げた。五二年ジョージ六世が崩御し、エリザベスがエリザベス女王二世として王位を継承した。そして五三年に明仁皇太子は女王の戴冠式に出席している。大戦が終結してまだ八年ほど、現地の空気は必ずしも良くなかったが、知日派の働きやチャーチル首相のイニシアチブ、エリザベス女王の配慮もあり、皇太子は無事に使命を果たした。

この頃、イギリスは戦後の不況に見舞われており、海外に英商品の販路を拡大するため奮闘していた。まず日本に駐在したイギリス大使の動きを振り返りつつ、皇室との交流を追ってみ

よう。

駐日大使エスラー・デニングの後任、ダニエル・ウィリアム・ラッセルズ大使（五七〜五九年在勤）は、中東での勤務経験が長かったが、日本の知識はあまりなく、わずか二年で交代している。岸信介政権について「岸首相は我々から見ると到底好感の持てる人物ではない」という彼の評価が残っている。

おりしも英米映画「戦場に架ける橋」が公開（一九五七年）された頃だ。文化や人種の衝突の中で日本軍将校と英軍捕虜の交流を描いたこの戦争映画には、ウィリアム・ホールデン、早川雪洲が出演して話題を呼んだ。この映画は中国でよく上映されるような残虐な日本兵のオンパレードではない。兵士が手にする銃器など考証面では問題があるが、日英両国の文化の違いや国民気質をよく表現した映画だった。

一九五九年七月、岸信介首相は訪英し、ハロルド・マクミラン首相と文化協力を骨子とする協定交渉を始め、翌六〇年日英文化協定が成立、文化交流センターとしてブリティッシュ・カウンシルが国内に開設された。戦後一五年、ようやく本格的な日英交流の道が開けた。この時代が対米英関係改善のひとつの分岐点だったかもしれない。岸首相は、日米安保をめぐる国内政治の大混乱が尾を引いたため評判は決して良くなかったが、近年では、戦後日本外交の方向性を決める過程で大きな役割を果たしたとして、是々非々で評価されるようになっている。

さて、五九年に着任した大使オスカー・モーランドは、大戦前は駐日大使館や旧満州で勤務、戦後はインドネシアの大使も歴任していたアジア通だった。岸信介政権の安保条約改定交渉が政治問題になっている頃だ。彼は、日本が敗戦によってどれほど変化したのか、興味を持っていたようだ。結局「ちょっと見ただけでは私にはあまり変わっていないように見えるのです」

と日本の印象を伝えている。日本が戦後復興の道を歩む中、戦前を知る彼は劇的変化をまだ感じてはいなかった。

外交官のシニカルな表現はいつもながら傾聴に値するが、彼ら英外交官は日本の安全保障問題について、アメリカの後塵を拝していただけに、デモクラシーに言及する報告が多い。彼らには、荒波を越えて国家建設をなしたという自負があるからだろう。

一九六〇年安保騒動の結果、岸内閣は総辞職、池田勇人内閣が成立した。激動の中、明仁皇太子・美智子妃夫妻は、徳仁親王が誕生して間もないのにも関わらず、日米修好百年の記念行事の一環としてアメリカを訪問した。本来はアイゼンハワー大統領訪日後の答礼というべき相互訪問によるものだったが、皇太子夫妻は傷ついた日米関係を修復する役割を果たした。なによりも、ハガチー事件でアイゼンハワー大統領が訪日を急遽中止したという不測の事態を招きながら、明仁皇太子夫妻がアメリカで大歓迎を受けたことは幸いだった。

入江相政侍従は、この年の「年頭所感」において、次のように書いている。

「東宮様も方々へおいでになり、一生懸命やっていらっしゃる。お上の御風格も世界の人々に見せてやりたいが、早くやらないとだんだんお年を召してしまう」

入江は、皇室の長たる天皇が一度は海外訪問を、という淡い期待を抱いていたことがわかる。一九六〇年は、皇太子が天皇の名代としてエチオピア、イラン、インド、ネパールなどを答礼訪問するなど、従来からの親日国、王制国家を中心に皇族の外遊がひときわ目立った年だった。皇族で外遊していないのは天皇のみという状況になっていたがゆえに、入江は天皇の外遊が実現できたらと思っていたのだろう。しかし天皇の外遊は前代未聞で法的根拠もなかったため、その実現にはさらに一〇年も要することになる。

一九六一年一月、アメリカではジョン・Ｆ・ケネディが大統領に就任、日本の経済成長も速度が増していた。日英関係でも交流の機会がめぐってきた。二月、イギリスの上下両院で、日英両国の相互理解を深めるため超党派の議員三七名により英日議員連（その後、八〇年に改めて英日議員連盟）が結成された。七月には小坂善太郎外相が欧州を訪問、ロンドンではマクミラン首相やヒューム外相と会談して、大戦で破棄された通商航海条約の早期締結（六二年締結）、実業家の交流、貿易の拡大を協議している。

しかし、大戦で打撃を受けていた英経済は低迷が続いていた。鉄道などの国有化などによる産業保護の政策は、明らかに設備投資を減少させ、これにより技術開発が遅れ、資本は海外に流出、競争力は減退していた。典型的な例が自動車産業で、強力な労組のストライキが続発して生産力も低迷していた。俗に英国病といわれる。

日英両国の改善は、皇室と英王室の接近を促すことになる。四月二四日の記者会見で、還暦を迎えた天皇は皇太子時代の欧州訪問の思い出を懐かしく語った。そして、まさに過去の交流を思い起こすような皇室行事が秋に行われた。

一九六一年一〇月六日、政府はイギリスのアレクサンドラ王女を国賓で招くことを閣議決定した。そして一一月一四日、アレクサンドラ王女はエリザベス女王の名代として来日した。大戦後、北欧三ヶ国、西独、仏、ベルギーに皇族は訪問しているが、日英皇族の交流はなかった。これが戦後の本格的な王室・皇室交流のスタートになる。

アレクサンドラ王女は、エリザベス女王の従妹で、ケント公ジョージとマリナ夫人の長女として一九三六年に生まれた。王女（王女は六三年、エアリー伯爵の次男アンガス・オルグビィと結婚している）の訪日は、今後の日英関係の進展を占うセレモニーになった。

王女の来日について、この交流は「日本の皇室との緊密な関係を再開したいという意図」だったと英大使館のコータッツィは述懐している。だが単なる親善友好を主眼にしていたわけではない。その背景にあったのは、イギリスの対日貿易の拡大という思惑だった。

英国王族の訪日は、一九二九（昭和四）年五月の巡洋艦「サフォーク」に乗艦して来日したグロスター公ヘンリー王子（ジョージ五世の第三皇子）以来、実に三二年ぶりのことだった。ジョージ五世の名代として来日したグロスター公は、明治天皇、大正天皇に続いて昭和天皇にガーター勲章を贈呈した。ガーター勲章は元々キリスト教徒を対象としており、一九〇六年に明治天皇が授与されたのは異例のことだった。すなわち非キリスト教国家に贈呈するということは、栄光ある孤立を捨て日英同盟を結んだアジアの列国日本への最大の敬意の表明でもあったのだ。コンノート公爵家のアーサー王子がこの時来日している。

グロスター公は、横浜のグランドホテルに宿泊、その後靖国神社に参拝、岐阜ではライン下り、京都では保津川下り、琵琶湖周遊、長命寺、比叡山根本中堂などを参詣、各地を観光して帰国した。この旅行はよほど楽しかったようで、帰国後、王室で話題となったようだ。それもあってか、その後来日した英王族たちは、必ず保津川下りなどを楽しんでいる。

余談だが、保津小学校の児童たちは保津川下りの乗船を呼びかける手紙をたびたび英王室に送った。アレクサンドラ王女に続き、一九六九年のマーガレット王女・スノードン卿夫妻も川下りを楽しんだ（王女は体調不良で乗船はしていない）。二〇一三年には現在のウィリアム皇太子・キャサリン妃にも送り、返書もあり話題になった。二〇一六年にはエリザベス女王にもビデオ・レターを送った。

さて、一九六〇年から翌年にかけて、アレクサンドラ王女は女王の名代として、ジブラルタル、オーストラリア、香港、ナイジェリア、カナダ、タイなどへの旅に出発した。この国々の中で旧植民地でもない日本をあえて訪問したことは、日本や皇室に対する関係改善のサインでもあった。

王女訪日に対し、非公式ながら天皇の英儀式でのガーター勲章着用を認めた。とはいうものの、女王は勲章復活を公式に許可はしていない、また勲章着用を望む意向も表明しない、という非公式ながら黙認するという方針を取った。通常ならかつての敵対国だっただけにガーター勲章着用などありえない。アレクサンドラ王女の訪日は、イギリスの対日外交の試金石だった。

一一月一四日、アレクサンドラ王女（二四歳）は来日した。英王室から若き王女が来日するということで、各マスコミは賑やかに王女の動静を伝えた。羽田空港では秩父宮勢津子妃、高松宮親王夫妻、三笠宮親王夫妻が歓迎し、儀仗兵も整列して厳《おごそ》かなセレモニーが行われた。

英大使館に入った王女は記者会見を行った。大使館には五〇人ほどの記者が集まって大賑わいだった。彼らは二四歳の王女の仕草に瞬く間に魅了された。銀のラメとブルーのブロードケードのカクテル・ドレス、襟元にはスター・サファイアが輝き、靴とバッグは金色、それにブルーのスカーフという出で立ちは、流石《さすが》にヨーロッパ社交界のベスト・ドレッサーの声も高い美しさだった。

王女は、記者団からの矢継ぎ早の質問にうまく対処し、魅力的な親しみやすい方という評判は一挙に広まった。王女が行く先々には住民はもちろん、記者やカメラマンも殺到し警備も大変だった。王女の側近も「これは驚いた。全く意外だ」と驚きを隠せなかった。

翌一五日、アレクサンドラ王女は、儀装馬車に乗って親書を持参して皇居に赴き、昭和天皇、香淳皇后と会見、エリザベス女王の名代としての役割を果たした。アレクサンドラ王女は「今日はガーター勲章をつけていただいて、ありがとうございます」と天皇に述べている。日本側は、イギリスから迎える戦後初の国賓のために最大限の歓待を準備していた。首席接伴委員には成田勝四郎前駐独大使ら七人、明仁皇太子外遊で随員を務めた宮内庁の吉川重国副儀典長もその一人だった。

「まだ二十歳幾つかのお若いプリンセスを、国賓にまでしなくてもいいのではないかという説もあった」(『昭和天皇の思い出』)という声もあった。

このとき宮中で通訳の任に当たったのが真崎秀樹だった。彼は真崎甚三郎陸軍大将の長男で、東京帝国大学を卒業後、一九三四年外務省入省、五九年九月宮内庁侍従職御用係となった。六四年にノンキャリアながら初の大使としてアフガニスタン大使に転出したが、六九年九月から再び宮内庁御用係となった。二度目の勤めは、島重信式部長官が牛場信彦外務次官に「宮内庁に貸してほしい」と真崎の復帰を依頼した結果だった。天皇の信頼は厚く、八〇歳を越えてなお通訳を務めたことは記憶されるべき侍従だったことを意味する。

歓談で昭和天皇は、一九二一(大正一〇)年の皇太子時代の訪欧途上、マルタ島に寄港した思い出話を紹介した。天皇が同地で王女の父ケント・ジョージ公と対面したことが会見で話題になった。またケント公は一九二五年に少尉候補生として来日したこともあった。この逸話を天皇が懐かしい思い出と王女に話した。香淳皇后は王女を昼食に招き、秩父宮妃が中心になって王女の接待をしていた。このこともあって、王女は秩父宮妃が深く関わっていた日本赤十字病院を訪問している。

一四日夜、池田勇人首相主催の王女歓迎レセプションが開かれた。席上、王女は祖父の訪日話を紹介して日英の親交を称えた。料理は、天皇の料理番といわれた秋山徳蔵が腕を振るった。

皇族はもちろん、吉田茂元首相ら政府関係者も出席、盛大な懇親会となった。

注目したいのは、それぞれのスピーチで先の大戦に対するコメントがなかったことだ。大戦中、香港、マレー半島、スマトラ沖海戦、ビルマでの激闘で多くの日英両国の軍人が命を落とした。ところが、王女は「多くのことが起こりました」との指摘以外、語らなかった。こうした大戦の負の遺産は、本来公式の場で女王が発言すべきことなのであえて避けたか、あるいは、国家元首ではないため若い王女の政治的負荷を回避したか、また戦後初の王族の日本訪問で、最初からこの問題をあえて回避したのかもしれない。いずれにせよこの一件は、先送りになったに過ぎない。

パレスホテルでは、日英協会主催の歓迎会が開催され、秩父宮勢津子妃、三笠宮親王・百合子妃夫妻ら六〇〇人が出席する、戦後の日英交流では最大規模のレセプションとなった。戦時中、肩身の狭い思いをしていた関係者には、かつての友好時代を思い起こす感慨深い行事となったようだ。

一六日、王女は、皇太子に誘われ埼玉県の越谷で鴨猟を行い、夕刻には歌舞伎座へ赴き、詰め掛けた観客から大歓迎を受け、皇太子や秩父宮妃と「藤娘」「熊谷陣屋」を観覧、日本文化を満喫した。同夜、「お召し列車」の「金星」に乗車して関西旅行に向かった。翌日は、法隆寺、奈良公園を回り、同地では『産経新聞』のリポーターだった女優田中絹代が王女にインタビューをしている。

さらに王女は伊勢志摩に赴き、海女の潜りや真珠島を回った。この真珠島旅行は王女のたっての要望で実現したものである。御木本幸吉の長男の御木本隆三からピンクのパールネックレスを贈呈された王女は「すぐかけてもよろしいか」と言い、即座に身に付け、近くにいた海女を呼んで記念写真を撮るほどのはしゃぎぶりだった。

ちなみに、エリザベス女王の来日（七五年五月）の際も、伊勢神宮の帰りにミキモトの真珠島を訪れ工程を見学している。女王の真珠好きは有名だった。すかさず反応したのは日本政府で、女王に豪華な真珠のネックレスをプレゼントした。これはイギリスの老宝石商ガラードが製作した四連ネックレスになり、「ジャパニーズ・パール・チョーカー」と呼ばれている。二〇二二年の女王の国葬においてキャサリン皇太子妃がこのネックレスを身に着けて再び注目された。

王女の旅行には、モーランド大使の依頼でコータッツィが全行程を付き添った。関西旅行の帰り、王女は政界を引退して大磯で暮らす吉田茂を訪問した。「日本のチャーチルに会いたい」との王女の要望だったのだ。吉田が「旅行中、なにか不自由なことはありませんでしたか」と尋ねると、王女は、何一つ不自由はしなかったが、「ただひとつ、心残りなことがあります」と答えた。吉田はそれは何かと問いかけた。

「あいにく天気にめぐまれず、マウント・フジの美しい姿を見ることはできませんでした」

すると吉田は、「それはよかった、よかった」と応えた。この返事に王女は訝《いぶか》った。吉田はひとひねり考えた。

「いや、富士山というのは、はにかみやなところがありまして、王女様のようなお綺麗な方がそばをお通りになると、姿を隠してしまうんですよ」

真意はともかく、吉田ならではのジョークで王女の旅行を祝ったのだろう。

王女の闊達《かったつ》な行動力と親しみやすい雰囲気は、日本人に英王室への敬愛の念を呼び起こしたようだ。日英皇室交流の再開はまずは成功だった。七五着もの洋服を持参して、毎日のように着替えて登場する王女のファッションセンスをマスコミは絶賛していた。若きデザイナーの芦田淳は「完全なトップモードですね」（『毎日』一一月一六日）と手放しで評価していた。

二〇日、王女はテニス好きの皇太子夫妻にテニスラケットとボール、浩宮親王には熊の縫いぐるみをプレゼントした。英大使館のコータッツィは、「（日本側が）王女を歓迎するために全力を尽くした」と述懐する。シニカルな表現が好きなイギリス人が日本の接遇を「全力」と評価しているのは珍しい。日本側も特段の配慮で王女を迎えたということだろう。王女来日は、皇室と王室の交流の架け橋になる契機になった。

王女は、エリザベス女王への天皇の親書を手に、秩父宮妃、高松宮夫妻、三笠宮夫妻に見送られて、次の訪問国タイに向けて機上の人となった。離日にさいして「この秀麗な貴国に滞在中、いたるところで暖かく歓迎を受けましたことを心から感謝の意を表明したく存じます」（『朝日』一一月二二日）と言葉があった。翌六二年、秩父宮勢津子妃が訪日への答礼として訪英、アレクサンドラ王女に勲一等宝冠章を贈った。皇族と王族の交流はこうして再開することになる。

２　英国フェア開催と王女再来日

日本は高度成長期を迎えて先進諸国の仲間入りをしようとしていた。そのステップがＯＥＣＤ加盟である。一九六一年の秋、池田首相は、加盟に向けて同意を得るためヨーロッパの主要諸国を訪問した。池田首相はフランスでポンピドー首相、ドゴール大統領に会見、欧米日の三つの自由主義陣営が緊密に連携することを主張して賛同を得た。またイギリスでは、会見したマクミラン首相が、西独やフランスも支持しているとして、日本のＯＥＣＤ加盟はソ連に「対抗するためにも必要」と述べ、日本の加盟に同意した（日本は一九六四年四月加盟）。

池田首相は各国の政府閣僚との会談を経て、「ここ数ヶ月以来の英国の対日関心は極めて高くなったと感じられる」、「（この空気は）日英同盟以来ではないか」と語るほどだった。また、同行した大平正芳外相がダグラス・ヒューム外相のスコットランドの私邸に招かれるなど、交流進展のムードを盛り上げる効果はあった。

一一月一四日、一九四一年七月に破棄通告されていた日英通商航海条約が再び締結された。池田首相が、アジアにおける唯一の先進工業国家として自由主義陣営に属し、極東で中ソと孤軍対抗している日本が「通商面において、西欧諸国から差別されているということで国民に与える心理的影響は大きく、共産主義者の宣伝に乗ぜられる恐れがある」と主張して交渉妥結に執着していた結果だった。帰国した池田首相が、この外遊でヨーロッパ諸国が今までより近くなったと発言しているところを見ると、成果を挙げたという確信はあったのだろう。

池田首相の奮闘振りに対して、成長期の日本を見ていたオスカー・モーランド大使（五九〜六三年在勤）の日本報告（六二年九月）は、まだ懐疑的だった。日本は西洋化しつつあるが、「西洋の民主主義の原理や方式といったものは日本人には全く魅力がない」ようだと吐露している。興味深いのは、貿易問題はともかく、議会制民主主義に親しんでいる英外交官は戦前の教訓から新たな日本のデモクラシーの行方に常に関心を持っていることだ。民主主義国家としてのプライドがあったようだ。

またモーランド大使は、日本は「実用主義的」で、西洋の民主主義と「同じ民主化がなされるという前提に立って我々の（日本に対する）政策を打ち立てることは間違いだろう」としている。要するに、西欧的なメガネで日本のデモクラシーを理解できないとする思いのようだ。伝統や文化の違いなど西洋とは全く歴史観が違う日本の行動様式に、西側の大使はまだ優越感を抱いていたようだ。

次のフランシス・ランドール大使（六三〜六七年在勤）も同様だった。彼はヨーロッパ勤務が長く、日本語には長じていなかったが、非常に勉強家で日本人を知ろうと努力した。だが「日本人の性格を十分理解するのは困難だ」と吐露している。この頃の英外交官には、ややもすると戦後、急速に経済成長する日本は理解し難い国家として映っていたようだ。日英交流はまだ密とはいえない中、日本を理解する機会はなかなかなかった。

一九六四年、東京オリンピック開催を控えて五月二〇日、「国事行為の臨時代行に関する法律」が公布された。それまで、天皇が外遊で国内を不在にした場合、誰が国事行為を代行するのか、その規定がなかったが、これで天皇外遊の不在中は、皇太子が第一番目の代理ということになった。

同年八月二九日、国事行為代行についての会見で、記者から「将来の海外訪問を視野に入れているのでは？」と質問されると、「政府が考えているから委せている」と昭和天皇は述べている。天皇自身が外遊に関心があったことがうかがわれる。これに合わせたかのように、高松宮親王夫妻が池田首相に天皇外遊を働きかけている。天皇外遊を想定し、さらに東京オリンピック開催で、天皇が開会宣言をおこなって内外に存在感を示すことになった。

さて、日英交流の深まりを感じたランドール大使は、さらに商業ベースの「催事」を日本で開催することを進めた。何か大きなインパクトのある「文化的催事企画を実施する時期にきている」という大使館側の判断だったようだ。そこで英大使館は都心のデパートと交渉して、英国製品を扱うフェア開催の準備に取り掛かった。期間は九月二〇日から一〇月三日までである。日本人が英国王室に親近感を持っているということも踏まえて、ブームを呼んだアレクサンドラ王女の再来日を大使館は本国に要請した。

翌六五年、戦後初の英国博覧会が東京の晴海の国際見本市会場で開催された。この博覧会に花を添えるように、九月、アレクサンドラ王女が夫君アンガス・オグルビーと共に再び来訪した。宇佐美毅宮内庁長官、下田武外務次官、ランドール大使らが国賓級の待遇で夫妻を出迎えた。九月二〇日、王女は「英国フェア」の開会を宣言した。主催は財団法人英国海外博覧会（会長ノーマン・キッピング）、後援は英国商業会議所連合会、英国工業連盟という、国を挙げてのサポートだった。これ以後、「英国フェア」は帝国ホテルを中心に頻繁に開催されるようになった。東京オリンピック後に病気で退陣した池田に代った佐藤栄作首相がウィルソン英首相と共に共同協賛者、吉田元首相は名誉会長に就任した。

貿易摩擦に悩んでいたイギリスだが、反転攻勢して日本に貴金属工芸品、美術品、ファッションショーなど対日貿易を促進するためのいわば貿易見本市開催にこぎつけたのだ。日本側の開会宣言は秩父宮妃の発声だった。戦後の日英皇族の結び付きに大きな存在感があったのは彼女だった。

この博覧会には、英国メーカー四〇〇社以上と多くの企業が参加、産業機械から航空機、ウイスキー、さらには保険、航空、海運などのサービス業の展示も行われた。またロンドンから名物の二階建てのバス（六四人乗り）が持ち込まれ、池袋の百貨店から日比谷を経由して晴海まで運行された。またシェイ商相やジェンキンス航空相も来日、六四年のイギリス・ミス・ワールドも会場に登場している。期間中、総計七七万五〇〇〇人もの入場者があった。

英大使館に勤務するコータッツィの回想によると、英国実業家はまだまだ自国の製品に自信を持っていて、日本経済に学ぼうという姿勢は消極的だった。大使館側は、そうした楽観論は過去の話だと説得したが、彼らはまだまだ対日優位を信じていたのである。コータッツィは、実業界首脳に日本の現実をみせるという荒療治で、現状が日本優位であることを理解させようと尽力した。

さらに両国に横たわる問題の一つは日本側の貿易障壁だった。英企業は日本独特の商慣習や保護政策の対応に苦労しつつも、特に毛織物、スコッチウイスキー、チョコレート、ビスケットなど消費製品の輸出の増加を目指していた。大使館としては英国商品の市場開拓のみならず、日本への認識をあらためることも狙いのひとつだったようだ。大使館では、商務経済部職員を増員して大使館の庭に独立の専用事務棟を建設した。

九月二二日、アレクサンドラ王女夫妻は第一会場、第二会場を、名誉総裁の吉田茂元首相と共に回った。英国王朝史、チャーチル展、英国議会などを参観、終わって吉田と午餐を共にした。英国博覧会に合わせて都心のデパートなどが様々なスタイルで「英国フェア」を行った。池袋西武百貨店では「小泉八雲のすべて」と題する記念式典が開かれ、アレクサンドラ王女も来館、彼の作品、使用した日用品、各種の本が展示された。モーランド大使も年次報告で「日本における英国のイメージは上向き始めている」と伝えている。

二七日、王女夫妻は、秩父宮妃とともに大磯の吉田邸に招かれ昼食を共にしている。王女は二度目の訪問だ。二八日、三井倶楽部において日英協会主催の歓迎レセプションが開催された。王女夫妻は、二九日参宮橋の養神道場で合気道演舞を観覧、同夜、英大使館で夕食会を開いてお別れ会をしている。

このように、戦後の日英皇族交流の先導役としてアレクサンドラ王女の果たした役割は秩父宮妃同様、極めて大きい。大使館側も、王女夫妻が「すべての重要な行事で会場を盛り立てる役を演じられ」と本国に報告するほどの盛況だった。

さて、「英国フェア」の成功に気を良くしたランドール大使は、同フェアを開くだけではまだまだ両国は遠い存在のままであることを理解していた。彼は「日本から見た場合、英国はまだ地図の上に見当たらない」と訴えている。それだけ日英間の距離は国民目線では隔たりがあったということだろう。両国の親善友好が実を結び、六八年六月から翌年にかけて両国間の貿易拡大をめぐる交渉が本格化した。両国の最終的合意文書では、対英輸出自主規制品目は五六品目から四八品目になり、一方、イギリスは六八年から輸入制限を撤廃することになった。

ところで、アレクサンドラ王女夫妻の来日に応えるかのように、六五年一〇月一二日から常陸宮正仁（明仁親王の弟）・華子夫妻が新婚（六四年九月結婚）旅行でヨーロッパ（デンマーク、フランス、ベルギー、オランダ、西独、スイス、イタリア）を訪問した。オランダではユリアナ女王、フランスではドゴール大統領らと会見、さらにイギリスでは政府の賓客として、一一月三日バッキンガム宮殿においてエリザベス女王主催の午餐会に招かれた。歓談では親王が関心を寄せる鳥類の話で盛り上がった。ロンドンに戻っていたコータッツィが女王と常陸宮親王夫妻の通訳となった。

派手さはないが皇族による日英交流は少しずつながら進んでいた。天皇の国事行為の代行についての法律が施行されてほどなく、六五年での記者会見のことである。記者団から、海外旅行の話が噂されているとして「そろそろご外遊の時期では」と質問があった。天皇の回答である。

「私は行きたいと思っているのはもちろんです。しかし、内外の事情を考えると大変難しいことだと思っています」

各皇族の海外訪問が増える中、天皇は、海外旅行に強い関心を持っていたことがわかる。しかし、憲法上の規定があるので自ら行動は起こせない。内外の空気、環境整備、これが一番の問題だった。

その後、六八年六月のハワイにおける日本人移民百年祭に、ぜひ天皇の出席をとの声があがった。ハワイはアメリカの一州であり、この訪問は訪米となる。となると天皇の最初の訪米で、大統領との会見といった儀礼も考慮しなくてはならない。その上、同地はパールハーバーという日米開戦の記憶がまだ新しく、さらに答礼という問題も浮上する。記念式典に出席すれば良いとの話で済むはずもない。相互訪問を前提としている外交儀礼となると簡単なことではない。天皇外遊となると、様々な制約が登場することになる。

３　日本通ピルチャー大使の功績――再度の英国フェアとマーガレット王女来日

一九六七年一月、秩父宮勢津子妃が再び訪英した。ロンドンにおける日英協会創立七五年記念行事に出席するためである。この頃も秩父宮妃が依然として皇族で日英交流の支え役になっていた。

同年一〇月、ジョン・ピルチャー大使（六七〜七二年在勤）が日本に赴任した。彼は七一年の昭和天皇の訪英をサポートした大使となる。彼は、父親が軍人でパキスタンに赴任中に同地で生まれた。語学の達人で、ケンブリッジ大学在学中知り合った最初の日本人が、吉田茂の子息吉田健一（ケンブリッジ大中退、英文学者）だったというから、日本とは運命的な出会いだったのかもしれない。

一九三六（昭和一一）年二月、彼の最初の赴任地は東京だった。このとき帝都を揺るがす二・二六事件に遭遇している。軍人によるクーデター事件などイギリスでは考えられないことだった。彼は日本文化にとても造詣が深いが、このときの体験が大きいのか、日本政治にはどうも懐疑的になるところがある。

四一年、開戦直前にピルチャーはロンドンに帰任。大戦後、ローマの英国大使館勤務を経て五一年、英外務省の日本・太平洋地域担当課長に昇進した。五九年からフィリピン大使、外務次官補、オーストリア大使を歴任して、六七年一〇月に日本大使となった。

彼が赴任した頃は日英貿易摩擦が激しくなっていた時だった。ピルチャーはイギリスの対日強硬姿勢を緩和するよう英政府に要請したが、簡単ではなかった。特にアントニー・イーデン外相には、対日政策について意見を何度も具申したという。だが、対日戦の体験があるイーデン外相には「俺は日本人が嫌いだ」と言われて困惑していたようだ。

ランドールに代わって東京に赴任したピルチャーは、今度は思う存分日本文化を味わうことになる。人材交流も、政治家から経済人は言うに及ばず、音楽家、知識人、陶芸家など幅広くなりかなりの日本通大使になった。さらにピルチャーは、京都や奈良に魅入られ、日本家屋に住んで古都を満喫したこともあった。外国人には難解な京都弁が気に入り、日本人と話すときに怪しげな京都弁を使って相手を笑わせるというユーモアもあった。日本の政治についての認識は冷ややかだが、文化には随分関心を持っていた。ピルチャーは、本省にいたヒュー・コータッツィを商務官として呼び寄せ、貿易業務などを経験豊富なコータッツィに任せてしまったようだ。

昭和天皇と皇室記者との会見が増えていくのはこの頃からだった。当然ながら戦前の外交課題や戦争問題、各国王室との交流に話が及ぶことになる。

九月八日の記者会見で記者から「終戦の決意をされたのはいつだったでしょう」と質問され、天皇は「私は若い頃、ヨーロッパを旅行して第一次世界大戦の惨状をみて、戦争はいけないと思った。開戦の時からその時期を考えていた」と答えている。先の大戦について話題になることはあらかじめ承知だっただろうが、天皇の会話の中で戦争に関わる話がようやく記者にも伝わるようになったのはこの頃だった。

そんな頃だった。ピルチャーの肝いりで、イギリスから経済界の訪日使節団を招いて「東京における英国週間」（一九六九年）を開催することになった。以前の「英国フェア」と同じ発想だ。六六年に日本橋三越がフランス商品の販売を目的に「ナポレオン展」を開催して成功したのを見て、英大使館も話題になると考えたようだ。

発展する日本市場に英製品をどう売り込むか。コータッツィは六〇年代の中頃からは、英国の企業は日本市場に参入しようと懸命の努力をしていたのだが、飛躍的に拡大したわけではない。造船業、車や鉄鋼などが貿易摩擦の好例だったが、英当局は日本産業界の技術革新の進歩を知ることにいささか鈍感だった。国際競争力は当然低下する。俗に言う英国病である。前述したように、自社製品が優れているという英国企業のプライドの高さも問題だった。

たとえば造船会社の首脳は、来日前、自社の技術力に自信を示し、日英間に不公平が存在すると息巻いていた。ところが、来日した彼らは日本の造船方法、効率、高い生産性を見て「競争して追いつけないほどの水をあけられていることがわかった」。車も同じだった。コータッツィはブリティッシュ・レイランド（ローバーやジャガーで有名）のストークス社長に、「日本への見方は間違っている」と説明したが、なかなか納得してもらえなかったという。このようにイギリスが苦境に立つ中での「英国フェア」だった。

ピルチャー大使はコータッツィと協議して、王族の協力、来日を要請した。目的は、九月二六日から始まる英商務省と英大使館主催の「英国フェア」（英国週間）を盛り上げることだった。各デパートの協力を取り付ける意味でも、注目度が高い王族の来日は重要だった。

このように、戦後の英王室関係者の来日は、博覧会開催といった文化や貿易交流の牽引役としての役割があったこと、そして天皇と女王の相互訪問の伏線になっていくことは留意しておきたい。

九月一九日、マーガレット王女・スノードン伯爵夫妻の来日を控えて、宮中では島重信式部官長による二時間半ものイギリスに関する講義があった（『入江日記』）。事前勉強である。マーガレット王女はエドワード六世の次女で、エリザベス女王は彼女の姉だ。彼女は、侍従武官のピーター・タウンゼント大佐との禁断の恋を経て、六〇年スノードン伯爵と結婚した。映画「ローマの休日」のモチーフになったともいわれている。だがタウンゼント事件の後遺症で、王女は派手な生活をおくるようになり大衆紙を賑わせた。来日した頃は、その話題の真っ只中にあった。

さてマーガレット王女・スノードン卿夫妻が翌二〇日に公賓として来日した。天皇は二二日、マーガレット夫妻を引見、その後、天皇は研究している魚介類の標本を紹介した。ピルチャー大使は王女のために大使館で舞踏会を開いている。そして東京を離れたマーガレット王女夫妻は京都観光に出かけた。京都の亀岡市保津町では、保津川下りを堪能することになったが、体調不良で残念ながら王女は乗船はできなかった。

マーガレット王女は東京に戻り、近代美術館の「ヘンリー・ムーア展」、日本武道館の「東京における英国展」、西武デパートの「エリザベス一世とエリザベス王朝展」、三越デパートの「ロンドン市　その財宝と伝統展」、松坂屋のオックスフォードとケンブリッジ展」、高島屋の「英王室宝飾展」、小松ストアーの「英国商品展」、松屋の「英国の製陶術展」、大丸の「ロールスロイス史展」、虎ノ門ホールの「ロンドンファッション」、伊勢丹の「サー・ウインストン・チャーチル展」、ソニービルの「電気器具展」、小田急デパートの「英国の分析展」、京王デパートの「シェークスピア展」、阪急デパートの「英国写真展」と、次々に観覧した。

都心の主要デパートで、これほどのユニオンジャックがはためくのは前代未聞。それだけイギリスが対日輸出振興に力を入れていたのである。背景には、日本人の心に宿る親英的な空気を触発して、同時に経済成長著しい日本の大衆の購買力に期待するという思惑があった。

「英国フェア」にはロンドン市長も来日してパレードに参加、イギリスの電子機器メーカーも参加して先端技術製品の会議も開かれた。さらにロンドン名物二階建てバスが都心を走り、秩父宮妃や各皇族もこのバスに乗車してフェアを盛り上げた。王女も京王デパートなどを訪問している。

合間をぬって王女夫妻は、洋酒を販売していた明治屋の京橋ビルや新有楽町ビルに開館したばかりの丸紅アートギャラリーを訪問、総額三〇億円にのぼる欧州絵画巨匠展を鑑賞した。この時の革表紙の豪華なカタログには、王女夫妻のサインが残された。日本武道館では一六〇〇年の三浦按針に遡る日英交流の展示物を鑑賞した。イギリス側の力の入れようは尋常ではなかった。

フェア終了後、コータッツィは「我々はみんな、気が抜けてしまった」とふりかえっている。それほどの力の入れようだった。他方で、皇室と王室の交流が進んだことは、数年後の日本万国博覧会開催に向けてまたとない環境づくりにもなったことは疑いない。

第2章 ニクソンの日本訪問

1　ニクソン副大統領の訪日

戦後の日英関係は、「英国フェア」や王族の来訪で分かるように経済関係が先行していたが、日米関係は安全保障問題が重要なテーマだった。アイゼンハワー大統領の下で副大統領だったリチャード・ニクソンは、弁護士時代も含めて何度も日本を訪問している。知日派とは言わないまでも、日本の政財界関係者や昭和天皇、明仁皇太子に何度も会見した政治家だった。

さてニクソンは、ロサンゼルス近郊に住むギリシャ系の父とドイツ系の母との間に生まれた。地元のウィッティア大学を卒業、次いでデューク大学ロースクールを経て、一九三九年に弁護士事務所を開いた。一九四〇年に結婚し、翌年物価統制局に入り、大戦が始まると後方の補給士官として南太平洋戦線にいた。

四六年、ニクソンはカリフォルニア州で下院議員となった。ライバルとなるケネディがマサチューセッツ州で初当選したのもこの年だ。冷戦が激化している五〇年代のアメリカは、共和党のジョセフ・マッカーシー上院議員によるマッカーシー旋風という赤狩り、反共のうねりが覆っていた。弁舌たくましいニクソンはマッカーシー議員に協力して、反共の闘士として頭角を現していく。五〇年に上院議員に鞍替えしたニクソンは、共和党内の保守派から評価され、五二年、三九歳の若さでアイゼンハワー政権の副大統領に就任した。

一九五三年九月、明仁皇太子はエリザベス女王の戴冠式に参列後、アメリカを再訪した。このときの訪米は公式訪問ではなかったが、米政府は国賓が宿泊するブレア・ハウスを提供した。日米戦争が終わってまだ八年、驚くべき配慮だが、過去より未来志向の異例な対応だった。

ニクソン副大統領は明仁皇太子を歓迎、さらにアイゼンハワー大統領も公務をわざわざ変更して会見した。また財界人のジョン・D・ロックフェラー三世が皇太子を厚遇した。彼はサンフランシスコ条約調印時のアメリカ代表団の一人で、ジョン・フォスター・ダレス国務長官とともに来日、さらに松本重治らと国際文化会館設置に尽力した財界人である。その後、日米修好条約百年事業の発起人として友好の懸け橋になる。

レセプションでは、ダレス国務長官から「自由世界の一員として日本が今後絶えず建設的な役割を果たしていく責任を負っている」と歓迎の言葉があった。アメリカの思惑はこのスピーチに明快に表されている。かつての日米戦争を問うのではなく、冷戦が進行する中、これからの日本が西側世界の一員として役割を果たすことを期待しての歓待だったのだ。

明仁皇太子が帰国してまもなく、アイゼンハワー政権の意を受けてニクソン副大統領がアジア歴訪の旅に出発した。ワシントンを出発したニクソンは、アジア諸国を回る中、一一月一五日東京にやってきた。

アイゼンハワー政権の戦略といえば、ダレス国務長官の核戦略、いわゆる大量報復政策が知られている。トルーマン時代の封じ込め政策に代って別名ニュールック政策と呼ばれた。アメリカは核兵器に依存を深める一方で、同盟国による通常兵器の軍備充実を主張していた。日本にとっては再軍備問題になる。ニクソンの訪日の目的の一つは対アジア外交の再構築にあった。ここからニクソンと日本との因縁浅からぬ関係が始まる。吉田首相は、安全保障はアメリカに依存し、経済復興を優先していた。軍事力に資金を投入するのは、日本の経済力と当時の日本人のメンタリティーから見ても危険な選択だった。そこで登場したのが警察予備隊、後の保安隊、自衛隊だった。この組織の役割は、朝鮮半島への米軍の進出に鑑み、後方支援、治安対策が考えられていた。ところがアメリカは冷戦の激化に伴い、日本にさらなる軍備充実を要請するようになる。

『朝日』は、彼を「実力備えた反共右派」と紹介しつつ、「大統領の親善大使の儀礼的な意味を越えて注目」したいと記している。ニクソン副大統領は、来日に際し「天皇陛下及び最近米国を訪れた皇太子殿下にもお会いしたい」とも述べている。『ニューヨーク・タイムズ』紙のコラムニストだったウィリアム・サフィアも、「ニクソンはいつも中国へ行くことを夢見ていた」こと、また大戦中、南太平洋で艦船に乗り組んでいた体験もそれを後押ししたと書いている。因みに、サフィアは後のニクソン大統領時代に特別補佐官（後にスピーチ・ライター）を経験している。

一方、日本では、アイゼンハワー政権の副大統領初の訪日ということで接遇に気を配った。日米関係の親密さと復興への恩義も含めて、破格の待遇で出迎えたのが吉田茂首相だった。政府は「副大統領夫妻を滞在中の全期間を通じて国賓として衷心歓迎する」（「ニクソン副大統領訪問」）と決定した。こうしてニクソンは、記念すべき戦後の日本の国賓第一号となった。外務省の松井明参事官を首席接判員にして多くの外務省職員が動員された。

アメリカに安全保障を担保した吉田の戦略は、結果として戦後の安全保障論議に正面から取り組むことを回避することにつながった。軍事力を放棄して安全保障はできるのか、平和国家とは何か、資源がない国家は危機に陥ったときいかなる対処をするのか、同盟システムや勢力均衡で平和を維持できるのか、こういった問題を論議する時間はあまりになかった。最近の防衛論議もこの時の後遺症ともいえる。アメリカの強い再軍備要請に対し、吉田は国民感情も考えながら当面軽武装主義でかわしていくことになる。

大蔵省から政界入りした宮沢喜一は、訪米時のアメリカは「朝鮮で戦っている李承晩大統領は英雄だった」という空気であったが、それに比べて「再軍備をおこたっている吉田首相の評判はまるで悪い。池田もその仲間であるという空気であった」と述懐している。

さて、一一月一五日、ニクソン副大統領はジョン・ムーア・アリソン米大使の招宴に出席、一六日には昭和天皇と会見して大統領からの「親書」を手渡し、「日米両国の親善に努力したい」と言明した。一九七一年のアラスカでの両者の歴史的会見を遡ること一八年も前のことだった。

この天皇とニクソンの初会見について、作家保阪正康氏が、その場に立ち会った島重信式部官長にインタビューしている。

「もっとも印象にのこっているのは、ニクソン副大統領があがってしまい、緊張のためこちこちになっていました。アイゼンハワー大統領の書簡、委任状をもってきたのですが、それを陛下に渡すとき手が震えていました。傍にいる私にもその緊張がよくわかりました。儀礼的な会見でしたが、このときのことはよく覚えていますよ」

ニクソンが手が震えるほどに緊張していたとは、にわかに信じられないが、異文化体験に驚いてしまったのだろうか。天皇と会見する要人は「誰もが感銘を受けるようです」とは島の偽らざる述懐である。

その後、ニクソン副大統領は、保安隊を閲兵し栄誉礼を受けた。保安隊の幹部や隊員の立派な態度に感銘して「……いずれ外敵から防衛にあたるような部隊が必ずできることを確信している」とコメントした。これはアメリカの期待の表れでもあった。さらにニクソンは、アリソン大使とともに吉田首相と会談した。彼は吉田首相主催の晩餐会では「アメリカが国防費を削減したり、対外援助を減少しようとしているからといって、自由世界の防衛を疎かにする気はないのであります」と発言した。これに対し、吉田首相はいわば軽武装主義を披露、軍備に資金をかける余裕はないと反応した。大戦終結間もない頃だけに、吉田首相は簡単にアメリカに追随できなかった。

他方で、ニクソンは財界人や学者とも親交を深めた。滞在中なるべく各界著名の人に会いたいとして、高木八尺、松本重治、石坂泰三、一万田尚澄、中山伊知郎、犬養健法相、岡崎勝男外相など多くの知識人、政財界人と会談した。一九日、ニクソンが日米協会で行った講演は、アメリカの要望を如実に表すものだった。「日本はアジアにおける自由防衛の要」という従来の主張に加え、次のように言及している。

「……我々は、ソ連指導者の意図を誤って判断したために誤りを犯した。自由諸国の世界の現状の下で武装解除すれば必然的に戦争になる。我々が一九四六年以来再軍備し、日本その他の自由諸国が一九四六年以後の再軍備の責任を取らねばならないと信ずるのは、我々は平和を欲し、平和を信ずるからである。……日本が生き残るためには第一に保安隊の増強が必要であり、日本がそうするならば米国はできる限りこれを援けるであろう」

アメリカが「誤りを犯した」とは、なんと率直なことか。アメリカ外交ではよくあることだが、新政策を展開するためには政府は前政権の外交を否定してドラスティックに進めることがある。外務省は、ニクソンが一九四六年以後「誤りを犯した」と対日占領政策の失態にふれて、「高官が初めて明らかにした」ことに注目していた。アメリカの再軍備要請は、憲法改正を目指すグループには後押しになったに違いない。

「外交文書」には「日米協会における副大統領演説は即席にしてアドバンストコピーがないから外務省情報局より清水事務官派遣」とある。ニクソンの講演は事前のペーパーが用意されていなかった。そこで外務省もあわてて確認に赴いた。これでアイゼンハワー政権の憲法改正、再軍備への要請が国民にも明らかになったのである。

ニクソンの姿勢を歓迎したのはむしろ財界だった。国際情勢に敏感なのは政治家ばかりではない。財界人が現実的な認識を持ち、柔軟な行動をとるのは当たり前だ。彼らは「日本非武装化の措置を米国の情勢判断の誤りとしてハッキリ認めた」(『読売』九月一九日)と評価した。さらに「防衛問題に対し従事アイマイな態度をとってきた現政府は、この演説をきっかけに防衛力、憲法改正問題について明確な態度を決めなければならない」と再軍備への援護射撃をしていたほどだった。ニクソン訪日は、冷戦激化のなかで、日本のあるべき姿に要求を突きつけたアメリカの本心が伺われる出来事だった。これは今日的課題でもある。

2　増える皇室の国際親善交流

　サンフランシスコ講和条約を結んで再び独立を取り戻した日本に、外国の元首・王族の訪日が徐々にではあるが増えていった。一九五二年から一九六〇年までの代表的な賓客をあげると、デンマークのアクセル親王、ギリシャのピーター親王夫妻、タイ王族のナラティブ外相、イエメン首相（王族）、ネパール王族、カンボジアのシアヌーク親王、エチオピアのハイレ・セラシエ一世、イラン王族、イラク皇太子、パキスタン大統領、インドネシア大統領、ラオス王族プーマ首相などが来日した。欧州最古の王族といわれるデンマークとデンマークの分家ともいえるギリシャの王族を除くと、主要先進国の王族や元首はこの頃はまだ来日していない。

　一方、皇族の外遊をみると、一九五三年の明仁皇太子のエリザベス女王戴冠式出席以降、公務の外遊はしばらくなかった。五六年以後は、三笠宮崇仁親王夫妻のセイロン建国二五〇〇年式典出席、三笠宮親王夫妻のスウェーデン、ノルウェー、デンマーク訪問、高松宮宣仁親王夫妻のフランス、ベルギー（万博見学）訪問、三笠宮親王夫妻のアメリカ経由ブラジル訪問（移民五〇年記念式典）、高松宮親王夫妻のハワイの移住七五年式典出席、三笠宮親王の西独と続いた。外遊はいずれも天皇の弟宮が牽引する形で進んでいた。

　一九六〇（昭和三五）年は、いわゆるサムライ使節団（万延元年遣米使節団）が訪米して一〇〇年を祝う行事が予定され、日米修好の記念すべきこの年に、明仁皇太子・美智子妃夫妻が訪米した。皇族の外遊で分岐点になるのはこの頃だろう。

　皇太子訪米を企画したのは、ジョン・ロックフェラー三世である。彼は東京赤坂に国際文化会館を建設することに尽力した親日派だった。その後ダレス国務長官に日米修好百年行事の提言書を提出、五八年から訪日して根回しを始めている。彼はこの機会に皇太子夫妻を招待できれば「両国親善増進の上に絶大なる寄与あるものと確信する」(「皇太子殿下同妃殿下御訪米関係一件」)と協力を要請した。財界人ロックフェラー家が日米を仲介する重要な役割をはたしていたのだ。

皇族の外遊が増える中で、元来皇室の政治利用に非常に敏感な人物だった宇佐美毅宮内庁長官の存在感が大きくなってきた。特に今回の皇太子夫妻訪米は、欧州とは違い政治がらみの濃い外遊だっただけに。宇佐美長官の動きには注目しなくてはならない。宇佐美は藤山愛一郎外相に対して次の点を指摘して消極的な姿勢を示した。第一に、元首クラスの相互訪問が原則になっていること、また来日したインドネシア、エチオピアなどの国家元首に対する答礼がまだ行われていないこと、第二に、そもそも明仁皇太子の訪米はニューヨークの日本協会(ロックフェラー三世)から話が出てきたもので、米政府主導ではないこと、第三は、美智子妃の妊娠、出産という慶賀を迎えており、体調を考えても夫妻で渡米するなど困難であること。

政権の思惑に左右されることを嫌う宇佐美長官は、皇太子訪米はあくまで「日米修好百周年ということで理由づけられることが大切」で「アイクの訪日も同様に日本における百年祭の行事に出られるようにすることが大切」と述べていた。宇佐美は、政治と離れ、日米修好百年の記念行事の一環と口を酸っぱくして言っていた。

一九五九年一二月一日、皇太子訪米について天皇が了解し、二日には訪米が内定した。来る第三〇回国会では安保改定問題が控えており、皇太子訪米と安保問題が関連することを避けたいとする山田久就外務次官と藤山外相の考えは一致していた。だが、安保改定、大統領訪日、皇太子訪米という三つの動きはあまりにスケジュールが接近していて、世情、日米安保改定と皇太子訪米は関係ありと理解されても不思議はなかった。それにしても美智子妃の出産間もない時期にもかかわらず、皇太子夫妻の訪米話が予定通り実現に向けて進行するなど、日本の対米配慮とも思える対応は注目される。

その後、政府はアイゼンハワー大統領訪日を先行させ、その後五月頃に皇太子夫妻訪米と話は決まった。このとき宇佐美長官は、米大統領の訪日が実現しないときは皇太子の訪米も中止することを確認している。儀礼については相互訪問という原則に執着する宇佐美らしい。

このスタイルを運用すれば、皇族の突然の海外訪問要請といった政府側の要請を回避することができる。元首クラスの相互訪問という前例主義に倣《なら》えば当然の成り行きだ。このときは、日米新時代にこだわる岸首相に宮内庁も譲歩したということだろう。実はこの譲歩の幅が問題で、この後も、天皇の外遊などの儀礼において、政府と宮内庁の綱引きが続くことになる。

一九六〇年一月一九日、二〇日と岸・アイゼンハワー会談がワシントンで行われた。イコール・パートナーを目指す岸信介首相は、首脳会談で片務的だった日米安保条約に言及、共同声明において「本条約の批准と日本最初の外交使節訪米の百年祭を本年度行うこと」を確認した。

岸首相は正式に「大統領を日本に招待したい」と申し入れ、大統領も「この機会に皇太子殿下及び妃殿下が百年祭に際し米国を訪問することを希望する」旨を述べている。皇太子夫妻の訪米はこの時「共同声明」に記されることになった。「共同声明」に皇族の外遊が記載されることに制約はないが異例の声明だ。両国の首脳会談、そして「共同声明」に記載されることにより、皇室外交の政治性の問題が注目されることになる。この後、前例になったのか、田中角栄首相とニクソン大統領の「共同声明」でも、首脳会談後の「共同声明」に天皇の外遊問題を盛り込んでいる。天皇や皇太子の外遊が政治スケジュールの中で浮上するのは儀礼とすれば当然だったが、「共同声明」などに盛り込まれれば、政治性の濃いものになり、非常に敏感な問題になる。

一月二五日、宇佐美長官は岸首相と宮中で協議して「御夫妻の訪米を基本的に了承する」、「美智子妃については御健康の許す場合、訪米される」ということで決まった。宇佐美長官も日米修好百周年という記念行事を考慮するとあからさまに反対するわけにもいかない。しかしながら、これでは新安保と皇太子夫妻の訪米がリンクしていると理解されても不思議ではなかった。

三月二〇日、ロックフェラー三世は、国務省のパーソンズ東北アジア局長と面会し、皇太子訪米は、①大統領の名で行う、②ワシントン滞在中は公式賓客とする、③元首ではないものの、異例だがブレア・ハウスで宿泊する、以上三点を協議した。それにしても皇太子の宿泊施設に戴冠式の帰国途上以来、またもやブレア・ハウスを提供するのは国賓級の待遇であり、東アジアで重要なパートナーになった日本への配慮だった。このように、ロックフェラー三世は皇太子訪米問題で米政府にその影響力を如何なく発揮した。

五月に入り、吉田茂ら日米修好百年記念遣米使節団は訪米して各地を回った。終戦からわずか一五年、アイゼンハワー大統領は「日米修好百年祭に関する大統領の布告」を出した。すなわちこの期間は「両国民が友好増進に尽くすべきことを命じる」という異例の内容だった。英蘭の歓迎とは対照的な歓迎行事になった。

しかし、予期せぬ事態が日本で発生する。日米安保問題で国内が大騒動になり、五月一九日、政府は安保改定案を衆議院で強行採決によって可決した。議場は大混乱、都心は「安保反対」、「岸を倒せ」をスローガンとする学生などのデモ隊で溢れかえった。そこに六月一〇日のハガチー事件が衝撃を与えた。アジア歴訪中で訪日を予定していたアイゼンハワー大統領が先遣隊として送り込んだハガチー報道官が羽田空港でデモ隊に取り囲まれてしまった。米海兵隊のヘリコプターによってハガチーは救出されたが、この前代未聞の事態に、マニラまで来ていた大統領は訪日を中止し、台湾、韓国へと向かった。

六月二三日の新安保条約成立後、岸内閣は総辞職した。これによって明仁皇太子夫妻の訪米は一挙に不透明になった。六月二〇日、宇佐美長官、朝海浩一郎大使、島式部官長らが参集して会議を開き善後策を練った。その結果、米国より訪米要請が取り消されていない以上、外遊は実施すべきだが、大統領訪日が中止になったことで、米国内で対日不信感が生じるのではといった懸念があった。

しかし、日本側は「米国内の対日空気が悪いといって両殿下の訪米を中止するのは適当ではない」との結論になる。国内では心配の声が上がったが、アイク訪日中止はアメリカでは対日感情の悪化に必ずしもつながらなかった。これが幸いだった。

七月一九日、池田勇人内閣が成立した。池田首相は安保騒動を教訓に、国民の和解を「忍耐と寛容の精神」で訴え、他方で所得倍増政策を打ち出した。さらに政府は皇太子訪米にも積極的で、八月二日の閣議で皇太子夫妻の訪米（九月二二日から一〇月七日）を決定した。池田首相は、安保問題でギクシャクした日米関係を、皇太子夫妻の訪米と日米修好百年を通じて友好ムードを作りだすことも考えたのだろう。

安保騒動を教訓に、皇太子夫妻の要望もあり、訪米では「意義を深く印象づけること」という方向性を確認した。そこで福祉事業に寄付する、アーリントン墓地への献花、博物館や美術館の見学、ブレア・ハウスでの美智子妃と女性記者のみによる懇談会など、アメリカに対するイメージ戦略が練られた。政治問題を離れた立場でアメリカ国民への配慮というイメージ戦略だ。九月二七日付の『ワシントン・ポスト』紙は一面カラーで夫妻の訪米を祝う記事を掲載した。皇太子夫妻訪米で宮中を中心にイメージ戦略が立てられたが、その後の天皇訪欧でも一層の戦略を練ってもよかったのではと思わずにいられない。

皇太子夫妻の訪米に随行したのが皇太子の教育指導を担っていた小泉信三前慶應義塾塾長だった。この人事も政治色を薄めることに意味がある。随行した小泉は、夫妻の訪米についてアメリカ側の厚遇に安堵した。朝海大使は「日本のデモにもかかわらず、よくここまでやりましたねー」と小泉に言うほどアメリカの歓迎に驚いていた。朝海大使も驚くアメリカの対応だった。

さて九月三〇日、朝海大使は藤山外相に、アメリカは、①日本のデモ騒ぎに「友好関係に水を差さんとする策動に乗ぜられたくないとの強い気持ち」、②デモ後であっても「日米提携の外交方針を支持しおることはほぼ明瞭になる」と報告している。アメリカが大人の外交儀礼を見せたということだろう。朝海大使は「日米間の友好関係増進に貢献すること疑いなし」とまで断言している。彼の報告を裏付けるような記事がある。一〇月三日付『ヘラルドトリビューン』紙は、次のような記事を掲載した。

「……しかし、暴動があろうとなかろうが、アメリカは友邦国日本人に対して心から尊敬の念を持っている。大統領の訪日が取り消しになったのは残念であるが、我々は皇太子及び同妃殿下の訪米を暖かく歓迎し、そしてついにお二人の旅行が実現したことを感謝する」

これを読む限り、アイゼンハワー大統領訪日中止への反発は感じられない。アメリカのパワーが絶対的なものだった頃だけに、大統領訪日を土壇場で断念させるという非礼ともいえる事態をも受け入れるだけの余裕が感じられる。それだけ日本は西側陣営の有力な友好国だったともいえる。しかし、その後わずかに一〇年の間に、アメリカの余裕はなくなっていく。

明仁皇太子・美智子夫妻による外交デビューとなった訪米後、日本は、高度経済成長の波に乗り、プレ・オリンピック大会、東京オリンピックでは、国際レベルのスポーツ大会を開催する能力のあることを世界に示した。天皇がこの大会の開会を宣言したのはまさに象徴的な出来事だった。さらに、皇族が文化やスポーツに関わりを深めていくことになる。

３　アジアに関心を寄せるニクソン

皇太子夫妻の訪米の直後だった。ニクソン副大統領は大統領選挙に出馬した。経験豊富なニクソンが勝つと思われたが、民主党の新鋭ジョン・F・ケネディのイメージ戦略に敗れてしまった。落選したニクソンは弁護士業に戻り、政治家としては浪人時代を迎えることになる。東京オリンピックが無事終了した一九六四年一一月、再びニクソンが訪日、わざわざ大磯に赴いて吉田茂とも会っている。

吉田は、着物に足袋という姿で玄関に彼を迎えた。ニクソンは「明治の人間の中に共存する東と西を考えずにはいられなかった」と、伝統に生きる日本人を見たようだ。さらにニクソンは吉田について、「私が知り得た指導者の中で吉田は最も西欧的でありながら、また同時に最も日本的な人物であった」とも回顧している。戦後日本の道筋をつけた吉田の存在感は、アメリカの指導者も思わず畏敬の念を払わずにおられなかったようだ。

ニクソンは六七年に四度も外遊している。多くの外遊を経て、次の大統領選への布石というべき外交論を世に発表した。それが後世に知られる「ベトナム後のアジア」と題する論文である。

米ソ冷戦が続く中、日本には防衛力の強化を期待しつつ、他方で「長期的に見て、中国をいつまでも国際社会の外側に放置し続けるのは得策ではない」というのがニクソンの考えだった。同時に「中国側に語りかけ納得させなければならない」とまで書いている。反共の闘士だった彼がベトナム戦争と中ソ対立を垣間見て、敵対国だった中国を何らかの形で「納得」させることを模索する。この姿勢が結果的に日米関係に激震を与えることになる。

超大国アメリカは、国内は疲弊、反戦ムードが高まった。リンドン・ジョンソン大統領はベトナム戦争から撤退するタイミングを失い、六八年三月、ついに大統領選挙出馬を断念するまでに追い込まれる。国民が期待したのは、新たな明るい展望を見据える大統領出現の期待だった。それが共和党のリチャード・ニクソンだった。彼こそが二〇世紀後半の東アジアの地殻変動を引き起こした張本人になる。

一九六八年一一月五日、ニクソンがついに大統領に当選した。彼は大統領就任演説において「わが政権の在任中に、意思疎通の道が開かれることをすべての国々に知っておいていただきたい」と示唆的な演説をしている。中国が念頭にあったのだったのだろう。記者会見では、中国との関係改善の質問が出たが、「彼らの側に変化がなければ」としつつ「少しも変える必要はない」と述べている。

キッシンジャーがニクソンと会見したのは当選直後の一一月二五日だった。彼のニクソン評はあまり芳しくない。キッシンジャーは、ニクソンとの会話では「言っていることがちぐはぐ」、「いくつもの個性が目立とうと頑張っている」と、また「神経質そうで」というから、なかなか人付き合いは難しい人物だということがわかる。

キッシンジャーはニクソンから重要な話も聞かされていた。すなわち、外交はホワイトハウス主導で行いたいということだった。この結果、国務省の権限が低下し、対日外交も不透明さを増していくことになる。各省高官会議を廃止して国家安全保障会議（ＮＳＣ、議長はキッシンジャー）を設置したことは象徴的な出来事だった。官邸主導の強力な政権は物事を進めるにはスピーディだが、周りに意見を聞くとか、根回し不足を引き起こすことがある。後述する天皇とニクソン大統領の会談をこうした流れから見つめることも重要だろう。

４　日本の理解者――マイヤー大使とジョンソン国務次官

ニクソンは大統領就任直後、知日派の大使アレクシス・ジョンソンを本国に呼び戻し国務次官（政治担当）に任命した。ジョンソンは、ジョージタウン大学を卒業し、一九三五年、日本語研修のため初めて来日、奉天副領事を歴任、四二年戦争で帰国した。大戦後はＧＨＱ勤務を経て横浜総領事、北東アジア部次長、四五歳でチェコスロバキア大使、国務次官補などを歴任、六六年七月、ライシャワー大使の後任として駐日大使となった。生え抜きの外交官であり、知日派だった。

本国に帰任したジョンソンは当惑した。次官という「肩書きは立派」だが、新政権下でキッシンジャーの役割が大きくなる中、国務省の権限は著しく低下していたことがわかったからだ。次官としての裁量権は低下、それならば大使を留任していたほうが両国にメリットがあるというのが彼の思いだった。

一方、ジョンソンと入れ替わりに駐日大使に就任したのがアーミン・マイヤーだった。彼はキャピタル大学、オハイオ州立大学を卒業、国務省ではレバノン、イランの大使を歴任するなど、一貫して中東畑を歩んでいた。マイヤーがニクソンに初めて会ったのが六三年。ペプシ・コーラの顧問弁護士だったニクソンは、マイヤーが駐在するベイルートを数日間訪れている。次に来訪したのは、マイヤーがテヘランに駐在している六七年四月、大使館で宿泊しマイヤーが接待したこともあった。「彼の使命感の強さは印象的だった」とマイヤーは回想している。

ニクソンは外遊で出先の米外交官の瀬踏みをしていたようだ。対日貿易摩擦を課題としていたため、日本勤務が初めてというマイヤーのしがらみの無さが良かったのかもしれない。ニクソンは「私は、あなたの見解と勧告（電報で送ったもの）に含まれた洞察力に感銘を受け、アジア政策に決定を下すに際には、いつもそれらに考慮してきた」と、丁重な書簡をマイヤーに渡したという。そして二年後、マイヤーは駐日大使に就任する。

日米関係を重視する多くの日本人は、ホワイトハウスが指名する大使についてとてもセンシティブだ。ライシャワー大使や昨今ではキャロライン・ケネディ大使の任命に国内は大歓迎だったことでよくわかる。両国の関係に特別な思いを抱く日本人は、次の大使もきっと日本通だろうという意識が先行していたからだ。予想は外れたが、中東専門家だったマイヤーの日本勉強ぶりは尋常ではなかった。

さて、国務次官に着任したジョンソンは沖縄返還、繊維問題で日米間の難交渉に直面した。穏和で英語も堪能な愛知揆一外相とジョンソンはたちまち意気投合したという。しかしジョンソンは、キッシンジャーが国務省に強い不安を抱き、「自分を陥れようとしている」と脅迫観念を持っていたのではと推察している。さらにジョンソンは、「キッシンジャーがとくに関心を示さない分野があり、その一部を国務省に任していた。そのうちのひとつが日本だった」と回顧している。

ニクソン政権発足後、対日外交はアジア外交の核心から少々外れていたようだ。キッシンジャーにとって日本は魅力がなかったのか、「日本人は単調で面白みに欠け、関心を向けるほどの価値はないと考えていた」と評している。他方で、キッシンジャーは「上品で、洗練された周恩来に魅せられていた」という指摘もある。かつてのメッテルニヒ外交に魅せられていたキッシンジャーには、毛沢東や周恩来といった中国共産党のカリスマ指導者は自分の琴線に触れる好みの人物だったのかもしれない。彼らと渡り合ってみたいというキッシンジャーの名誉欲もあったに違いない。

中国の外交攻勢に比べ、強い官僚組織に支えられていてダイナミックな政治・外交姿勢に欠ける日本には魅力を感じなかったのかもしれない。キッシンジャーは日本の問題となると、皮肉めいた言葉を使うことがあった。

「日本大使に昼食に招待されると、決まってウィンナ・シュニッツエル（ウィーン風カツレツ）が出てくる」

これは牛場信彦駐米大使を指している。有能な外交官と知られる牛場だが、キッシンジャーにあっては形無しで、国務省同様外務省のステレオタイプ化した官僚は好きではないのか、あんまりな皮肉である。残念なことに、この頃のキッシンジャーの対日認識はかなりの低評価ということがわかる。

ところで、日本に赴任したマイヤー大使は、横須賀に寄港した米空母乗組員の現実を目のあたりにしている。第七艦隊所属の空母が寄港すると、乗組員たちは競うようにステレオ、テレビなどの日本製電化製品を買いあさり、戦闘指揮センターまで日本製品であふれていたこと、また四〇〇台ものオートバイが積み込まれ、それらが作戦行動区域まで占拠していたことに驚きを隠せなかった。マイヤー大使は、日本製品がアメリカのＧＩに「抵抗しがたいほどの魅力」を持っていたことを知ることになる。今や信じ難いエピソードだが、日米貿易摩擦は深刻な状態になっていたのである。

不安な気持ちで日本に赴任したマイヤー大使は、アメリカに精通した日本の外務官僚と「すぐ親しくなった」という。さらに親近感を感じたのが昭和天皇だった。

「もっとも勇気づけられたのは、天皇、皇后両陛下のご親切さだった。ある宮内庁の役人によれば、天皇は私の信任状奉呈式のさいも、その場合には珍しいほど、私との話を続けられたということだ。その後にお目にかかったときにもよくわかったが、天皇はアメリカに対して心からの友情と尊敬の念をお持ちであって、アメリカが戦後に示した親切さと協力にいつまでも感謝しておられる」（『東京回想』）

天皇がアメリカの大使にいろいろ気配りをするのは歴史的経緯からすれば当然としても、この発言は含蓄がある。マイヤーは中東の王族とは違い、古い伝統に支えられ日本文化を体現する日本の皇室に共感を覚えたようだ。戦前、ジョセフ・グルー大使が本国への報告で、日本人が「西洋のものさしではどうしても計りようがないことを理解させようとして、わかってもらえなかったこと」を日米の架け橋となる中でわかり始めていた。そこで、彼は日本の外相と月に二回、また外務次官とは月一度の昼食会を開いて率直に話すことに心がけていたようだ。

さて、月着陸に初めて成功したアポロ11号乗組員を迎えた後、ニクソン大統領はグアム島にやってきた。大統領は記者会見の席上、「アメリカは今後も対外的コミットメントを維持する、同盟国の安全保障について約束は守る、援助は引き続き行うが、国家防衛はまずは当事国が責任を負うべき」と発表した。今日の日本の防衛力の見直しはここに始まっている。これはその後ニクソン・ドクトリンといわれる。明らかにアメリカの外交の転換だった。

ニクソン大統領の声明を聞いたマイヤー大使は、「こんなところで大統領の新方針が発表されるとはだれも予期していなかった」と驚きを隠さなかった。マイヤーはこの外交方針の転換に感銘を受けて本国に電報を送り「グアム・ドクトリンと名づけた」としている。ここまではホワイトハウスに理解を示したが、徐々に懸念を飽くことになる

ほどなくロジャース国務長官が来日した。貿易摩擦問題で閣僚会議に出席するためだが、昭和天皇にも会見した。晩餐会での国務長官のスピーチがなかなか興味深かった。

「対日貿易は、アメリカのトランスオーシャニック、つまり海洋を越える貿易としては一番大切な貿易でございます。にもかかわらず、アメリカは大変な赤字で、こんなに貿易赤字が増えているのに、来年はさらに大阪で万博があって、たくさんのアメリカ人が来て、日本でドルを使うことになるでしょう。それでアメリカの赤字がますます増えますから、こうなったら、月の石を日本に売らなければしょうがないと我々は言っております」

天皇主催の晩餐会だけに露骨な日本批判はできない。そこでアメリカの大赤字に、月の石を売ってはなどとジョークで実態を比喩した。天皇も含めて一堂皆が吹き出したという。しかし、実に深刻な事情をアメリカは抱えていたのである。

第3章

✺ 万博開催と皇族の国際交流

1　浮上する天皇外遊問題

将来の布石というべきか、天皇外遊を巡る問題について、一九六一年に公式制度連絡調査会が設置され、天皇の国事行為委任時の法的制度の研究が始まった。しかしこの動きは野党から警戒された。天皇の外遊を政治利用するのではないかとか、先の大戦での天皇の戦争責任問題が浮上した場合、海外の人々がどのように受け取るか配慮が必要との意見もあった。

池田勇人首相は、こういった懸念に対し、参議院で「計画は一切ございません」と答え、天皇外遊は池田内閣では俎上にのぼらなかった。安保騒動の後遺症に配慮する池田政権は、火中の栗を拾うような問題には踏み込まなかったといえるのかもしれない。

天皇の国事行為は内閣の助言と承認が必要だが、外国訪問など公的行為は国事行為に該当しない、公的行為については内閣が責任を持つという解釈になった。皇室外交といわれるものについて宇佐美長官は、政府とは相談するという話をしているが、それでも衆議院では社会党の石橋政嗣が、将来的に天皇の外遊は外交的な問題も含む可能性もあるとして、天皇の意思が決め手になることは「一種の政治的問題に巻き込まれる」のでは、と疑問をぶつけた。天皇外遊が自身の判断で決定できるというのは結局、天皇の政治関与につながるというのである。野党からは同様の質問が続いた。

一九六四年五月にはこの法案（国事行為の臨時代行に関する法律）が議会を通過、公布された。天皇外遊の道に法的根拠ができることになる。宮内庁長官の助言がありつつ天皇の意思を反映した公的行為という解釈だ。だが、いざ天皇外遊となると容易なことではない。だいたい戦前から天皇の外遊は皆無である。宮内庁はよく前例をあげるが、前例さえもない。ましてや、外遊すれば大戦の負の遺産で相手国に紛糾の種を提供する可能性もある。一九五三年の明仁皇太子の初訪英でも証明済みである。その上、天皇は高齢となっている。天皇外遊をめぐり課題はいくつもあった。宇佐美長官が天皇外遊に慎重になるのもやむをえないことだった。

一九六六年八月三〇日、記者団からの外遊に関する質問に対し天皇は、「私は行きたいと思っている」と述べつつ、「内外に事情を考えると難しい」と答えている。天皇自身はやはり外遊を望んでいたのである。

六八年六月にハワイで開かれる日本人移民「百年祭」に天皇を招きたいという声が日系人から挙がっていた。同年三月一四日の衆議院内閣委員会で、民社党の受田新吉は、移住百年祭に常陸宮親王夫妻が出席されることに触れ、天皇の出席を宮内庁側に要請した。これに対し瓜生順良宮内庁次長は、先方の要請は皇族の出席であり、天皇のハワイ訪問は考えていないと答弁した。国会論議で具体的に天皇外遊が登場した注目の一場面だった。

さて、一九六九年秋の園遊会のときだった。招待された二〇〇〇人もの参会者の中に政治評論家の御手洗《みたらい》辰雄がいた。そこに居合わせた『朝日』の記者がこれを見逃さず紹介している。ゆっくり歩いていた天皇は立ち止まって彼に声をかけた。

「君とはずいぶん久しぶりだな」

御手洗は、裕仁皇太子がヨーロッパを外遊したとき、イギリスに特派されていた『報知新聞』の記者である。余談だが、ジブラルタルに寄港したとき、皇太子は米欧州艦隊司令官アルバート・ニブロック司令官に誘われ競馬場に赴いた。ニブロックはコインを皇太子に渡し、賭け方を教える。馬券を買った皇太子はビギナーズラックで儲けてしまった。御手洗は「殿下が馬券を買って大いに儲けられた」という内容の電報を本社に送ったが、皇太子が賭けをおこなったなどと露骨な書き方は新聞ではできない。結局、記事には「競馬場にて馬券の御なぐさみあり」となった。なんとも趣のある表現だが、手を加えたのは社会部長の野村胡堂、後の「銭形平次捕物控」の作者だ。なかなかの出来栄えだ。

御手洗はその後、『欧州に於ける東宮』を出版している。あれから半世紀近く、再び噂されていた外遊問題に御手洗に関心がないわけがなかった。

「もう一度、行きたいね。君はどう？」

と天皇は声をかけた。

「いや、もう私は年です」

御手洗はやんわりとかわした。これを聞いていた周りの者から大きな笑いが沸き起こった。だが天皇の発言を聞いた御手洗は「おととしの頃はまだご訪欧の話は具体化していなかった」のに「よほど行きたがっていらしているのに違いない」と思ったという。天皇の海外訪問に対する思いは、こうした周辺の関係者のやりとりからもうかがえる。

その後一九六九年、再び昭和天皇の訪米問題が浮上した。一九七〇年秋、国際連合創設二五年の記念行事に、天皇がニューヨークに赴いて国際会議に出席するというプランだった。当然極秘事項で検討されていた。この訪米問題は天皇の通訳を務めた国連局の大川美雄政治課長が六月三〇日、「国連二十五年周年記念中央祝賀大会」といった文書を作成して外遊の機会を模索していた。

世界平和への貢献を大義名分とするこのプランは竹内儀典長を通じて島式部官長に伝えられたが、島は実現困難と判断していた。国連の記念行事への天皇の出席は、憲法上問題が起きるのは予想ができた。確かに「米国はわが国と最も深い関係にあるので、米国をご訪問になることは、一般国民も納得する」との声もあった。だが訪米を優先すると「政治的に利用したとの批難も起こらないとも限らないので本件実現にはかなり困難がある」というのが結論になった。いずれにせよ政治色のない「純粋に儀礼的」にするには、国連訪問はハードルが高いのは明らかだった。このように訪米の話題は次々と登場するが、政治性というハードルは限りなく高いように見える。

この年の夏、天皇の那須御用邸での記者団との会見は、外遊話を後押しするようなやり取りとなった。席上、天皇は皇太子時代の外遊を振り返って「それまでカゴの鳥だった」と話し、海外に「もう一度、行きたい」と言及したのである。まさにこの頃、高松宮喜久子妃が佐藤首相に天皇外遊を働きかけていた。喜久子妃は皇族の中で天皇外遊に熱心で、環境づくりのため尽力していた人物の一人である。

2　大阪万博のもたらす国際親善

昭和天皇の海外訪問が議論される中、明仁皇太子や天皇の弟宮は天皇の名代として海外を訪問、国際親善に寄与していた。

一九五三年の皇太子のエリザベス女王戴冠式出席以来、一九七〇年三月の万博開催まで皇族は二五回、記念式典参加など国際親善を目的に海外を訪問している。その中で皇太子は九回を数える。次に多いのは三笠宮崇仁親王だ。三笠宮親王は大正天皇の四男であり、兄の昭和天皇に代って外遊する資格は十分だった。戦後の皇室の最初の万博訪問は一九五三年の高松宮親王のブリュッセル訪問だった。万博は政治的なセレモニーではないため、皇族が観覧して友好ムードを盛り上げるには絶好の機会になっていた。

さて明仁皇太子は一九六〇年、日米修好百年記念にアメリカ訪問以後、イラン、エチオピア、インド、ネパール、メキシコなど東南アジア、中央アジア、中南米諸国を次々と訪問した。こうした中で、日本万国博覧会の開催にむけて動きが始まった。戦前に万博の開催を中止したがゆえに、オリンピック開催と同様、日本での万博開催は悲願でもあり、近代化への重大な命題だった。

一九四〇（昭和一五）年、皇紀二六〇〇年事業として、日本は東京オリンピックと日本万国博覧会を開催する予定だった。残念ながら日中戦争の勃発、戦火の長期化と財源、資材の不足で工事は遅れ、翌年七月には開催返上が決定した。日本はオリンピックと万博という二つの国際的行事を通じて世界にアピールする絶好の機会を失うことになる。

一九六五（昭和四〇）年一一月八日、日本は国際博覧会条約に正式加盟した。この当時の加盟国はヨーロッパ中心で三二ヶ国にすぎなかったが、アジアでは日本が初の加盟国だった。日本には大きなキャッチフレーズがあった。オリンピック同様「アジアで初の万博」開催という文言である。

四月一六日、日本政府は大阪で万国博覧会を開催することを閣議決定（日本万国博覧会設立発起人会）、一二七日、フランス駐在の萩原徹大使を通してレオン・バレティー国際万国博覧会会長に大阪開催を申請した。日本は準備に奔走する。多くの国賓、公賓が来日すれば、接遇する機会が増え、当然皇族の登場にもなる。国際交流は皇族外交への伏線にもなる。

これを見越したかのように、後述するが東京オリンピック開催前の一九六四年五月「国事行為の臨時代行に関する法律」が施行された。要するに天皇が海外旅行をしたときは、皇太子が代行になるということになった。これで天皇の海外旅行は法的に可能となった。

さて、日本が明治維新を迎えてから百年余、ついに万国博覧会の七〇年開催がスケジュールに加わった。準備委員会は一二八ヶ国に招請状を送り、奥村勝蔵政府代表だけでも二年間で二〇ヶ国を、菅野義丸副会長は中南米一六ヶ国を回った。

来場する各国首脳の接遇について、万博事務当局では熱心な議論があった。政府は一九六八（昭和四三）年一〇月二九日の閣議で、参加国の元首、閣僚級、国際機関のＶＩＰを政府賓客として接遇することを決定した。東京に招き、世界に誇る新幹線に乗車、そして大阪の万博を見学、帰りに足を伸ばして京都や奈良の古都を周遊するというプランだった。

一九六九年五月二一日、外務省出身の須山達夫が万博儀典長に、儀典次長に外務省の奥田直一が就任している。やはり国際経験が豊かなこと、外務省関係者の役割が重要だった。参加国だけでも七六ヶ国に達し、まれにみる多さとなった。さらに各国の王族、大統領など元首クラスや政府閣僚などから万博事務局に問い合わせは多かった。

一九七〇年三月一四日、大阪万博会場のロイヤル・ボックスに昭和天皇・皇后夫妻、皇太子・美智子妃夫妻、各国からの招待客を集めて華やかに開会式が行われた。天皇・皇后夫妻は開会式当日、テーマ館や前回のモントリオール万博開催国のカナダ館、日本館を観覧した。だが、パビリオンがあまりに多く、各皇族が役割を振り分けて観覧している。

それにしても、これほどの皇族の積極的なパビリオンの観覧は、万博という国際親善に寄与する好機会で、戦後の皇室の行動規範を示すかのようなセレモニーになった。パビリオンや日本製品、演劇、文化、芸術などの展覧される場に出向くことにより。皇室と国民の距離を小さくしていく絶好の場でもあった。同時に、半年の間に皇族がこれほどの多くの海外の王族や元首と親交を深めたことはいまだかつてなかった。従来漠然としていた皇室外交がマスメディアに登場するのもこうした交流を積み重ねた結果でもあり、大きな節目を迎えようとしていた。

ところで、このような国際交流の場が増えることにより、天皇外遊話も取り沙汰される。この中で、ベルギー国王弟のアルベール親王の来日が一つの契機になった。歓迎晩餐会の席で、高松宮親王・喜久子妃夫妻は、アルベール親王に天皇の外遊話を話しかけたのである（『入江日記』）。

また秩父宮勢津子妃は、天皇は皇太子時代に外遊を経験しているが皇后は一度も外遊がないことをアルベール親王に話した。さらに、ベルギー国王が六四年に訪日しているので「答礼」のための招待状を天皇に送ってもらえないかとも話した。勢津子妃は、答礼という儀礼を活用することで天皇外遊の道を開こうとしたのである。その後、勢津子妃はベルギー国王に書簡を送り、招待の書状が到着した。

宇佐美長官も「高松宮の殿下から両陛下の御外遊のことについてのお話があった」（『入江日記』）ことを認めている。弟宮たちには、皇室の長に戦後の世界を知ってもらい見聞を広めてもらうことを熱望していたのだ。

ピルチャー大使は、大阪万博をビジネスチャンスと見ていた。彼は「英国の一番優れたところを日本の人々に紹介する」ことを念頭に、万博の英国代表として「日欧関係の新展開」の論文があるジョン・フィゲスに企画を依頼した。フィゲスはイギリスの実業家であり美術家でもある。三三年に英陸軍の語学学生として来日、以後二七年間も滞日した知日派だった。

さらに、英大使館は再び王族の来日を要請した。そしてチャールズ皇太子の来日と天皇との会見が実現、続く晩餐会は盛況だった。

チャールズ皇太子は一一日、万博会場を訪問している。彼はケンブリッジ大学の最終学年、初の日本訪問である。ピルチャーは、チャールズ皇太子を京都の名所旧跡に案内し、仏教や文化について多く説明して回った。また皇居での昭和天皇との会見では、若いチャールズ皇太子は「実にもうひっきりなしに自分の意見を陛下に述べていました」とは真崎秀樹侍従の述懐である。秩父宮妃もチャールズ皇太子について「お若いのによくお話になりますね」と天皇に語っている。

チャールズ皇太子は、日本の政財界人を招いて英大使館でレセプションを開いた。その中に盛田昭夫ソニー社長もいた。その頃ソニーはイギリス進出を模索していた。歓談する中で、チャールズ皇太子は盛田に「イギリスに工場を建てる予定がありますか。その計画を建てたのなら私の領地のウェールズのことを思い出してください」と述べて誘致工作をしている。実は、英ソニーの大河内祐からウェールズがサザンプトン港に近く、工場建設に便利との情報もあったのだが、まさにそのウェールズに工場建設のゴーサインが出た。

その後、ソニーはウェールズのブリジェンドにカラーテレビ工場を建設、一九七四年一二月にはチャールズ皇太子を招いて開所式を行っている。他にも日産、松下電器、小松製作所などが続いた。日本企業の対英進出はヨーロッパ投資全体の八割を占めるほどになった。

天皇は、各国の元首、王族、政府賓客を皇居に招き宮中晩餐会を開催している。また副大統領、総督、首相、国際機構の長の来日に対しては天皇の引見があった。天皇の招宴には皇太子も出席している。来日した元首は八人、王族は一〇人、首相が九人、政府の閣僚級が三九人、国際機関等は一〇人だった。増え続ける交流で天皇は経験を積み、マスコミを通じて内外に報道され、存在感、知名度を上げることになる。この万博での天皇の元首クラスとの交流は、将来外遊があるかもしれないという予想を考えても経験を積む絶好の機会だった。

一八三日の万博開催期間に、ナショナル・デーやスペシャル・デーは八六回も開かれたが、万博の「報告書」をみると、見学や各国首脳との接遇で皇族の活動は顕著だ。すなわち皇族は「国際親善の増進に図られるとともに一般国民と親しく接せられたることは、万博の錦上花を添えたものと有り難く存する次第」と高く評価されている。

七月三日のアメリカのナショナル・デーは、日米親善を象徴する出来事があった。米国務省は「将来の大統領訪問させるための一歩」として、この日に特別代表として一組の夫妻を送り込んだ。日本人が大統領の肉親に敬意を払うという予想をしての企画だった。マイヤー大使は、日本側があの時の「穴埋めをしたがっていたかを知っていた」ので、大阪万博のアメリカ・デーで、アイゼンハワーを祖父に持つデービットとニクソンを父に持つジュリーの夫妻（六八年結婚）を特派代表として「出席するよう推薦した」という。六〇年のアイゼンハワー大統領来日がデモ騒動で中止になって一〇年、それも今回は七〇年安保という節目の年の来日で懸念の声もあったが、関係者の危惧は杞憂に終わり「夫妻の訪問は大成功だった」という。

第4章

✺天皇外遊へのプロセス

1　最初の訪問国を望む英政府

天皇が万博を観覧するため大阪に出向こうとした前日の一九七〇年七月一二日、ベルギーのボードゥアン国王から天皇の外遊を要請する親書が到着した。天皇外遊がようやくベルギーからの誘いで動き始めた。しかし、宇佐美長官や侍医らは天皇の体調を心配していた。外遊期間について宇佐見はせいぜい一週間まで、いくら長くても十日間で、「二週間以上の海外旅行は絶対反対」と強硬だった。だが、宇佐美と縁戚だった木村俊夫官房副長官が「あなたが反対しちゃダメだ」、「総理としても実現したいと言っているんだから」と佐藤首相と宇佐美との間に入った。

外務省では八月一四日付で「御外遊について」と題するメモを準備していた。これは島式部官長が竹内儀典長を訪れて協議したものである。宮内庁は「時期は来年秋、廻られる国としてはベルギー、ドイツ、英国、米国ぐらいで、だいたい三週間の御予定」と曖昧ながら訪問先を提示していた。そこで、①「欧州を優先する」のはもちろんだが、アメリカを含むか否か、②基本は答礼訪問、③天皇の高齢、健康状態も検討されることとなる。

九月一一日の閣議後、佐藤首相、外相、官房長官の三名が協議して、ベルギーとイギリスを軸に「御外遊を実施することを第一義とすること」を確認した。

一三日に大阪万博は閉幕、このタイミングを見計らったのだろうか。一八日、佐藤首相は入江侍従長と面会し「御外遊のことよろしく頼む」（『入江日記』）と伝えた。同日、竹内儀典長は島式部官長に面会して外遊の方針を決定することを要請した。駐英大使を務めた経験がある折田正樹は島のことを「非常に堅実着実な方で、ものすごく記憶力がよく、誰かと会談したとき記憶などは、すごく正確でした」と述懐している。

島式部官長は、欧米を一挙に訪問する予定を立てていた。一九二一（大正一〇）年の皇太子外遊で、①欧州案、②欧米案、③世界一周案と基本的に三案あったことが想起される。このとき原敬首相は欧米案を主張していたが、大正天皇の病気のことや、一年の旅行は長すぎるといった意見も出て訪米は中止になり、旅行日程は欧州のみの半年となった。半世紀を超えて、再び似たような状況が起きようとしていた。

「私が最初に作成した原案では、ヨーロッパとアメリカを加えての日程表を作りました。この場合どれほど見積もっても三週間はかかります」

島は欧米訪問に前向きだが、医師団から反対の声が上がった。

「『三週間はとても無理です。せいぜい二週間と考えていただきたい』との要望を伝えてきたのです」

健康状態を考えても外遊の期間が長いというのである。結局、前回と同じく訪米は見送られることになる。

九月二一日、宮内庁では幹部会議が開かれ、天皇の外遊は「御答礼訪問」の方針で通し、ベルギー、ドイツ、イギリス訪問を優先することが内定した。また訪米については健康問題もあり侍医と協議することになった。

一〇月八日、宮内庁は天皇外遊を内定した。すなわち、①第一次の外遊は答礼、交換訪問を「第一義」とすること、②訪問する候補の国は西ドイツとベルギー、イギリスの三ヶ国、というものだった。また考慮するべき問題は、エリザベス女王の来日の予定があり、イギリスを外すわけにはいかない。この結果、天皇の体調も考えて大正一〇年に続いて、またもや訪米が除外された。日米両国間で交渉されている沖縄返還問題が国内問題にもなっており、訪米には「反対ではないが、第一次に含めないほうがよい」との判断でもあった。外遊の時期は一九七一年秋と合意に達している。

「第一次」という文言は、次の外遊＝訪米、すなわち「第二次の御外遊もある」ということになる。皇太子時代の課題の訪米はまたもや延期になったが、今回は実現の可能性が高い課題だった。ともあれ、訪問国問題で紛糾しないため答礼を主眼とし、外遊を政治化しないこと、近い将来の訪米を視野に入れるという訪欧方針が内定した。ともあれ「御日程概略案」は宮内庁、外務省で大略決定した。日程は一五日間、アンカレッジから始まり、デンマーク、ベルギー、オランダ、スイス、イギリス、フランス、西ドイツを訪問して帰国というものだった。

一五日、宮内庁で保利官房長官、木村副長官、竹内儀典長、島式部官長の四名が集まり会合、政府サイドから君主国だけでいいのでは、またスカンジナビア三国を訪問するのはどうかといったような意見も出たが、結局従来案で確定した。さらに訪米問題については、宇佐美長官は健康問題や沖縄問題があり消極的だったが、島式部官長は訪米に賛成だった。さらに宇佐美長官は、先の大戦からまだ日が浅いこと、また野党が訪米に反対するのでは、といった意見を述べ、あくまで内外の空気に気を遣っていることが注目される。

注目されるのは、「元首の国際親善のための旅行であるので」という認識で「皇室だけの問題と云ふ訳にも行かず」という話が出ていることだ。ここで登場する「元首」というフレーズは、政府側が最初から対外的名称として用いようとしたのか、あるいは「象徴」という欧米には馴染みのないフレーズのため「元首」級という姿勢で交渉することだったたか、この段階ではわかにには特定しがたいが、「元首」という名称がすでに政府や宮内庁内部では共有されていたことは注目したい。

佐藤首相は、訪問国家について「おおむね宮内庁案でよい」としている。一六日、佐藤首相は天皇に訪欧について内奏した。「陛下の御渡欧話を当方から更にすすめる。勿論只今の処部外秘」と『佐藤日記』に記してある。天皇からの回答は記されていないが、今までの根回しがあった上での内奏なので、天皇が前向きな発言をしたと思われる。実質、訪欧が決まったということだろう。沖縄返還に目処をつけた佐藤首相は、二九日の自民党総裁選挙で三木武夫に圧勝して四選される。こうした選挙結果も彼の自信になっていたのだろう。当面大きな政治課題がないことも天皇外遊には重要な環境条件だ。

一〇月二八日、愛知外相は湯川駐英大使に電報を送り、天皇外遊の骨子が決定したことを伝えた。湯川大使は英外務省グリーンヒル外務次官に面会し、翌七一年秋の天皇訪英を打診した。さらに、相互訪問の前提から、明後年春のエリザベス女王の訪日についても打診している。英外務省側は女王のトルコ訪問の予定もあるため即断はしなかった。そこで湯川大使は、天皇・

皇后夫妻の外遊は「日本歴史上初めてのこと」と力説し、その中心に考えているのはイギリスだとして「最大級の配慮」を要請した。

当時、イギリスはエドワード・ヒース首相の時代である。ロンドン交響楽団を指揮するなど文化人としても知られるヒース首相は、日英関係の友好親善に前向きだった。ピルチャー大使は、天皇訪英は「大きなインパクトを与える」と報告していた。後年イギリスの外交文書でも、天皇訪英は日本側からの打診であり、欧州の他の国との協議は英政府の返事を待ってからと書かれている。日本からの打診は英政府のプライドをくすぐっていることを外交文書に残すとともに、また「両陛下とも英国訪問を楽しまれた様子だった」と振り返っている。天皇の満足は「五十年前、暖かく歓迎してくれた国を再訪するという長く暖めていた夢が実現したからだろう」(『朝日』二〇〇二年一月二日)と記している。

このイギリスの思惑については、ガーター勲章授与の問題から天皇訪英問題をとりあげた君塚直隆氏の論文「エリザベス二世と戦後イギリス外交」が参考になる。両国の皇室の交流で注目されるのはガーター勲章の取り扱いだ。一九〇六年以降、非キリスト教徒でガーター勲章を授与され続けているのは日本の天皇のみだ。因みに明仁天皇は即位後、七年を経て授与されている。

ところで、オランダ王室にはユリアナ女王夫妻の七一年秋のトルコ訪問話や訪英予定があったが、英王室は天皇の訪英を優先しユリアナ女王の訪英を翌年春に延期した。欧州の王室については日頃から交流があり日程調整が可能だったのだろう。

これを受けて、外務省はベルギー、西ドイツ、デンマーク、オランダ、スイス、フランスなどの国々に訪問の打診をした。このなかで公式訪問国は、ベルギー、西ドイツ、イギリスである。島の証言によると、宮内庁の意向を入れて外遊先を選定したという。非政治性という点からもこのプロセスは重要だった。訪問先の第一候補は「訪欧の中軸は英国」と記しているように、優先すべき国はイギリスだった。

まさにこの一一月のことである。ロンドンの日本大使館は世論調査をギャラップ社に委託した。その質問項目の中に、イギリスは「日本を友邦として見るか否か」があった。いささか唐突な調査だが、天皇訪英の事前調査を実施した可能性がある。

結果は「友邦」と答えたのは三一％、「友邦ではない」が三六％、「わからない」が三三％だった。否定的な回答も多く、少々日本は嫌われているようだが、いずれかが抜きん出ているわけではない。戦争体験といった負の遺産と遠隔地という地理的問題が調査結果に反映されているようだ。ともあれ微妙な友好関係を表した数字だろう。

一一月一八日、エドワード・ヒース首相は「天皇を招くことは重要」と述べた。英王族まで送り込んで数度の英国フェアを日本で開催するなどの力の入れようを見れば、貿易拡大を目論む相手として日本を重視していたのは明らかだろう。二五日、デニス・グリーン外務次官は、女王の秘書官と面会し、女王が来秋、天皇を「国賓」として招待することを報告した。また「陛下は、一九七一年秋の天皇陛下の公式訪問をバッキンガム宮殿における賓客として歓迎され、一〇月四日以降、同月二一日以前の期間の中において上記御来訪を受ける御用意がある」として具体的日程にまでふれてきた。

他方で注文もあった。英政府としては、いわゆる女王の答礼訪問は「少なくとも二年間のギャップを置かなければならない」というのである。となれば女王の訪日は一九七三年ということになる。これを聞いた佐藤首相は一二月一日、天皇外遊について「英国から内密の報告あり。

一〇月四日から一〇月二〇日迄なら都合がつくとの事。万々才」（『佐藤日記』）と満足げに記している。佐藤首相念願の天皇外遊がようやく日程に上ったのだ。

翌日、宮内庁の長官室で「官長、次長、予（入江）の四人で会議」（『入江日記』）が行われた。この会議では、まず天皇の訪英ありきという日本側の方針が確認された。相互訪問は外交儀礼の重要な施策だった。

イギリス側からの正式の回答はかなり遅れたが、一二月四日「もし御訪英が一番最初に行われるということになるならば日英親善のために大きな効果がある」と伝えてきた。八日には、ピルチャー大使も外務省の竹内儀典長に面会して「出来るだけ英国御訪問を最初にして頂きたい」と要請している。イギリスは、明治時代からの皇族との親交、日本の近代化に貢献したという自負もあり、自国が天皇の初外遊の最初の訪問国となる栄誉を望んでいたのだ。

湯川大使は、ガーター勲章について英政府に問い合わせている。アレクサンドラ王女来日の際は王室の配慮で天皇は着用したが、今回はロンドンで女王との会見がある。宮中としては、改めて天皇がガーター勲章を身につけていいものか迷うのは当然だった。これには大使館が一肌脱いだ。ピルチャー大使は、天皇が「比類のない存在」であり、本国にガーター勲章の着用を認めるよう進言した。英政府は天皇に与えたすべての勲章の着用を認めた。大戦終了後からまだ四半世紀、この勲章の重みを考えると、本来なら着用を許すはずもないのだが、イギリスは未来志向だったというべきだろう。

宮内庁と外務省はこの問題を協議した。一二月一二日、湯川大使に対して、ここまでの外交儀礼を重んじるとイギリス側の姿勢を受け入れた。しかし訪問先の国々の順番となると、まずベルギー訪問で「お慣れいただく」こと、ベルギー王室よりの招待があり、同国へは答礼訪問であること、さらにイギリス訪問を最初にすれば、「御帰国日程が遅れ種々不都合が生ずることとなる」ので「ベルギー、貴任国、ドイツの順で御訪問を願う」というものだった。イギリスを中心においているが、万全の状態で訪問したい。そのためには、まず答礼訪問はベルギーから要請があったため同国を優先したということになる。儀礼には大義名分が必要である。

湯川大使からは次のような報告があった。天皇訪英は日英関係を飛躍的に発展させるチャンスであり、その点からもまず第一にイギリス訪問を実現できれば非常にいいこと、それに「英国民に与えるインパクトが違う」。第二に、イギリスが最初の訪問国になる名誉を望んでいたため「希望を無視するのは本来の目的と反する」ことになり、さらに、同じ公式訪問ならベルギーも同様で、公式訪問でかつ天皇の健康を考慮するならばイギリス、ベルギーという順序で構わないのではないか、第三に、ベルギーの国民感情は親英的だが、イギリスは必ずしも親ベルギーとも言えず、小国には「内心見下すような気分もないわけではない」と感じていること、第四に、大戦のこともあり、いかなる場合でも「ドイツを先に訪問されることは避けるべき」と指摘している。

イギリスの思惑を斟酌した湯川大使は、七一年一月五日、「英国に重点をおいたかたちで発表してもらいたい」と本国に要請した。赴任先であるがゆえに熱意があったようだ。政府・外務省関係者も、イギリス訪問は優先するが、どのように名目をたてるかが重要だった。

湯川は今回の訪問決定について、「英国側に相当無理を強いる結果となった経緯」もあり、また英連邦諸国に何らかの影響を与える可能性もあるとして、「御訪問を英側の最も歓迎する形で実現し、最大の成果を上げることは極めて重要」と指摘していた。今までの経緯を考えるならイギリス訪問を第一に考えるべきで、天皇訪英の発表については「英側の希望を入れることが必要かつ得策ではないか」という意見具申だった。

湯川大使が天皇の訪英重視を述べるのは当然ともいえるが、本来、天皇の外遊の出発点となったのはベルギー国王からの親書であり、また西独大統領の訪日への答礼訪問である。イギリスはチャールズ皇太子が大阪万博で訪日しているが、天皇の訪英は答礼ではない。今回はエリザベス女王の訪日を招請するためという思惑があったためだが、女王訪日の優先をことさら強調するのも問題だった。そこで湯川大使のイギリス訪問優先論について「三国の間に差をつけるがごとき印象を与える」ことは好ましくないと、本省は釘を刺している。そもそも日本がイギリスを重視しているのは、「英国御滞在が三国中最も長いことからも明らか」として、英国訪問を「殊更に強調することは適当ではない」と回答している。政府としては西ドイツやベルギーは答礼訪問という大義名分を優先していたのである。前例になるだけに、外遊先の決め方は極めて慎重にすべきものだったことがわかる。

このあたりは宮内庁や外務省の儀典課が慣例や前例を吟味して配慮したことがよくわかる。一二月一二日、外務省はベルギーと西独、さらに翌七一年一月一二日、オランダ、デンマークの大使にスケジュールについて打診した。その結果、天皇はわずか一八日でデンマーク、フランス、イギリス、スイス、オランダ、西ドイツ、ベルギーと七ヶ国を回ることになった。

ところで、順調に進んでいるかのようにみえた外遊交渉だったが、思わぬところから情報が漏洩してしまった。それは西独からだった。一九七一年一月一八日、甲斐文比古駐独大使から報告があった。西独紙『フランフルトアルゲマイネ』の記者から天皇・皇后夫妻の訪独の話を聞かされたというのである。ドイツはかつて独ソ条約の機密保持ができなかったという前例があるため、甲斐大使は「早期公表方至急検討あり度し」と具申してきた。

一九日、西ドイツのシュバルツマン儀典長が大使を訪問して、オフレコの話が漏れたことを陳謝した。さらに二〇日に外務省のワグナー参事官が来訪して謝罪するとともに、「今となっては差し止めは不可能」と述べた。大使館側は記事差し止めを強く要求したが、やはり「不可能」と回答があった。二一日、甲斐大使は「天皇の訪独が『シュテルン』誌に漏れたようで、二二日発刊の同誌に記事が載る」と本省に報告した。『シュテルン』誌が天皇・皇后夫妻の写真とともに「日本の天皇訪独か」との記事を掲載したことは日本のマスコミも報道した（『毎日』一月二四日）。

実はこの情報漏洩は、グスタフ・ハイネマン大統領夫人が、あるパーティで居合わせた『シュテルン』の記者に天皇訪独を漏らしてしまったことが判明した。騒ぎになったことで夫人は日本大使館側に陳謝しているが、ハイネマン大統領は面目を失したに違いない。

ところで天皇の西独訪問は、前年のハイネマン大統領の万博観覧の訪日に対する答礼訪問でもある。このとき大統領は西独外務省の反対を押し切って広島に行き、原爆資料館を訪れ犠牲者の慰霊碑に献花した。そこで彼は、人類は破滅を回避するための責任があると訴えた。彼は西独の元首として初めて反独感情の強いオランダを訪問するなど、戦後処理で融和を模索していた。敗戦国の大統領ならではの行動だったが、今回の騒動はフライングだった。

愛知外相は、島式部官長と竹内儀典長と協議して、この記事について従来から検討しており、今も検討中と表明したが、「西独への御訪問も取り止めることも考えねばならぬ」と強硬姿勢だった。これを受けて甲斐大使は、西独側に天皇訪独を再考するような通知をしている。対応したシュバルツマン儀典長は、大統領府はこの漏洩問題に関与していないと陳謝、こうした「憶測が行われたことを遺憾とする」と述べた。この結果、政府は西独の招待状発出と正式発表までの期間を短くすることが決まった。西独政府は大使に陳謝し、大統領府は事件は確認できなかったと声明を発表、この報道については遺憾と述べて日本側に誠意を見せた。その後西独内では他の報道はされず、西独政府の情報統制はコントロールされたようだった。

その後、二六日、愛知外相は西独の状況について「落着したものと考える」と判断して、招待状の発出について再び要請することを指示した。天皇・皇后夫妻の訪欧についてこれほど機密が漏洩した国はない。敗戦の後遺症がまだ西独外務省やマスコミに影響していたのかもしれないが、ともあれ致命的な事態には至らなかった。

国内でも動きがあった。閣議決定の直前だが、『朝日』の皇室記者で取材力には定評がある岸田英夫が「両陛下、欧州、御訪問、今秋二週間の計画」とスクープ記事を発表したのだ。極秘の外遊記事が訪問国、日程など詳しく記事になっていた。実はスクープ前に、岸田は宇佐美長官に会って、天皇の外遊について質問していた。宇佐美は「公表できる段階ではない」、「交渉がまとまるまでは一切言えない」（『朝日』二月二〇日）と述べて、天皇外遊について話を濁したが、記事にしないよう要請してはいなかった。

岸田が帰った後、宇佐美は「明日、『朝日』が報道するかもしれない」と心配して、直ちに愛知外相や木村官房長官に伝え、質問されたらノーコメントで押し通すことで決まった。二〇日、『朝日』は「両陛下、欧州御訪問」の記事を掲載、イギリス、ベルギー、西独訪問の国名まで取り上げたスクープとなった。

このニュースが出た二〇日の『入江日記』には、「（宇佐見）長官拝謁。お上は、この記事をご承知なかったが、『出たか』とおっしゃっていた由」と書かれている。記事が出れば、天皇も聞き置くしかない。愛知外相は、関係する出先の大使には、この件は宮中の扱いであり「いっさい、ノーコメントで押し通す」よう伝えた。さらなる漏洩を恐れた宮内庁は、天皇の海外訪問発表を、当初の三月五日予定を繰り上げて二月二三日に変更した。話題性がある問題だけに、極秘というのは至難の業だったようだ。

ところで、二月一一日、佐藤首相は佐藤派の大番頭だった保利茂官房長官と協議して、秋の天皇外遊には外相を随行させること、そのため内閣を改造することを話している。内閣改造の理由の一つは天皇外遊の準備にあった。そして一八日、佐藤首相は福田赳夫蔵相に、天皇・皇后夫妻の外遊に関係して福田の外相就任の話をした。これは自身の後継者は福田ということを内定したようなものだ。

さらに翌日、佐藤首相は天皇外遊問題について山中貞則総務長官にも「極秘を守る事」と閣議前に話し、また愛知外相も出先に一切ノーコメントを押通すことを伝えた。西独側から情報が漏洩した経緯があるだけに、佐藤首相は機密管理を徹底しようとしていた。漏洩すれば、関係国への不信感をもたらし、政局の紛糾さえ起きかねないからだ。

二月二二日には、楠田秘書官は、宮内庁筋からの意向で天皇外遊に、政権の状況を見て「陛下の訪欧旅行に愛知氏を希望している」（『楠田日記』）との話もあった。保利は、宇佐美長官は「宮沢でどうかとの内話」もしたが、「宮沢氏より愛知氏がよい」という会話もあった。二人とも英語に長けた政治家だ。もし、内閣改造で愛知更迭になれば「木村外相が有力」との話もあった。大蔵省出身の宮沢喜一は池田勇人の秘書官を務め、政界随一の英語通で知られていた。一方、木村俊夫は運輸省出身、佐藤の信任の篤い政治家で、後に党内ハト派をまとめたアジア・アフリカ研究会の代表世話人になった人物でもある。

この日、牛場大使が国務省のリチャード・オーガスト・エリクソン日本部長と会談していた。

エリクソンは東京の大使館から本省に戻ったばかりである。二人は、天皇外遊についてアメリカのマスコミにいかように伝えるか議論していた。そこで、愛知外相は翌二三日、友好関係から考えれば天皇訪米も重要だが、今回訪米を加えれば長期間となり、「一回のご旅行としては無理」であり、当地での「接遇は何ら期待しておらず」、給油と休息のみと通知した。当初案は、ともかくアンカレッジはそれ以外の目的はなかった。ところが、思わぬ展開が待っていた。

二月二三日、天皇の裁可を経て、天皇・皇后夫妻が欧州を訪問することが閣議決定後に発表された。九月二七日から一〇月一四日までの日程だった。ベルギー、イギリス、西独は相手国からの招請、デンマーク、オランダ、フランス、スイスが訪問国だった。二四日、天皇は「非常に嬉しい。渡欧すれば親善の実をあげたい」(『朝日』二月二四日)と話している。佐藤首相も「我が国有史以来の初めてのことであり、各国との親善友好関係の上に誠に意義深い」(『朝日』二月二三日)と談話を発表した。また愛知外相は、答礼として「エリザベス女王が初めて日本を公式訪問される可能性」(『毎日』二月二三日夕刊)を示唆している。

同時に『毎日』は「五十年ぶりの訪欧」を祝し、一九六四(昭和三九)年五月の「国事行為の臨時代行の法律」制定後七年も経過したと振り返っている。外遊は「親日感情は、はっきり強まるだろう」が、「しかし、これまでなにぶんチャンスがなかった」と外遊する機会を逸してきたことにもふれている。この段階で各紙とも肯定的に外遊を評価していた。

さて、天皇の外遊実現のために国内では「御渡欧準備委員会」(『朝日』二月二三日)が三月一日に設置された。メンバーは宇佐美長官を委員長に、瓜生《うりゅう》順良《のぶよし》宮内庁次長、入江侍従長、徳川侍従次長ら一五人だ。彼らは天皇訪欧に合わせて、六月下旬から七月下旬にかけて各国を回り事前調査をしている。

二四日、『毎日』は「両陛下でご訪欧をよろこぶ」（「社説」）を掲載し、「五十年ぶりの外遊のご希望が実現することを心からお喜びしたいと思う」と祝う記事を掲載した。

「両陛下の外遊を『皇室外交の展開』とみる見方もあるようだ。その是非は別としてご外遊が広い意味で日本外交のプラスの効果を持つだろうことは十分期待されるところである。……かりにも御外遊を政治的に利用することがあってはならない。御外遊が国際政治の渦中に持込まれることのないように、政府当局に慎重かつ万全の対策を取るように望みたい」

当時まだ耳慣れない「皇室外交」という言葉は「政治利用」的な要素を含みかねないとの観測があったようだ。マスコミとしては、天皇の初外遊だけに関心が高く、天皇と政治という視点で外遊を注意深く見守っていたことがわかる。だが、政治問題との関係記事は当たり前としても、訪問先で戦時捕虜問題が燻《くすぶ》っていることに積極的に触れる記事はなかった。ややもするとセンチメンタル・ジャーニーとか、天皇の初外遊という高揚感が先行していたのである。国内の祝い行事と外遊先での歓迎の是非をめぐるギャップは、溝を埋めることなく外遊まで持ち越されることになった。

『毎日』の皇室担当記者だった藤樫準二は「実現の運びになったのは、陛下が昨年の万博へ三回お出かけになるほどのご熱心さで、新しい世界に関心を寄せられた陛下のご熱意、ご希望にそうよう当局も検討を進めたものであろう」と報道している。天皇が頻繁に万博会場を訪問し、また宮中で午餐会などを繰り返すことで海外訪問の思いが刺激されたことは間違いないだろう。藤樫は皇室関係の書物を多く記しているが、普段から宮中と接触がある皇室記者には天皇の本音が多少漏れ伝わり、それが著書にも反映されているようでもある。

ところで、天皇外遊の報に接した海外のマスコミは様々な視点から関連記事を掲載し始めた。イギリスの『イブニング・スタンダード』紙（夕刊）は、「女王のホストを務めるヒロヒト、神の子として生まれ、生物学者となる」と率直なのか、シニカルな表現をしているが、ただこれだけではなかった。対日戦争で負の遺産を抱えるイギリスでは、「ビルマの星の協会」といった戦時捕虜関係者の反日団体が存在しており、英各紙も両手をあげて評価してはいなかった。二三日付の『デイリー・テレグラフ』紙のように「警備上の問題を引き起こすかもしれない」と危惧する報道もあった。

外遊報道でひと悶着があった西独では、大統領府が「訪問先に我が国に含まれたことは日本の対外関係に西独が特殊で重要な地位を占めていることを示すもので光栄である」と積極的な歓迎の声明を発表した。三月八日付の西独紙『ディ・ウェルト』紙も、天皇の欧州訪問は「日本の皇室が初めて国外に窓を開くことを意味する」と同時に「日本の関心を呼び起こすことになる」と前向きな評価だった。かつての枢軸の同盟国、互いに敗戦を迎え苦難の戦後を越えてきただけに親近感はあろう。それだけに、外遊情報の漏洩事件で西独は抑え気味な表現になるのも無理はなかった。

宮内庁や佐藤首相も、わざわざ問題が残る国に外遊を勧めたわけではない。欧州の各国に、先の大戦で日本への認識に温度差が存在したということを理解することに甘さがあったのか、過小評価していたのかもしれない。

同時に、佐藤首相の天皇外遊への動機は、決して贖罪や和解の旅ではなく、激動の時代を過ごしてきた天皇へのいわば慰労の旅行で、また皇太子時代のセンチメンタル・ジャーニーなど、親善友好といった政治問題とは無関係な外遊を念頭に置いていたはずだ。また復興日本の旗頭になった天皇を象徴として世界に紹介したいという欲求もあったろう。だが日本と戦火を交えた国では、天皇外遊の受け止め方は複雑であり、ジレンマも抱えている。

イギリスのマスコミでは、訪英する天皇について国民に紹介する番組の制作に入った。四月三〇日、藤崎駐英大使は、ＢＢＣから天皇外遊のドキュメンタリービデオを作るプランを提案されたことを報告した。だが、藤崎は、問題もあろうがＢＢＣの企画なので「対英啓発上、極めて効果的」と具申した。だが、宮内庁は「要望に応じることは遺憾ながら不可能」と回答した。しかし、外遊の最大の目的地のイギリスだけに全く拒否するわけにもいかない。そこで最小限の対応となった。保守的な宮内庁は、それまでも外国メディアに積極的な対処をしてきたわけではなかったが、今回は、戦前と戦後の立場が変化した天皇を世界に発信するために協力することになったようだ。

六月八日、天皇は、皇居でＢＢＣのインタビューを受けた。外国人記者の関心はどこにあるのか、興味はわくところだ。天皇は、皇太子時代の大正一〇年訪欧について思い出を語り、特にジョージ五世から「わが子のようなおもてなしを受けた」ことを紹介して、古き良き日英関係を懐かしんだ。

入江は、相手が「感慨深く受け取ったらしい」「大変良かった」と思ったようだが、ＢＢＣ側は、天皇の人柄や落ち着いた皇居の雰囲気を称賛したものの、英王室と違い宮内庁が「天皇を非常にきつくプロテクトしています」という批判的な感想を述べていた。要するに、ＢＢＣはもっと開けた皇室を報道したいのだが宮内庁のガードが高いということだ。両者のギャップは大きい。宮内庁は政治性の強い話題は回避したいし、戦争問題となればなおさらだろう。宮内庁の頑なな姿勢は、文化風習が異なる欧米諸国のマスコミが納得するはずもないが、これも以後の課題になっていく。

2　難航した日蘭交渉

訪問予定のオランダもイギリスと似た状況にあった。同国では、天皇外遊報道が伝わると、二月二三日以降「過去の苦い記憶」といったような表現が各紙に登場するようになった。「日本の捕虜になったり、収容所に送り込まれた数十万の人々と家族の心情を考慮したのか」という声が紹介されたり、むしろ初めから訪問をしない方がいいのではとか、天皇をヒトラーに似せて批判したり、被害者や家族には「天皇の名は依然として恐怖の響きがある」と記した記事もある。

他方で、リベラルな新聞は最近の日本の経済成長に触れ「冷静に歓迎しようではないか」、あるいは、天皇は元来平和主義者であり「この訪問に反対することはできない」という論調もあった。オランダではイギリス以上に、天皇訪蘭に対し評価は分かれていたようだ。

オランダ国内の天皇訪欧に反発する声は外務省にも伝わっていた。日蘭関係は徳川幕府時代から明治維新を超えて友好が続いていたが、第二次世界大戦でそれは急激に悪化する。これについては、少々説明が必要だろう。

日本軍は、開戦翌年の一九四二年に入りジャワ島に侵攻、軍民あわせて一三万人ほどのオランダ人を抑留、大戦中、二万人もの人々が亡くなっている。一部は長崎の収容所などに移され原爆の犠牲になった人々もいる。ジャワ島では、第一六軍の一部がオランダ人女性を慰安所に送りこんだ事例もある（例えばスマラン慰安所事件）。現地を視察した陸軍省俘虜部の将校の報告で慰安所を閉鎖するという顚末もあったが、すべてが解決したわけではなかった。さらに戦時捕虜として虐待を受けた人々もおり、彼らの屈辱感は尋常ではなかった。それだけではなかった。三〇〇年以上にわたり領有していたオランダ領東インドを失ったという事実も被害者意識を後押ししたと思われる。

インドネシアの独立後しばらく、オランダはニューギニア西部に植民地として支配地域をもっていた。因みに、アメリカが裁いた日本人のＢＣ級戦犯は一四〇〇人余、それに対してオランダが裁いたのは一〇〇〇人余、その上、武装解除した日本軍兵士に対して拷問など虐待行為も各地で発生、中には杜撰《ずさん》な取調べもあり、二〇〇人以上の日本人を処刑するなど厳しい対応を行った。報復とも言われる所以である。戦敗国が裁かれるのは戦争の常だが、捕虜に対する戦勝国の対処の再検証も必要な時代が到来するだろうか。これはなにもオランダに限らない。

このように、連合国のなかで日本に対し最も過酷な対応をした国の一つがオランダだった。しかし、戦勝国だったオランダ自身も植民地問題で苦境に陥った。大戦後まもなく、再びインドネシアに植民地政策を始めたオランダに対し、帰国しなかった日本兵が加わってインドネシアの独立戦争が始まった。一二万人ものオランダ軍が投入され三年も戦闘が続いたが、本国が先の大戦で疲弊し、この間、オランダ軍は即決裁判で多くのインドネシア人を処刑するなど各地で虐殺事件を引き起こしている。そして独立戦争終了後、オランダはインドネシアに対し独立の代償としてインドネシアの債務六〇億ドルの引き継ぎを求めるほどだった。こうしたオランダの強硬な主張の背景には有色人種に対する人種差別意識が強かったとする識者もいる。

さて一九五一（昭和二六）年、サンフランシスコ条約は締結された。第一四条では、日本はオランダに賠償を払うべきだったが、オランダは賠償請求権と戦争によって生じた財産、国及び国民の請求権を放棄した。また戦時捕虜だった人々には、日本が国際赤十字委員会に支払った資金である程度の補償はされた。さらに、一九五六年に日本が結んだ「オランダとの私的請求権解決に関する議定書」において、対日道義的債務基金が成立、日本に補償を求める運動が始まった。結局政府は約二億五〇〇〇万円を支払った。この資金はオランダ政府を通じて関係者に分配された。

この結果、今後両国の戦後処理は終わったとして、蘭政府はいかなる請求も日本政府に提起しないことを両国は確認した。だが見舞金という形では彼らの心を慰撫するには不十分だったようだ。このようにギクシャクする日蘭関係について、かつて東京裁判において、オランダの判事だったローリングは、「(当時天皇は)完全に外界から隔離され、選択された情報しか与えられなかった。現に、満州事変の際にも、天皇の不快な気持ちをもらされたと聞く」と天皇を擁護した。だからこそ「暖かく迎えよう」(『毎日』三月四日)と言及するマスコミもあった。また、ピート・デ・ヨング首相は、大戦中「海軍将校として私もジャカルタに行った」とふれつつ、「反対の声も理解できるが、天皇はかつて我々が考えていた天皇ではない。天皇がオランダで最良の二日間を過ごされることを希望する」と反発の声をなだめる声明を出していた。

このときの駐在オランダ大使は藤崎万里だった。彼は、終戦連絡事務局連絡官、外務省条約局長を経てオランダ大使の職にあった。当然のことながら彼は天皇の訪蘭を懸念していた。

愛知外相は、三月二日藤崎大使に、今回の訪問は親善を目的としており、反対運動が今後も長く続くことはこの趣旨にそわないと述べつつ、同時に「両陛下に不愉快な思いを致させ、更に危害が及ぶが如き事態になっては一大事」であるため、「当方としては本件に重大な関心を有するものである」と注意を促す電報を送った。

事態を危惧した愛知外相は、オランダで不測の事件が発生した場合の対処案を求めた。これに対し藤崎大使は「(基本的に) 政府当局の能力を信用して可なる」と伝えるほかはなかった。だが、藤崎大使はルンス外相に会見したが、「楽観的な」見通しを話したようで、日蘭両国にはいささか認識にギャップがあったかもしれない。

さらに問題だったのは、天皇に帯同する予定の日本人記者団の動向だった。オランダのマスコミが天皇訪蘭に不都合な記事を書き、騒ぐことになれば「日蘭国際親善の間の悪影響は、儀礼の見地よりもむしろ大事」というのももっともなことだ。

愛知外相の注意喚起に、藤崎大使も天皇外遊問題について白紙に戻すべきではと提案した。そこで両国の交渉の中で、「若干不愉快な事件が生じてもやむを得ない」が、「どうしてもお出でなさい。大丈夫、ということであれば、お出でにならざるを得ない」という着地点を模索することになった。

天皇の公式訪問なら一度決めたスケジュールなど簡単に変更はできない。しかし、オランダ訪問は非公式訪問なので、スキフ次官は「一旦決めたことにこだわる必要もない」が、他の閣僚とも相談したいと話した。おりしも、オランダは内閣が総辞職し新たな内閣の組閣中で、藤崎大使としても相談しようにも困惑していたようだ。藤崎大使は、国内の有識者一〇人ほどに天皇外遊について質問すると、多くが「既定方針通り」の訪問で構わないという意見で、また他方で、何か不愉快な事件が起きる可能性を指摘する声もあったことを報告している。

ともあれ、藤崎大使は万が一の危機を回避しようとした。その大義名分がオランダ訪問は「非公式訪問」だからという理屈だった。結局、当初のスケジュールは変わらなかったが、期待は大きく裏切られることになる。

3 「朝海の夢」――激震のニクソン・ショック

天皇の外遊話が進行する中で、ニクソン大統領は一九七一年二月一五日、恒例の「外交教書」を発表した。その中で、「中華人民共和国を国際社会、特にアジア諸国と建設的関係をもつところまで引き出すことは重要な課題」と、初めて中華人民共和国と正式名称を使った。三月には、中国への渡航制限を全面的に撤廃している。中国へのサインと見ていいだろう。

このアメリカの動きに応えるかのように中国も反応していた。三月、名古屋で第三一回世界卓球選手権が開催された。大会期間中、米中の代表団関係者の接触で、周恩来首相から米代表チームの中国訪問の打診があった。世に言う「ピンポン外交」である。ニクソン大統領は、この動きを見て四月一六日の記者会見で「大陸中国には行きたい。いや、いつか何らかの資格で行くつもりだ」と述べている。

二八日、国務省は、台湾の主権は未解決の問題で平和的に解決をしなくてはならないと声明した。さらに翌日、ニクソン大統領はアメリカの長期的目標は「中華人民共和国との国交を正常化し、国際社会での孤立を終わらせることである」と発言した。アメリカの長期的目標と言及した限りは、日本も相応に対応する必要があるが、さらに日米間には、繊維交渉など貿易摩擦が存在しており、これらの解決はニクソンの再選のための選挙公約だったことを日本側は甘く見ていたのか、両国には緊張感が漂っていた。

しかし、アメリカの強い姿勢に三月八日、日本の繊維業界は独自に輸出の自主規制を決定した。いかにも日本的な発想だがアメリカは日本の自主規制に理解を示さなかった。繊維交渉が決裂すると三月一二日、ニクソンは日本に対し「本当に驚いた」として、「失望と懸念を隠すことが出来ない」と批判的な書簡を、マイヤー大使を通じて佐藤首相に渡して交渉の打ち切りを示唆した。マイヤー大使は、これを知った佐藤首相は「まるで砲弾を浴びたようにショックを受けていた」と本国に伝えている。日本の配慮はアメリカの意向にそぐわなかったのである。

一九七一年七月九日、キッシンジャーはニクソン大統領の命を受けてパキスタン経由で中国に入った。このキッシンジャーの隠密旅行は、一三世紀に中央アジアや中国をヨーロッパに紹介したベニスの商人マルコ・ポーロに因んで「ＰＯＬＯ」という暗号名になった。このような「忍者外交」を経て、七月一五日ニクソン訪中が発表された。いわゆるニクソン・ショックである。

ところで、キッシンジャーを補佐する一人ウィンストン・ロード（後の中国大使）は、大統領が北京を訪問するとの話を発表すると聞いたとき、彼は「朝海の悪夢」を思い出したという。かつて朝海浩一郎駐米大使がアメリカの国防大学（National War College）で講演したときの話である。要するに、アメリカが日本に事前通告なしに突如北京政権を承認するというシナリオを揶揄したものだった。

日本では七月一六日早朝、大使館内の理髪屋で散髪をしながらＦＥＮでこのニュースを聞いていたマイヤー大使は驚いた。演説の冒頭でニクソンがキッシンジャーを北京に派遣した部分を聞くと、「私は、一瞬、これは言い間違いで、ベトナムのつもりだったのだと思った」と振り返っている。だが演説を聞き入っていると、「この幻想はたちまち消え去った」という。当然「日本が地震のような衝撃を受ける」と思い愕然とした。これがいわゆる第一のニクソン・ショックである。

彼はすぐ国務省に電話を入れ、「もし日本が事前通告を受けていない場合には大変なことになる」と注意を喚起した。国務省側では、ロジャース国務長官が発表前に牛場駐米大使にニクソンの訪中問題を伝えようとしたが、牛場大使は海兵隊のレセプションに出かけていて大使にはかなり遅れて伝わった。

　牛場は「ニクソン周辺の人は日本のために何かしてやろうという気は毛頭なかったことは確かです。なぜかニクソン側は繊維問題で裏切られたからという論拠だった」と述懐する。この率直な認識は当時の日米関係の危うさを示している。ジョンソンは、キッシンジャーが「国際人ともいうべき周恩来の魅力と洗練された聡明さにまいって、目がくらんでしまったのだろう」と指摘している。米中接近の交渉の中でその過程で二人は不必要に日本との結びつきにダメージを与えたと指摘している。ジョンソンは後悔している。

「抜け目ない経営者たちも含めて、アメリカが中国人と中国の事物すべてに魅了される時代が始まったのである。アメリカの歴史ではこうした時期が繰り返し訪れている。予見できる将来にわたって、冷戦の中で、東アジアでもっとも重要な同盟国である日本の影は薄れてしまった。これもまた友人に対しては、何をしてもよいという態度の一例であった」

　いずれにせよ、機密漏洩や日米貿易摩擦で焦《じ》れていたホワイトハウスが、日本に不信感を抱いていたことがこのような事態を招いてしまった。背景の一つには「ニクソンのリークに対する病的なほどの恐怖心」もあったからだ。

　憂慮したマイヤー大使は大胆にも大統領が東京を訪問してほしいと日本側への誠意を示すよう本国に意見具申したが、「時がまだ熟していない」との理由で一蹴されている。東京在任中、マイヤーはこれが一番残念なことだったと述懐している。しかし、このような一連の問題が、後のニクソン大統領と天皇のアンカレッジでの会談の伏線にもなることは留意しておきたい。マイヤー大使は「日本人が抱いた不安感を鎮めることは難しかった」と回顧している。

第5章 ✳アンカレッジの会談

1 配慮の模索

一九七一年九月二六日の昭和天皇とニクソン大統領とのアンカレッジでの会談は、単なるセレモニーではなく、当時の日米関係を物語る象徴的な出来事だった。そもそも二人の会談は、当初の外交儀礼のスケジュールに組み込まれていなかったからだ。両国間の緊張感が招いたセレモニーということを改めて理解したい。

マイヤー大使は、わずか数十分の会談のために、日本側が「大統領が往復一万一〇〇〇キロもの旅をしようとするはずはない」と予想するなら、米政府としては「せめて副大統領ぐらいのアメリカ政府代表が出迎えるべき」と本国に提案していた。マイヤーは、ホワイトハウスの大物がアンカレッジに出向くことを真剣に考えていた。

当時、日本から北回りでヨーロッパに行くには、直行便ではなくアラスカ経由で、同地で給油が必要だった。当時アンカレッジは中継空港として位置づけられていた。アメリカとしては、天皇の初の外遊で、一時的ながらも、天皇が降り立つ地がアメリカの領土であることが幸いだった。

マイヤー大使は、天皇訪米実現の必要性を本国に具申し、「なぜ天皇を招待しないのだ」というマスコミ関係者の追及が殺到するだろうと思っていた。米国内からも批判の声が上がったからだろう。三月一三日、米国務省はついに「アンカレッジに高官を派遣、敬意を表する予定」と発表した。同時に「都合の良い時期に天皇陛下が訪米することを歓迎する」とも述べた。この段階で米政府は、アンカレッジにバイニング夫人の派遣も検討したが、大統領が天皇を迎えることなど微塵も考えていなかった。だが四ヶ月後、ニクソン・ショックにより事態が一変してしまった。

一方日本側も、アンカレッジは単なる給油地であり、すぐにも飛び立ってヨーロッパに出発したいのは当然だったが、高齢の天皇と体調を考えると、長期に及ぶ旅行は不可能だった。それだけに負担軽減のためアンカレッジでのセレモニーは簡素なものにしたかった。そこで、日本政府は二月二三日、天皇の訪米不可について「相当長期間を組み込む必要があり、一回の御旅行としては無理」との返事をしている。

三月五日、外遊準備委員の会議が始まった。以後、この会議で様々な議論がされることになる。興味深いのは、天皇の訪欧前に、海外の有力マスコミの記者を訪日させて取材させるのも「一案」という意見が登場していたことだろう。皇太子訪英の教訓をみれば広報活動は大切な課題だった。

また、公式訪問国に天皇・皇后夫妻のスケジュール調整を委任し、非公式訪問国や休養については、当該大使館が調整すること、盗聴への注意、記者団の構成方法、「広報活動を大々的に行なうか否か」、外務省との協力、予備費の支出、随員は、随行の状況がないときは団体行動を取る、天皇にパスポートは不要など細かい部分まで踏み込んで議論された。

三月一三日、エリオット国務長官秘書官はキッシンジャーに対し、「日本の大衆が非常に重要だと考えているイベントに対し、不十分な注目しか払わなければ、感情を害してしまう」と日本人の感情に配慮する旨の報告をした。日本人の天皇への敬愛を知る駐日米大使館や国務省内が、米政府が天皇の外遊に軽率な対応を示すべきではないと考えていたことがわかる。

島式部官長は訪米プランも入れようとしたが、結局断念した。四月二〇日の皇居で、記者会見でも「ヨーロッパの次に米国その他の国にいらっしゃることとおありですか」との質問に、天皇は「もし事情が許せば、米国にもその他の国へ行きたいと思います」（『陛下、お尋ね申し上げます』）と率直に語っている。その理由は「五〇年前の約束」と答えている。

宮内庁では、当初から訪米は全く考えていなかった。まず相互訪問という儀礼のマニュアルを重視する宮内庁としては、米大統領の訪日が未定である以上、天皇の訪米は考えられなかった。と同時に、なによりも医師団が反対していた。高齢の天皇の外遊には二週間が限度というのが彼らの判断で、三週間は長いというのである。これも、裕仁皇太子の外遊計画を彷彿させる問題だ。

七月五日、佐藤首相は第三次改造内閣を組閣、福田赳夫が外相に就任した。この外相人事は天皇欧州訪問の布石である。佐藤首相は福田を天皇外遊時の責任者と考えていたからだ。これは佐藤の後継者人事という意味合いもあった。一二日、徳川義寛侍従次長、黒田実式部官、外務省の竹内晴海儀典長ら五人がヨーロッパ各国の事前調査を終えて帰国した（『毎日』七月一二日夕刊）。一行が帰国したその直後、思わぬ事態に驚くことになる。一五日の発表の米中接近というニクソン・ショックである。

米政府内では、訪中途上で大統領が東京に立ち寄るべきという意見もあった。だが、これは中国側がアメリカからの直接の訪中を望むはずで快く思わないという反対があった。逆に、中国訪問の帰りに東京に立ち寄るべきとの話もあった。だがそれでは、中国に日米間に暗黙の話が行われたと穿《うが》った見方をされるとの意見もあった。結局、米中接近で日本を経由することは外交的見地から回避される。いずれにせよニクソンの中国訪問を成功させるには、大統領が訪中の往復の途上で他国に寄るべきではないということだった。それだけデリケートな米中問題だったのである。

ニクソン大統領は、米中接近と対日配慮のバランス、それに再選という選挙対策も加わり、難題に直面していた。タイミングよく浮上したのが天皇の欧州訪問だった。ホワイトハウス内では、アンカレッジを活用すべき声が上がった。佐藤首相は七月二六日、「来年以降、近い機会に、陛下が訪米されることが望ましい」と述べている。まさに大統領と天皇の相互訪問という儀礼を念頭に置いていた。だが、大統領と天皇との最初の会見がアンカレッジとは思わなかっただろう。

一方、外務省は先の大戦に関する負の遺産が外遊先で出てくる可能性を想定していたようだ。省内で作成された「別紙要領１」という書類では、戦争責任問題は回避したいこと、専制君主には程遠い等身大の人間天皇の姿を見てもらいたいこと、敗戦後には国民のダメージを慰撫する巡幸を行ったこと、軍部独走に不満を持っていたことなど、外遊に向けての広報活動の概要が書かれていた。だが結局、この書類は陽の目を見なかったようだ。

一方、佐藤首相は「ニクソン大統領の訪日を希望する」（『朝日』七月二八日）と、来日していたＡＰ通信のミラー会長に話している。つまりニクソン・ショックの最中、相互訪問で日米友好親善を模索していたことになる。アメリカのジーグラー報道官も同日「天皇の訪米を歓迎する」と語っている。両国政府の協議の中で天皇の外遊を機に米大統領との会見の話が浮上してきた。

佐藤首相は「個人的な気持ちとしては、天皇陛下の米国訪問を実現したい希望が強い」（『朝日』七月二八日）こと、また、これは「米政府の熱意」があり、「来年以降実現性のあるもの」と触れていた。相互訪問の儀礼を旨としているならば、大統領の訪日もあってしかるべきで、こうした佐藤首相のコメントもアメリカには呼び水になったようだ。皇室情報には詳しい『朝日』は七月二八日、佐藤首相が天皇訪米に対し「個人的な気持ち」として実現したいという希望を紹介、来年以降に実現性があると予測していた。

一方、アメリカでも変化の兆しがあった。ニクソン大統領がアンカレッジに赴くことが急浮上していたのだ。『ニューヨーク・タイムズ』紙が「訪米の要請は天皇から心のこもったメッセージにより辞退された。礼節を尽くした答えにより東京との関係は円滑になるであろう」と伝えている。このころのホワイトハウスの動きを、ニクソンの資料で検証した森暢平氏「新資料にみる昭和天皇・ニクソン会談」が、アメリカ側の思惑を分析している。これを参照しながら日米の動きを紹介したい。

さて七月二八日、ニクソン大統領、キッシンジャー補佐官、Ｈ・Ｒハルドマン首席補佐官の三人は鳩首会議を開いた。ニクソン・ショックに揺れる日本への対処を論議していた頃だった。ハルドマン首席補佐官は、日本側は大統領に天皇を招待して欲しいようだが、米政府はこれに答える必要があると前向きな姿勢を見せた。キッシンジャー補佐官は、かつて欧州旅行の帰りに天皇訪米を要請して断られたが、再度、招待をしたいと考えていた。

さらに七月三〇日、ニクソン大統領は、ワシントンに天皇を招くことで大統領の日本への公式訪問の話があるが、それよりも大統領がアンカレッジに行く方が楽だという認識が政権内でまとまりつつあった。それはそうだろう。皇室への親近感といった関心ではなく、米中接近を模索する中で、このとき日米関係にどれだけ配慮するかといったホワイトハウスの思惑である。他方で、アメリカ西部では共和党は選挙で苦労しており、天皇との会見セレモニーは選挙対策という意味でも重要だった。

一方でマイヤー大使の懸念も当然だった。彼や国務省高官の懸念がどこまでニクソンの心を動かしたか判然としないが、彼らは長い日米関係を承知しているからこそ日米親善の伝統的な関係の維持に執着していたのである。

ところで、アメリカのアンカレッジ会談への対応について、森論文は、従来皇室に親近感があるというニクソンは、「イメージを修正する必要がある」と指摘している。森氏は毎日新聞の記者出身だけに、ニクソンの秘密テープを駆使してマスコミ出身の嗅覚で興味深い事実を提供している。

さて、副大統領時代に来日したニクソンは、アイゼンハワー戦略により日本に本格的な再武装を要請、政治家や財界人だけではなく自衛隊幹部にも会っていた。そのときから一八年ほど経過していた。ニクソン・ショックに揺れる日本を慰撫する必要性を感じたのだろう。アンカレッジの会談にキッシンジャーも同意しているが、森論文は、ニクソンが側近と協議するなかで、日本訪問は「面倒」だとする文脈について、このニクソンが「かなり下品な言いまわしは、皇居を訪問した一九五三年の思い出があまりよくなかったことを暗示する」とも指摘している。

確かに「腹立たしい」とか、「いらいらする」とも理解できるので、あまり品のいい言い回しではない。だが、ニクソンの副大統領時代の訪日の印象が本当に良くなかったのか、そこはどうも判然としない。

ニクソン副大統領の初訪日のとき、天皇に会見した彼の手が震えていたと島式部官長は述懐している。ニクソンが天皇への畏敬の念を抱いていた、あるいは緊張していたのかもしれないが、これだけでは日本へのイメージもどうもわからない。このときの来日で日本の再軍備を熱心に説いたことは確かである。前述したように、当時、日本側はニクソン副大統領を国賓として大歓待しているが、ニクソンの日本のイメージは果たしてどうだったのか。前回の訪日でニクソンが天皇を前にして、手が震えていたことだけは明らかである。

ニクソン大統領がアンカレッジでの天皇との会談を発表したのは、第二のニクソン・ショック（ドル・ショック）の五日後の一九七一年八月二〇日である。当初日本側は、アメリカの接待は「寧ろ辞退したい」との意向だった。これは政治的思惑ではなく、純粋に天皇のスケジュール問題である。天皇の同地到着は現地時間の午後一〇時四〇分、夜も遅い。アンカレッジはできるだけ早く出発したかった。それゆえ日本側は、同地での米当局の歓迎は多くを期待していなかった。ところがニクソンがアンカレッジに赴くとの話で状況は一変する。

大統領と天皇が会談することが決まれば、その内容についてアメリカからの要求は増える。大統領がアンカレッジまで赴いての対面となれば、ニクソン再選に向けての効果的な演出となると目論んでいた。だが天皇の到着が深夜になると、大々的な歓迎式典は不可能だ。それでは選挙対策を狙っていたニクソンが登場する意味がない。

ここからホワイトハウスの粘り強い交渉が始まった。天皇到着を昼食か夕食時間に合わせたいと考えたホワイトハウスは、七月三一日、アンカレッジへ到着を午前中に変更すること、できれば当地に一泊することを日本側に要請した。いささか横暴な提案ともいえる。

八月三日、政府は天皇・皇后夫妻の外遊を発表、七ヵ国、一八日間の旅程も合わせて発表した。日本のマスコミ各紙は、外務当局のスケジュール変更について、天皇・ニクソン会談を「異例」、「両国関係改善に役立てよう」と前向きに伝えていた。

一方、大河原良雄駐米公使は、「日程を変更することは不可能」とジョンソン国務次官に伝えたが、すると今度は、アンカレッジ滞在を二時間に延長することをアメリカは要請した。しかし米政府の要請を受け入れると、特別機の日本出発を早くしなければならない。このように、スケジュールをめぐって両国の綱引きが始まった。

五日、ジョンソン次官は牛場大使と面会、「日程が許せば、自らお出迎えしたい」とのニクソン大統領の強い要望を伝えた。そして少なくとも「二時間程度」の滞在時間を確保して欲しいと要望した。同日、牛場大使は本省に極秘電を送り、米側の要望を伝えた。

牛場は、ニクソン大統領がアンカレッジに赴いて会談が実現すれば、「陛下の御訪米、あるいは米大統領の訪日への途を開き、今後の日米関係に極めて良好な影響をもたらすもの」と報告しつつ、同時に「純粋に儀礼的なものとし、絶対政治的色を帯びさせないこと」と意見具申した。今の状況でこの対面は「極めて時機に適したもの」と前向きにとらえていた。

さらに牛場は、時間調整、準備の変更など様々な困難があるが、両者の会談が「ふさわしい環境の下に実現の運びとなるようご尽力いただきたく」と要請している。牛場もまたギクシャクしている両国の関係を、アンカレッジの会談という劇的なセレモニーで打開することを念頭においていた。まさにマイヤー大使と全く同様で、現場を預かる大使ならではの思惑だった。

日米の両大使は、この会談で融和を招くべく尽力していることがわかる。

さて、ホワイトハウス側の要請は、ニクソン大統領の強い「意向」があるとして、①日程が許せば、大統領がアンカレッジで天皇・皇后夫妻を出迎えたい、②両夫妻の滞在時間で二時間を確保したい、出発を一時間繰り上げれば、二時間の滞在が可能である、というものだった。

日本側は唐突な申し出に困惑したが、この提案に対し、すでにコペンハーゲンでフレデリク国王が出迎える時間が決まっていることも考慮して、①出発を一時間繰り上げる根拠、②米側は会見の時間配分をどのように考えているのか、③通常の元首級会見では夫妻と夫妻の会見となるが、どうなのかと質問を送った。

ホワイトハウス側の執拗な提案に日本側は防戦に終始している。一方天皇は那須の御用邸で静養中で、外遊の裁可は一一日となった。

一方、アメリカの国内からもホワイトハウスの動きに懸念する声があがった。代表的な例を挙げれば、八月九日付の『ニューヨーク・タイムズ』紙は「社説」で、国務省の元次官だったジョージ・ポールが「日本との間に深刻な危機が到来している」として「現実に力のある大国、日本を無視して取引するのはおかしい」と主張している。同様に東アジア・太平洋担当国務次官補だったウィリアム・バンディも、日本を出し抜く行動は日中関係改善が却って遅れてしまい、両国間に危険が生じ世論が分裂すると、日本内部の対立を周恩来首相が巧みに利用するのではと注意喚起していた。安保問題も含めて日米関係と米中関係のバランスを憂慮する声もあった。

同日、ニクソン大統領は、キッシンジャー、ハルドマンらと協議している。『ニューヨーク・タイムズ』紙の記事を見たキッシンジャーは、同紙が「東京は北京より重要だ」と指摘していることに不満だったようだ。それもそのはずで、ニクソン訪中を目前にしたアンカレッジでの会談は、中国への予想外のサインにもなる可能性がある。日本との友好を強調する一方、中国に妙な刺激を与えないことが重要だ。キッシンジャーはアンカレッジでの天皇・大統領の会談は、対中国関係を見れば中国を刺激しない最低限のアメリカの行動と理解していた。驚くべき打算だが、キッシンジャーらしい合理的な発想だ。

だいたい繊維問題については、キッシンジャーは、ニクソンが選挙に利用したため混乱したと上司を批判するほどの人物である。彼の頭の中は、未知の大国中国の指導者との虚々実々の交渉が魅力的だったのだろう。

故に、アンカレッジで天皇と大統領が会談することが訪日よりもずっと安上がりの良い方法であって、現状での訪日は危険とまで指摘している。ましてや、かつてのアイク訪日中止のようにデモに迎えられるかもしれないと危惧があった。

とはいうものの、日本を最初に訪問する米大統領という歴史的功績と、中国を初めて訪問する米大統領という偉業と、どちらが劇的かとキッシンジャーは考えていたかもしれない。それも目前の選挙のためでもある。それに、会談の時間帯に米国のテレビで放映されれば、こんな都合のいい選挙宣伝はない。

入江侍従長は、七日、次のように記している。

「アラスカへニクソンがお出迎えに来るといふ事報告。予はお上にとっては大変お得なことだから是非実現させるようといふ。その為に御出発が早まっても機中でお食事すればいい」（『入江日記』）

入江は政治家ではないので、相互訪問する前に、外遊の途上で両者の顔見世ができるのだから日米親善を考えれば「お得」と考えたのだろう。

九日、牛場大使はジョンソン国務次官に、会談に二時間は確保できることを伝えた。押し切られたというべきか、譲歩したというべきか、微妙な解釈が成り立つが、いずれにせよ大局的判断ということだろう。

ところで、天皇外遊となると宮内庁は様々な対応を考慮しなくてはならない。高齢の天皇を慮る宮内庁は、いつもどおりの生活習慣、ルーティーンを大きく変更したくはない。午前七時頃に起床する天皇が朝食を摂り、無理なく時間調整をしてアンカレッジに向かい、さらにコペンハーゲンでフレデリク国王の出迎えを受けなければならない。ギリギリの時間調整が続いた。

アンカレッジ会談や欧州訪問の協議が佳境を迎える中、天皇は懐かしい人物に面会することになる。その人物とは、イギリスのエジンバラ市に住むアレクサンダー・ペイン（五六歳）だった。彼は、ボーイスカウト世界大会出席のため訪日したのだが、大正一〇年五月二一日、キングスパークで開かれたボーイスカウト大会に裕仁皇太子が出席したとき、大会最年少、わずか四歳の少年ペインが母親役のデンマザーに連れられて皇太子の前に進み出た。皇太子は微笑みながら少年の手を取り、握手したのである。このことは『皇太子殿下御外遊記』にも紹介されている。

八月一二日、芝のプリンスホテルには半世紀ぶりの対面を取材するため多くのマスコミが殺到した。天皇は「今日、お会いして大変喜ばしく思います。五十年前お会いしたことを今なお記憶しています」（『毎日』八月一三日）と述べて握手した。天皇外遊の環境づくり、そしてセンチメンタル・ジャーニーの始まりだった。

２　ホワイトハウスの攻勢

八月一一日、那須から天皇は帰京、アンカレッジ訪問の裁可があった。同日、保利茂幹事長が自ら訪中することを楠田秘書官と話しているとき、楠田は「陛下ご訪欧のとき、アンカレッジまでニクソンが出迎えに行きたい」という話があることを紹介している。

一連の流れの中に天皇の「御沙汰」をすなわち「聖断」と指摘する向きもある。戦前、国家の運命を左右する重大な局面で政局が混迷するとき天皇自身が、あるいは政府首脳が天皇の「聖断」を要請、つまり政治的責任を負いかねない状況をつくることがあった。それは二・二六事件のとき、さらにポツダム宣言を受諾することを決断する御前会議などの非常時に、その劇的効果を万人が知ることになる。

戦後は新憲法の下、形骸化したかに見えたが、宮中と政府の閣議決定の連携した一連の枠組みのなかで、「御沙汰」「裁可」が天皇の意思表示として理解されることになる。しかし象徴天皇という制度的問題があるだけに、戦後も続く「御沙汰」「裁可」といった流れを「聖断」とまで解釈するのは、歴史の連続性という点からもまだ検証は必要かもしれない。

話を戻そう。同日、外務省は牛場大使に、アンカレッジで出迎えするニクソン大統領の「その厚意を深く多とされ」、「喜んで同地でお会いになる旨ご沙汰があった」と伝えた。だが「三〇分を繰り上げることでも無理がある」のに、「一時間繰り上げを要求する具体的根拠を承知する必要がある」とした。ともあれ「米側はご会見の時間割をどう考えているのか」と訝《いぶか》る内容も伝えられた。

牛場大使はジョンソン次官に面会した。席上、ジョンソンはアンカレッジの会談について、天皇とニクソンの会談を三〇分間、随員とは三〇分、これならば「陛下のご休息の時間はあるんではないか」との意見だった。これから関係者をアンカレッジに派遣して準備に入りたいと述べてきた。ようやく最初の難関を越えたかのように見えた。

ホワイトハウス首脳の狡猾な思惑に対し、大使館や国務省は日米関係を真剣に心配していた。マイヤー大使らは、ニクソンのアンカレッジ行きについて、日本を「好意的に驚かす」、また中国問題で日本を見捨てるという懸念への「予防線にもなる」と捉えていた。日本への理解を深めていたマイヤー大使は、天皇は実体的な意味を持っていないが、多くの国民は「国家のシンボル」と理解しており、天皇外遊が日本の国際社会での存在感を象徴する出来事になると評価していた。彼はこの会談を緊張緩和のカンフル剤にしたかったのだろう。

一三日、木村臨時外相代理は、「原則的に合意」するがスケジュールを一刻もはやく発表する方が「漏洩を防ぐ最善の策」と米側に回答した。さらに一七日、木村は牛場の報告に対して、重ねて次のように通知している。①「出迎えは儀礼的なものとして絶対に政治色を帯びさせないこと」、②ニクソン大統領の「厚意」は「多」とするが、天皇・皇后夫妻の行動や最初の欧州訪問国のデンマーク側に「余り迷惑を及ぼしてはならない」こと、③大統領夫人の出席の有無に関わらず「皇后陛下の御同席が絶対必要」とした。とくに最後の部分は、政治色を薄める意味でも夫妻で大統領と会談することが重要との思惑である。

木村外相代理は、アメリカ側の滞在時間延長要請をどうやってかわすか苦慮していたが、二時間の滞在を固執する米側態度は理解に苦しむものであり、ジョンソン次官の言う「首脳会談の米側慣行なるものは政治会談」であり、今回は「適合しない」と反発した。

だが、いざ会談が内定すると、米側の積極的な攻勢が続き、明らかに日本側は困惑していた。まさに交渉が佳境に向かう八月一五日、米政府は新経済政策の発表を行った。ブレトンウッズ体制の崩壊、いわゆる第二のニクソン・ショックだ。ドルと兌換券の交換の一時停止といった新たな経済政策の内容に日本は驚かされた。

二度に及ぶニクソン・ショックに驚愕する日本政府を見ていたマイヤー大使は日米関係の緊張を危惧し、「大統領が東京を訪問してほしい」と意見具申している。だがホワイトハウスは「時がまだ熟していない」という理由で、この訪日は実現しなかった。ジョンソンは、ホワイトハウスの「二人は不必要に日本との結び付きにダメージを与え」て、日本との「交渉能力を弱めてしまった」と悔やんでいる。

それでもホワイトハウス側は、日中問題と選挙対策で外交のイニシアチブを握ろうとしていた。前述したように大統領がわざわざアンカレッジまで赴くなら、内外にインパクトを与える演出を考えるのは当然のことである。アメリカとしては天皇との会談を最大限活用して成果を打ち出したい。それだけにいろいろな思惑が政権内で取りざたされた。会談のタイミングはアメリカ東部では早朝の時間になるまで、この日の夜のニュースでかなりの反響を呼ぶことを確信している。ニクソンら首脳陣は、翌日には一日中、会談話が放映されるだろうと述べている。この発想は選挙対策が明らかで、米大統領として飛び回っているという演出に酔う姿がここにある

現場は日米両政府の意向を受けて厳しい交渉が続いていた。牛場大使に指摘されたのだろう。ジョンソンは「憲法上の御立場は十分承知」しており、この会談は「儀礼的」と表明しつつも、滞在を二時間にして欲しいと執着した。だが「儀礼」以上の成果となれば、かぎりなく政治性

に近づくことになる。日米間で、会談を目前にして水面下で繰り広げられた綱引きは興味深い。日本側の反発にアメリカ側も軟化し、天皇・皇后夫妻の到着を三〇分繰り上げ、出発を三〇分繰り下げることを提案した。実態はアメリカ側に譲歩したとみていいだろう。時間の変更で、天皇・皇后夫妻は機上で朝食を済ますことになる。普段の生活のルーティーンを変更することだから問題が起きても何ら不思議はない。

牛場の報告では、二一日、アンカレッジにアメリカの儀典次長が派遣され、空港施設を点検して会談の場所を内定する旨が伝えられた。結局、アンカレッジ滞在は一時間四〇分となる。

3　福田外相の「迷惑千万」電報

八月二一日、宮内庁とホワイトハウスは、天皇・皇后夫妻がアンカレッジでニクソン大統領と会談すると発表した。ニクソンは、次のようにコメントを発表した。

「天皇陛下が外国を訪問されるのはこれが初めてであると私は理解している。我々は両陛下が今回の旅行で米国の地に第一歩を記されることを名誉に思う。これは、米国の現職大統領が日本の天皇と初めて会見する機会となろう」

このように触れつつ、この行事は「基本的な尊敬と友好を示すものである」と歓迎の言葉を述べた。一方、竹下登官房長官は「政府としては、ニクソン大統領の好意を多とするものであり、日米友好親善関係のうえからも喜ばしい」（『毎日』八月二一日夕刊）とコメントした。両者の声明を見るだけでも、アメリカが天皇の外遊に配慮して、対面する最初の現職大統領といった日本の国民の心をつかむかのようなコメントがならんでいる。だが、内実はハワイトハウスのしたたかな外交戦略でもあった。

ロナルド・ジーグラー報道官は二〇日、サクラメントにおいて、二人の会談は天皇が欧州訪問途上アンカレッジに立ち寄ることがわかったとき計画されたもので、経済政策発表前のことだと憶測に釘をさし、ニクソン大統領の答礼は今のところ予定はない、また会談の詳細は決まっていないが、晩餐会など公式行事はないことなどを述べた。

世界のマスコミもこのアンカレッジの会談実現を、日本への配慮と報道するのも当然の状況になっていた。

同日『毎日』は、ニクソンのアンカレッジ訪問を、米中接近と新経済政策が背景にあるが「悪化の方向をたどる日米関係にとって緩和剤の役割を果たすことは確か」と、関係改善の策と指摘している。また、同日の『サンフランシスコ・クロニクル』紙は、天皇の外遊が初めてであり、「日米関係が緊迫しているだけに」注目する必要があると論評している。

さらに同日の『ワシントン・ポスト』紙は、「将来のニクソン訪日の途を開く」ことだと指摘している。この会談は「アジア最強の工業国との最近、思わしからぬ関係を改善することをねらったもの」であり、「近年日本の左派の反米感情のため大統領の訪日はほとんど実現不可能な状勢だった」が、天皇の訪米で、答礼として大統領の訪日が現実的になってきたと報道した。アンカレッジでの短時間の会話でそれを安易に見通すのも問題かもしれないが、米中接近問題にはあまり触れず、米紙はおおむね高い評価を与えている。

『毎日』の北畠特派員は、この会見の「アイデア」は、ニクソンが「十八年前、副大統領のころ宮中に参内、天皇陛下とお会いして以来、日本の天皇家に親近感を抱いていた」証拠と指摘したが、この指摘は推測の域を出ない。「アイデア」とするこの記事は、アメリカの思惑を読みきれておらず、またそうありたいとする意向に溢れている。森暢平氏が「親近感」に疑念を抱くのは当然だろう。

再び『毎日』（夕刊）は、ニクソンの副大統領時代、訪日して「日本の天皇家に親近感を覚えているからという個人的な気持ちからだとみられている」と論評している。同じ特派員の意見を推量したものだろう。こうした報道が登場すれば、ホワイトハウスとしては、思惑通りということになる。ましてや急な展開のため、様子を伺うといった観測気球などという悠長なことはいっておられない。

一方、八月二一日の『読売』や『朝日』の夕刊は、天皇を出迎えることを「配慮」、「異例」、「日本の対米感情を和らげる効果」といった言葉を使って歓迎した。大統領が欧州に赴く天皇をわざわざアンカレッジまで、それもわずかの時間のために出迎えるなどということは異例なことだ。ホワイトハウスにとって、このパフォーマンスをテレビや報道で、大々的に日本政府や日米の国民に見せることが重要だった。これは対中国へのポーズでもあり、選挙対策であり、日米の緊張を緩和する政治ショーの要素の強いパフォーマンスだった。

牛場大使が注目したのは、『ニューヨーク・タイムズ』紙の報道の、日本を慮った指摘だった。同紙は、この頃ニクソン政権の日本への対応について批判的だっただけに注目する必要がある。八月二二日、同紙は「会見は儀礼的かつ象徴的なもの」で、日本の野党や知識人には「政治的利用」と疑問視する声もあるが、これによって「緊張は解決しないであろうが、大統領の措置は日本国民に対して依然日本との友情を強く求めていることを示す有用な手段となろう」と指摘している。同紙は、天皇には憲法上の制約があるが、両国間に緊張状態があるときの会談は、意味があるとしている。同時にアメリカは日本から米大統領の招待が実現されれば親善関係が促進されると前向きな発言だ。日米開戦前の天皇とルーズベルト大統領の幻の会談を彷彿させるような手立てにも見えた。

さらに同紙は、この儀礼は日本国民に対する「ジェスチャー」であり、これにより新しい経済政策を討議する機会が生まれるだろうし、また新しい「対中共政策に関しても意見が交換されることが予想できる」としている。「ジェスチャー」はともかく、「意見が交換される」の文脈は、天皇の政治利用になり、この部分は米マスコミ紙もまだ理解の及ぶところはなかったようだ。佐藤首相はマイヤー大使に会い、アンカレッジの会談は「日米間の深い絆を劇的に強調した」と諸手をあげて喜びを表現した。ホワイトハウス側の戦略に比べてあまりに楽観的だった。

会談の中身を調整するため、二三日にアメリカからエミール・モスバッガー国務省儀典長が来日した。キッシンジャーが周恩来に会談したとき、彼がアンカレッジでの行事でノイローゼになったといわれているが、真偽のほどは定かではない。モスバッガーと木村外相代理との打合せで、天皇・皇后夫妻は午後一〇時着、一時間四〇分の滞在、一〇分間の四人での歓談、次に天皇と大統領が三〇分間会談、その後一〇分間、両国外相らが謁見といったスケジュールが内定した。

天皇の外遊を控えて牛場大使は帰国した。小杉と楠田両秘書官は牛場大使と二四日、意見交換をしている。二人の秘書官は、ニクソンの登場に合わせてアンカレッジに佐藤首相自身が出向いてニクソンと会談することを提案している。前述した相互訪問の話だ。しかし、それでは日米首脳会談にもなり、天皇の外遊に水を差すことになる。これに対し牛場は、「正式訪問国との関係もあるから、特に米国だけ礼をつくすのはどうかと思う」と反対した。これは後の福田外相と同じ発想である。これも外交的配慮だ。だが「ニクソンは訪日したがっていることは事実だから、将来何らかのチャンスをつくるべきだ」との意見は出ていた。

八月二六日、木村外相代理は、モスバッガー儀典長との打合せを経て、①天皇・皇后夫妻のアンカレッジ到着は午後一〇時、一時間四〇分の滞在予定、②空港ではなく空軍基地でセレモニーを行う、③天皇と大統領の会談は三〇分間、④随員は迎賓館で会談、⑤政治向きの話はしないといった内容でまとまった。九月一三日、天皇・皇后夫妻到着後のスケジュールが内定した。午後一〇時アンカレッジ到着、ニクソン大統領夫妻が出迎え、会談後、一一時半に空港へ出発となった。大略は決まったが、ホワイトハウス側は粘っていた。

九月二〇日、胆石の除去術後の療養を経て退院して交渉の中身を聞いた福田外相は憤慨した。直ちに、牛場大使に電報を送り、天皇・皇后夫妻、ニクソン大統領夫妻のトップ四人の会談が随員を交えての会談時間より短いのは「絶対に不可」であり、四人で一〇分、福田、キッシンジャーの随員を入れて二〇分で、しかも、天皇夫妻と大統領夫妻が写真中心というのは「我が方として理解に苦しむ」と指摘した。福田外相は、これは来日したモスバッガー儀典長に言っておいたはずだというのである。

ともあれ日本側としてはトップ四人の会見時間を重視するのは「わが方としては譲りえない一線である」と反発した。また天皇が「大統領を前にして両国の外相等と挨拶以上の会話に入られることは考えられず、この部分に時間をかけることは無意味」と強気の主張だった。天皇の初外遊で、それもニクソンとの会見で政治が前面に出ては、象徴天皇の意味を海外に説明できない。

福田外相は、牛場大使に、モスバッガー儀典長と会見してこれを確認するように求めた。しかし福田外相の怒りは収まらなかった。再び牛場大使に電報を送った。「米側は欧州ご訪問の途中のお立ち寄りに過ぎないことを忘れたかのような非常識な提案を行う有様で、わが方としては迷惑千万」と厳しい内容だった。

協議の結果、結局四人の歓談と写真撮影で一五分、天皇と大統領の会談は二五分、外相らの合流後は一〇分という折衷案になったが、アメリカ側に譲歩したのは明らかだった。まさに分刻みのスケジュールだが、わずかな時間をめぐり両国の間で虚虚実実の交渉がとり行われていたのである。

数多くの日本の「外交文書」が公開されて久しいが、「迷惑千万」といったおよそ外交電報の文面に似つかわしくない文言に驚くばかりだ。だが、外相の「迷惑千万」という文脈は、いやしくも大使に送られたものであり余程のことだ。頑固者らしい福田外相もさすがに怒り心頭だったのか。また福田外相をよく知る牛場大使への電報だけに感情も存分に伝えてしまったのか、あるいはアメリカに抗議するため、あえてオーバーに伝えたのか。

想像を逞しくしていえば、後世に残る文書だけに、福田外相もそのことを全く計算しなかったということはないだろう。穿った見方をすれば、この電報が「外交文書」として残ることを福田が念頭に入れていたかもしれない。日本政府としては、政治性を回避したい天皇の外遊に、あえて政治ショーを模索するアメリカの横槍を後世に伝えたかったという読み方ができるかもしれない。とはいうものの、福田外相は無用に反対することはなく、結果的に少々アメリカ側に歩み寄ったことは事実である。

一方、日本政府は「天皇・日本への理解を広める」ため日本の各時代の「二十三件、二十八点」の絵画と書を中心に、大英博物館、クレティ・コミュナル（ブリュッセル）、ケルン（西独）の日本文化会館で九月中旬から一〇月初旬の天皇欧州訪問に合わせて「宝物展」を開き、日本週間を組み込んだ。なかでも門外不出だった国宝の「賢愚経」、「群書治要」など重要文化財を欧州に持ち出すなど、力の入れ方がわかる。九月八日、天皇の訪欧を祝う宮中晩餐会が開かれた。

ところで、マイヤーは『回顧録』において、自身の在任中、天皇外遊が「最も劇的だった」と記している。米中接近、貿易摩擦と難題に直面しただけに初の天皇外遊問題に接することは自身の略歴、名誉に箔をつける出来事だった。他方で、マイヤーは、天皇がアメリカよりも先にヨーロッパ訪問を実施したことに「失望の念」があった。それでも救いは、初外遊の天皇の最初の降り立つ地が、本土と離れたアンカレッジであっても「アメリカの領土であること」は重要であり、それを名誉と理解していた。

結局、ホワイトハウスは、同盟国日本を慰撫するために、一〇月には、ロナルド・レーガン・カリフォルニア州知事を極東に派遣して、米中接近について「アメリカのその友人や同盟国に対する忠実さは変わらないという保証を与えさせた」という配慮をしている。レーガンは、その後大統領として中曽根康弘首相と親交を結び、「ロン・ヤス」といわれる状況を作り出したのは、ニクソン時代から想像もつかないことだ。

4　天皇を迎えたニクソン大統領

日本航空は乗員、乗務員の人選に入っていた。特別機のパイロットは富田多喜雄機長ら四人、キャビンアテンダントは畔蒜一子《あびるいちこ》ら四人など計一六人の乗務員が決まった。斎藤航務本部長は、宮内庁から「堅苦しく考えないで欲しい」（『朝日』、九月一八日）と言われていると語り、普段の業務に努めたいと冷静に答えている。

天皇の初外遊に同行したマスコミ関係者は、驚きの数になった。新聞社では二三名、通信社七名、放送局関係者が二八名、ニュース映画関係で一名、雑誌社が一二名、カメラマンが三四名と大変な人数である。なかでも従来と違って雑誌社が増えたことが目立つ。それは皇室記事を取り上げて部数を増やしていた雑誌社には絶好のチャンスだったからである。これによってテレビでは連日、訪問先の状況を報道し、その後のアンカレッジの式典やバッキンガム宮殿までの馬車パレードでは色鮮やかな風景が衛星放送を通じて国民に紹介された。

余談だが、天皇のパスポート問題も話題になった。天皇が象徴であり、日本の国民感情からも「外務大臣が発給するパスポートを携行して、出入国の手続きを経られるのは極めてふさわしくない」との意見で、パスポートは所持しないことが決まったようだ。

九月三日、閣議で訪欧随行員や予算が決定した。首席随員は福田赳夫外相。皇族、それも天皇の外遊で首席随員が現役の外相というのは初めてだった。

随員は、宇佐美宮内庁長官、入江侍従長、島式部官長、徳川義寛侍従次長、北白川祥子女官長、西野重孝侍医長、竹内春海儀典長、松平潔侍従、武田安雄宮内庁総務課長、黒田実式部官、武藤利明外務省西欧課長、市村喜菊重女官、仲村清市式部官、浅尾新一朗外務省報道課長、武者小路不二子御用掛、有島暁子御用掛、藤巻清太郎皇宮警察警備部長、小須賀忍皇宮警察護衛一課長、小和田恆外相秘書官だった。関係予算は一億九〇〇〇万円だった。また天皇がアンカレッジでニクソンと会談することになったため、真崎が急に呼ばれてアンカレッジまで同行することになった。

当初、福田は胆石を患い、術後とあって随員となるのは否定的だった。だがそれでも構わないとの佐藤首相の意向で首席随員となった。ポスト佐藤の有力者として内外に示す目論みもあったと思われる。福田が最初に昭和天皇に会見したのは、農林大臣として伊勢湾台風の被害状況を報告に参内した一九五九（昭和三四）年だった。天皇に対する福田の印象は「一言一句、大変に慎重に選ばれる」というものだった。閣僚経験豊富な福田にとって天皇の首席随員は大変な重圧だったが、生涯の栄誉だったことが彼の言動でもわかる。

ところで、この歴史的な会談を前に露払いのような動きがあった。ひとつは、福田外相が日米貿易経済委員会に出席するためワシントンに赴いていたことである。あまり知られていないことだが、このとき、ホワイトハウスは日本側に配慮していることを示すため、出席する九人の閣僚の航空機の荷物を国家元首クラス並みの取り扱いで対処を示した。これはなにも天皇外遊が予定されていたからというだけではなく、中国の国連加盟問題、国連対策を共有するためと理解できるが、一九七一年は実に日米関係が揺れ動いた年だったようだ。

さらに米政府にとってタイミングが良かったのが、このとき、ニューヨーク日米協会のジャパンハウス開館式出席のため、常陸宮親王夫妻が九月一〇日から二〇日までアメリカを訪問していたことだった。国務省はこの機会を日本に対する好意を示す機会ととらえた。

一四日、ニクソン大統領は常陸宮正仁親王・華子夫妻に会見、席上、親王は「両親はあなたたちが来られることを非常に喜んでいる」と述べた。ニクソンも日米友好を力説し、皇族の外遊は「日本の善意を知らせる意味」があると話している。常陸宮親王夫妻の訪米は、それに大統領との会談は、日米のマスコミで取り上げられ、アンカレッジでの会談の環境づくりに貢献していた。

キッシンジャーも、会談を目前にして大統領が天皇外遊の慶賀を示し、常陸宮親王夫妻の訪米に触れること、大阪万博にジュリー夫妻が招かれたこと、ニクソンが日本に七回も訪問していること、天皇の生物学への造詣に敬意を表し環境問題への協力を述べること、将来の天皇訪米を要請することなどを提示した。このあたりは日本をよく知るジョンソン国務長官やマイヤー大使の助言も考慮したはずだ。

二二日、ホワイトハウスは、ニクソン大統領夫妻、ロジャース国務長官、ロジャース・モートン内務長官、キッシンジャー補佐官、マイヤー駐日大使がアンカレッジに向かうことを表明した。アンカレッジでは、当地の新聞などが大統領の出迎えを「歴史的会見」として大きく報道していた。静かな街に多くの記者、通信員が殺到して賑やかな風景となった。

当地の同日付『イブニングスター』紙は、「御訪欧は対西欧関係にプラスになったとはいえようが、外交的勝利ではない」と冷めた指摘をしている。つまり、日本の経済的「台頭」は、「米国に対すると同様に欧州諸国にとっても問題を提起」しており、こうした諸国との「友好関係の強化」には「皇室のジェスチャー以上のものが必要」と説明を加えている。やはり日本の急速な成長への懸念が背景にある。また英蘭国の一部で、戦争中の「うらみつらみをあげてもらうことは現在の日本を世界に正しく位置づけることにはなるまい」と負の遺産については冷静に述べている。このあたりはヨーロッパではなくアメリカの新聞の日本へのゆとりと冷静さがうかがわれる。

米政府の配慮は続いた。アンカレッジの会見を前にして、二五日、ニクソン大統領は、実質形骸化していたが第二次大戦中の日系人抑留キャンプを正式に廃止する法案に署名、また彼らのアメリカ国籍放棄は無効との声明を行った。抑留者に対する補償問題はさらに後のことになる。それでも日系人への差別というかつての人種偏見の解消を法的に止めた。これも環境づくりの一つであろう。

ニクソン大統領は同日、ワシントンを出発、途中モンタナ州のカリスペル空港やポートランド空港で記者に答えて「日米両国は競争相手と同時に、不可欠の友人である」と繰り返し、日米両国が将来とも変わらぬ友人であり、決して敵対関係にならないことを意味する」(『朝日』九月二七日)とし、他方で、訪中すれば「毛沢東主席、周恩来首相と会談することになろう」と力強く述べた。会談を「太平洋における平和を意味する」と重視する姿勢を強く示している。政治臭の強い言い方を修正してこのような柔らかい表現になった。

九月二六日朝、アンカレッジのエルメンドルフ空軍基地は準備万端整っていた。第五格納庫は六〇〇〇人ほどの人々が入れるように改修、天井にはライトが八機据え付けられた。「忘れられない日だ。えらい興奮状態になるなあ」(『朝日』九月二七日)と、ある米軍士官も興奮気味で話していた。普段から注目を浴びないアラスカの米軍基地が思わぬ会見で脚光を浴びて、基地関係者の誰もが高揚感に溢れていた。

一方、前夜の大雨が嘘のような好天気になり、午前八時半過ぎに天皇・皇后夫妻は皇居を出発した。上空を数機の警察ヘリが警戒、首都高一号線の対向車線を止めて、またこの高速線の主要な高いビルには警官が配置されるというものものしい厳戒態勢で羽田空港に向かった。皇太子時代の訪欧では海軍少佐の制服で旅立ったが、今回はグレーの背広、礼砲に代わって国歌が静かに流れる中、各皇族も見送りに参列、マルティンス駐日ポルトガル大使を外交団長とした各国の外交団も夫妻を見送った。

出発を前に天皇は「我が国との友好親善の実をあげることを念願しております」とコメント

を残して機上の人になった。アレクサンドラ王女の来日から一〇年経過していた。

さて、九月二六日午後九時五一分、天皇・皇后夫妻を乗せた特別機はアラスカのエルメンドルフ空軍基地に着陸、第五格納庫の近くに横付けになった。特別機にモスバッガー儀典長と牛場大使がタラップを上り二人を出迎え、機外に天皇の姿が現れるとファンファーレがひときわ大きく鳴り渡った。世紀の会談を見逃すまいと、日本側ではライブで国内に中継された。天皇初の外遊、国民の関心は相当なものだった。『入江日記』によれば、閲兵に向う天皇の横で「大統領は、懸命にお上をおいたわりしている」と、ニクソンの気配りを感じている。

砲兵隊による二一発の号砲が鳴る中、君が代と米国国歌が演奏され、海兵隊の鼓笛隊が行進、それからニクソン大統領の案内で天皇は閲兵台に上がった。国賓級の出迎えだ。歓迎式典でニクソン大統領は、次のように述べている。

「今から五〇年前、陛下は皇太子として初めて外国を旅行されました。今宵陛下は、日本の古い歴史の上で、外国の地を踏まれる最初のご在位中の方であられます。陛下の今回のご旅行は世界における日本の増大しつつある地位を象徴するものであります。私どもは東京からもワシントンからも今回、同じ距離の地点でお会いしているわけであります。

このことは過去四分の一世紀にわたり、我々が距離的な隔たりを越えて、両国間に政治、経済、文化の各面における絆を築いてきた感を深くします」

さらに、大統領は「両国に友情と協力の関係は変わらない」と述べた。最後は両国の反映と天皇夫妻の外遊の成功を祈る話で結んでいる。ニクソンの言葉のキーワードは「距離」である。ニクソンはわざわざとは言わないものの、アンカレッジが東京とワシントンの同距離であることに触れつつ、これまでの距離を越えて様々な分野で親交を結んできたことを強調している。

当然、先の大戦については触れていない。

「……国務御多端のときにかかわらず、ニクソン大統領閣下が令夫人を伴われ親しく私どもを迎えるため遠路はるばる当地まで出向かれたことは、同大統領の私どもや日本に対する並ならぬご厚意とご関心の表れとして私の深く感銘するところであります。

戦後歴代の大統領や並びに米国政府及び市民が、我が国の復興及び建設に対し、物心両面において多大の援助を与えられたことは日本国民と共に私の忘れえないことであります。この機会に心から感謝を表明する次第であります。

過去四半世紀つちかわれてきた日米両国民の親善友好関係が、両国民相互の間の緊密なる接触と協力により今後ますます強化されるであろう……」

天皇のスピーチは真崎が訳していた。両者の会談は基本的に儀礼であり、両国の親善友好を示すものでなくてはならない。そこで天皇は先の大戦には触れず、戦後の日本の食料不足などに対し「復興」「建設」へのアメリカの支援に感謝することに重点をおいた。

式典終了後、天皇は出迎えたロジャース国務長官、モートン内務長官、キッシンジャー補佐官の挨拶を受けた。そして大統領と歩きながら車に向かった。途中で観衆からピーピーと歓迎する声がかかった。ニクソンはこの声援が自分に対してではないことがわかっているので、淡々と天皇を前に促す。ここで、真崎通訳が気を利かして「お上、帽子をお振りくださったら、観衆は皆喜ぶでございましょう」と横から口添えすると、天皇は歩きながら帽子を挙げて帽子を振った。これで観衆の声援はひときわ大きくなった。

一行は、八〇〇m離れたアラスカ軍司令官ロバート・O・ルエッグ中将官邸に向かった。車中でニクソンは天皇に「両陛下をワシントンにお迎えすることができれば幸い」と話しかけている。ジーグラー報道官も、同夜ニクソン大統領が天皇の訪米を要請したことを紹介している。

さて、中将宅では、それぞれの通訳を交えて二人だけで約二〇分間歓談があった。会談は、もっぱら訪中について触れた。『昭和天皇実録』によれば、ニクソン大統領との会談は日米友好関係に寄与するとし、沖縄返還や戦後の食糧援助に対し「お礼」を述べ、海洋汚染問題にも話が及んでいるが、中心は中国問題だったようだ。大統領は「自分が一回訪問しただけで米中問題が何でも解決するとは、決して考えておりません」と述べつつ、「話の糸口をつけるために、自分がいくのが一番いい」との説明をしたようだ。

政治向きの話にならないように天皇は、「まだまだ難しい問題があるでしょう」と聞き役になっていた。真崎の回顧によると、戦後の日本復興への尽力への感謝、米中接近の説明、新経済政策の説明、相互訪問など、天皇は聞き入っていたようだ。

天皇・皇后夫妻は二人の写真に自身がサインし、またニクソンは娘パトリシアの結婚式の写真にサインして取り交わした。会談が終わると、高級士官クラブのシャトーで待機していた福田外相、ロジャース長官、キッシンジャー補佐官、マイヤー大使らが合流、挨拶を取り交わして歴史的な会談は終了した。トップ四人の懇談や随員との会見は予定通りわずかだった。

このときニクソンは、入江にも「大統領は予（入江）に、二十八年の時あなたはいたか」と副大統領時代の訪日の話を向けると、入江は「居た」と答えた。ニクソンは「あの時は副大統領、今度は大統領で最高の喜び」と話していた。社交辞令もあろうが、記念すべき、また厳粛なセレモニーを終えて、会談前にキッシンジャーらと天皇会見のメリットをどのように生かすかを考えていたニクソンも高揚感があったと見られる。

日米のそれぞれの当初の思惑は別として、これによって、天皇の訪米、あるいは大統領の日本訪問がスケジュールに乗ることになる。ジーグラー報道官も大統領の要望として「将来いつの日か再び陛下がワシントンを訪れ、そこで陛下をお迎えできることを希望する」と紹介している。

ところで、天皇への訪米要請問題でひと悶着があった。アメリカでは、ニクソンとの会談で天皇が訪米を受諾と紹介されたのだ。驚いた宇佐美長官は慌てて、帰国した通訳の真崎に「どういう状況だった」(『昭和天皇の思い出』)と尋ねた。宇佐美長官としては天皇が「そういうご返事をなさる憲法上の権限はないんだ」と注意を促している。憲法上の問題は真崎も理解している。つまり「そういう時期が来たら、非常にうれしく思います」と伝えたが、天皇が「来年、行くということをおっしゃった覚えはありません」と返事した。どうもアメリカの先走りがあったようだ。微妙な問題での通訳は骨の折れる仕事だ。相手が訪米を期待しているだけに、前向きな仮定の話をしても実現可能と受け取る。さらに重要なことは、象徴天皇の機能・権限について一般に理解されているとは思えず、アメリカ人が単純に天皇が訪米すると思い込んだということだろう。

さて、セレモニーを終えた天皇・皇后夫妻の搭乗した特別機は、遠くの空にオーロラが輝くアンカレッジを飛び立った。北極上空では、オーロラを見物するため、機内のライトを消して観覧した。これは宇佐美長官がコペンハーゲンの記者会見で紹介している。天皇夫妻は三時間ほど睡眠したようだ。

機中では、福田外相が持参した胆石手術の石の写真で盛り上がっていた。科学者昭和天皇は、この写真に興味津々だったようだ。

「今度の旅行は、フランスとスイスが非公式訪問だから、日程にも余裕がある。遠慮なく十分に休養をとるように」と、天皇は福田の身体を気遣った。

日米間の水面下では政治的駆け引きもあったが、この会談への米マスコミの評価は高かった。アンカレッジ駐在の吉田領事は、天皇夫妻がタラップに現れたときは、一瞬その場は興奮状態になったと本省に伝えている。さらに二七日、『ニューヨーク・タイムズ』紙は、訪欧は天皇の一種の「感傷旅行」であるが、「日本の台頭のシンボル」でもあり、この会談が両国に「好結果をもたらす」と前向きな評価を与えていた。天皇外遊を通じて、経済成長著しい日本の「台頭」といった記事がやはり散見することができる。

翌二八日の『ワシントン・ポスト』紙は、かつて敵同士だった両国の戦後の同盟関係を象徴する感動的で歴史的な瞬間だった」と報じている。同日の『サンフランシスコ・クロニクル』紙は、戦前の天皇は「偉大な神秘的権力を行使した」が、戦後この特有な神秘性は「太平洋戦争を企画したという最近の主張の理由付けにはならない」、天皇が「侵略的な閣僚に同調したのは事実であるが、彼らを抑えることができたかどうかは疑問である」と、全面的な戦争責任論を否定し、敗戦により天皇は「代価も払った」、「神秘性は大部分消滅した」と指摘している。

しかしながら、トルーマン政権が天皇の「神秘性」のすべてを取り去らなかったことで、アンカレッジの会談は「日米関係を実質的に変えることはできない」が、この会談が世界にとって「大きな救い」と見ている。アメリカらしい発想だが、天皇・ニクソン会談に多くを期待しないにせよ、むしろ緊張をほぐすような環境づくりに貢献したという評価だった。

ところで、会談後の二八日付『ニューヨーク・タイムズ』紙は、「ニクソンと裕仁、友好を誓う」との見出しで記事を掲載している。第一面で、写真付き、四段抜きの記事掲載という破格の報道だった。ニクソン訪中問題と新経済政策で日米間に緊張があり、二六日の同紙も「対日関係を重視して、関係改善に努力を払うべき」と主張し、ホワイトハウスに対日姿勢の転換を要求している。同紙は日本への配慮を一貫して言及しているが、アメリカのマスコミは、概ね大戦のことは触れず、この外遊を好意的に評価していたようだ。

さらに同紙は、現地特派のマックス・フランケル記者が「象徴的意味はあるが、雪解けではない」と手厳しい評価を伝えている。「美辞麗句と儀式を重ねただけでは、この会談を意味のある外交的成果に転じることはできない」として、アメリカが日本の民主主義と経済再建を指導した時代は終わり、両国は「貿易上の競争と政治的な煩わしさを抱えたより厳しい時代」を迎えていると報じている。いささか緊張感をあおっているが、そのためか、アンカレッジで居合わせた両国政府の当局者は、「疑いと不安と恨みの感情」、アメリカには「恩知らずや裏切り」、日本側には「高飛車」といった「憤慨が漂っていた」というのである。天皇のアンカレッジ訪問を、日米間の緊張に結び付けたいとするかなり手厳しい記事だ。日米両国関係者を対照的に取り扱いたいのだろうが、いささか誇張しすぎる評価である。

他紙と目の付けどころが一味違うのが『ワシントン・ポスト』紙だ。同紙記者は、アンカレッジの天皇の一挙手一投足を注意深く見守っていた。天皇が演説原稿を取り出す仕草、車の中の座席位置を間違えたり、車から降りるとき反対側から降車しようとしたりと微笑ましい動きを好意的に伝えて人間天皇の素顔に迫っている。これもまた日本への配慮があったゆえに、また「人間天皇を伝えたい」とする同紙の思惑があったからだろう。

二八日の『朝日』のように「微妙な日米間の思惑」としてニクソンの政治利用を指摘する紙面もあれば、『読売』は「オーロラの下、堅い握手」という叙情的な表現を使い、『日経』や『毎日』も現地の歓迎ムードを紹介した。わざわざニクソン大統領が天皇と会談するためアンカレッジにやって来るという日本人のプライドをくすぐるセレモニーに満足する評価、あるいは緊張の緩和といった評価こそあれ、総じて否定的な報道はなかった。

このように日米のマスコミ各紙は、それぞれの見解を紹介したが、天皇のセンチメンタルン・ジャーニー観に比べて、ホワイトハウスは、緊張していた日米関係を緩和し、さらに選挙対策という宣伝効果を期待するなど視点こそ違うが、パフォーマンスには満足したのだろう。

第6章

✺象徴天皇のヨーロッパ訪問

1　海外訪問の第一歩——デンマーク、ベルギー

一九七一年九月二七日午後六時二〇分、天皇・皇后夫妻を乗せた日航機はコペンハーゲンに到着した。タラップ下では、七二歳のフレデリク九世とイングリッド王妃が出迎えた。デンマーク王室は欧州でも最も古い王室だ。フレデリク国王は、極めて率直な国王で知られている。海軍士官時代に少々茶目っ気を発揮して刺青を入れて「刺青の国王」と言われていた。また大戦中、ガソリン不足に悩む国民を見て自転車を使用したため「自転車に乗った王様」と話題になり、ナチスに拘束されていた経験もある。さらに楽団を前にしてタクトを振る「オーケストラの王様」といった愛称があるように、気さくに国民と接する国王だった。空港には国王夫妻や王室関係者、外務省関係者、小川平四郎大使が出迎えた。

天皇がタラップを降りてくる時だった。ゆっくり降りてくる天皇の足元をジッと見ていた国王は、たまりかねたように定位置を離れてタラップの真下に歩み寄り、思わず天皇に手を差し

伸べた。しきたりに拘わらない国王の歓迎の表れである。デンマーク訪問は非公式訪問、このため国王が飛行場まで出向く必要はない。しかし最初の訪問国としての敬意を表す意味でも、国王自ら出向き手を差し伸べたのだ。カメラを向けていたデンマーク記者からは「うちの国王らしいよ」（『朝日』九月二八日）と声があがった。

一九八センチの堂々たる体格の老国王の仕草は、周りを和《なご》ませ、記者団の写真撮影も歓迎ムードを示す絶好のシャッターチャンスになった。緊張した天皇の顔もここで笑顔に変わった。飛行場には楽団もいない。日本人を含めて二〇〇人ほどの歓迎で、大きな歓声もなく、静かな一歩を踏み出した。

空港を出発した一行の車列に、日本人が天皇制反対のビラを投げつける場面があった。日本では過激派学生の動きが様々な社会問題を引き起こしていたが、彼らの一部が出国して訪問先で外遊反対運動をやっていたのである。現地の一部の反発だけではなかった。佐藤首相も「困った連中である」（『佐藤日記』）と苦々しく書いている。またデンマークは大戦中ドイツに占領されており、団体行動する日本記者団の腕章を見て「ナチス」を思い起こさせるとの感想を抱く者もいた。

宿泊するロイヤルホテルでは、国賓用の二〇階のロイヤルスイートを全面改装し、また市内のシェラトンホテルでは歓迎準備室を開いた。デンマーク外務省が非公式訪問なのが残念と言いつつも入念な準備で天皇夫妻一行を迎え入れたことがわかる。余談だが、この日鹿児島県内之浦の東大宇宙センターから日本初の科学衛星が歓声と興奮のなか大空に飛び立った。内之浦から発射されたロケットは通算三〇〇発目、アメリカが月面に向かった頃、日本はようやく宇宙へ力強い航跡を残したのである。

翌二八日、天皇夫妻はコペンハーゲンの王立陶器工場を視察、港の人魚姫を見学した。地元の人々は、天皇・皇后夫妻に人魚姫を近くで見学してもらおうと、休日返上で海岸に特設のプラットフォームを設置するなど、もてなしの気持ちに溢れていた。

さらに、天皇・皇后夫妻は、ハムレットの舞台となった古城クロンボー城を観覧して記帳、さらにフレーデンスボー離宮での午餐会に臨んだ。中庭はカメラマンでごった返していた。天皇・皇后夫妻が国王とともに出向く先々で、デンマークのカメラマンや記者は少しでも取材しようと前に前にと出てくるために、国王も困惑顔だった。デンマークの『ポリティケン』紙のヨハン・ドウィンガー記者は、天皇・皇后夫妻を追いかける日本人記者やカメラマンの執念に驚き、他方で「神秘的に見える」天皇に興味津々だった。

その後フレーデンスボー宮殿で国王夫妻と会食した。一九六三年に訪日、さらに七〇年の大阪万博を見学したマルグレーテ王女をはじめ多くの王室関係者も同席した。実は、この天皇のデンマーク訪問翌年の七二年一月、フレデリク国王は崩御し、王女が同国初の女王、マルグレーテ二世となった。エリザベス女王の崩御後、世界で唯一の女性君主である。

さて、天皇・皇后夫妻は、日本大使館で在留邦人と夕食を共にし、その後、交流のあるクランプ、ピターセンの二人の海洋生物学者と会見した。非公式訪問だけに天皇の研究を優先した形だ。

コペンハーゲンを去る際、フレデリク国王夫妻は空港まで見送った。これもスケジュールにはなかったことで、前夜、デンマーク側の特別な配慮で変更されたものだった。前日のフレーデンスボー宮殿での午餐会での会話の中で国王夫妻は見送りを決めたという。わずか二日あまりの非公式訪問とは思えないほど、デンマークとしては最大級のもてなしをしている。

デンマーク訪問を終えて、特別機は最初の公式訪問地ベルギーに向かった。訪欧で初めてモーニングを着用した天皇は、タラップを降り、出迎えのボードゥアン国王とファラビオ王妃と懐かしの再会を果たした。五〇年前の皇太子時代に訪問して以来のベルギー訪問だった。六四年にボードゥアン一世国王夫妻は日本を訪問している。

ブリュッセル空港では王族一同が出迎え、空港のお立ち台に天皇と国王が立つと、君が代とベルギー国歌が演奏された。そして歓迎する一〇〇〇人ほどの見送りの中、六〇騎の槍騎兵の馬が天皇の車を先導、市内の無名戦士の墓に献花の後ラーケン宮殿で昼食、夜は国王主催の公式晩餐会だった。

晩餐会会場は一八世紀に建てられた絢爛豪華な王宮だった。午後八時一五分、天皇は、胸に大勲位菊花大綬章をつけた正装で皇后と共に広間に入った。

二〇〇〇人ほどの賓客を前に、天皇は到着時の歓迎について次のようにスピーチした。

「今回の訪問は一九二一年六月、皇太子としての貴国訪問のときから数えて五〇年ぶりのものであります」

そして、かつて訪問したときベルギーの美しい街並みに感銘を受けたことに触れ、「この半世紀は、日本にとっても、私自身にとっても、多くの苦難と激しい試練の時代でありました」が、苦難の道を超え「世界平和を希求する日本の象徴たる天皇として、貴国の人々と再開する機会を与えられたことはこのうえもない喜びとするところであります」と、再出発した日本と象徴天皇が平和の使節であることを訴えた。

天皇が初の海外訪問で「苦難」「試練」の文言を使ったのは注目したい。ベルギーが大戦中に日本と直接干戈《かんか》を交えなかったことも幸いした。政府、宮中では、初の公式訪問での天皇のスピーチでは大戦については抑制した表現で決まっていたのだろう。象徴天皇であることに忠実であろうとしたのだろう。

一方、国王は、地域的な安全保障のため同盟を結び、両国が平和に貢献していることに触れ、さらに「貴国は第一級の経済大国として地球上に平穏をもたらすことを目指した外交活動を行っています」、「世界において貴国は卓越した地位を占め」、「他方、ベルギーはささやかな地位を占めるにすぎませんが」、「諸国間の協調を緊密化していくこと」が重要だと力説した。ここでわかるのは大戦の後遺症ではなく、それぞれが地域の平和に貢献し、日本の成長に敬意を表していることだろう。

ベルギーでは、急成長する日本に関心は高まっていたが、どうも天皇の「象徴」という意味が不明確で、随行記者にも質問が飛んでいた。たとえば国家元首ならばなぜ随行員に武官を連れていないのかというのである。天皇は国家元首ではなく象徴だと何度も政府は折に触れて述べているが、宮内庁で作成した訪欧資料には「元首」となっていた。海外の記者団が皇室を欧州の王室と同様に理解していても不思議ではなかった。結局、このような対外的交流を通じて、天皇の地位が実質「元首」の意味合いで固まっていくことも見逃せない。

翌三〇日、天皇・皇后夫妻はオランダの港湾都市アントワープへ赴いた。その市庁舎の手前で、沿道の群衆の中から一行の車に卵などが投げつけられるハプニングがあった。

フランドリア号に乗船した天皇・皇后夫妻は、港湾施設を見学、港湾には日本郵船の貨物船「山形丸」が停泊していた。船員は全員正装で天皇・皇后夫妻の車を見送った。天皇は、半世紀前の旅で、港湾に停泊する日本の貨物船が自身を出迎えたことを思い出していたのではないだろうか。二人は教会でルーベンスの絵画などを観覧、さらにダイヤモンドの加工工場、動物園を見学している。

アントワープでのことだった。島式部官長は「天皇陛下は恐らく来年、米国を訪問されることになるだろう」と異例のコメントを発表した。各国からの歓迎ぶりやアンカレッジでのニクソンとの会見が影響を与えたのだろう。さらに、米訪問の前にアジア諸国の訪問、エリザベス女王の来日にも触れ、「日程はまだ決まっていない」が「訪問されることは決まっている」と言明した。

天皇・皇后夫妻は列車で大使館に戻った。夜は政府主催の歓迎音楽会で、国王夫妻とともにダニエル・ステルンフェルト指揮のベルギー国立オーケストラの演奏を楽しんだ。二曲目には、海外留学中で、七一年度エリザベート音楽コンクールで三位となった藤原浜雄のバイオリン協奏曲を堪能している。

ところで、当時ベルギーには宮田耕三（七六歳）なる人物がいた。彼は北海道美唄の出身、戦前、北海道からロンドンに留学したが、その後ベルギーに移り、貿易商を始めて成功した実業家だった。大正一〇年の裕仁皇太子の欧州訪問で対面した日本人の一人だった。このとき、皇太子から「随分長くいるそうですねー」と話しかけられ、宮田は「陛下にアントワープでお目にかかったことがあります」と返事している。

ところが第二次世界大戦が始まり、宮田はドイツに逃げて終戦を迎え、ほどなくシベリア鉄道を経由して日本に帰国した。二年ほど日本に滞在し、再びアントワープにもどって商売を始めた不屈の人物だ。貿易商でまた日本料理店を経営する宮田は、今や在留邦人を代表する長老だった。軍司貞則『アントワープのサムライ商人』が宮田を紹介している。昭和二五年のベルギーにはわずかに二人しかいなかった日本人は、このころは五〇〇人を越えていた。経済成長を表すような日本人の増加ぶりだった。

さて、天皇・皇后夫妻はワーテルローの古戦場を訪問した。二〇〇〇人もの住民が集まり、現地の住民によるナポレオン軍に似せた儀仗兵が天皇夫妻を迎えた。パノラマ館では有名な白馬に乗ったナポレオンの絵画を半世紀ぶりに見入っている。

午後、シャルルロア市に向かった。一般の日本人には、今回の訪欧でのシャルルロア訪問の意図はあまり知られていなかった。古都でもなく、取り立てて名所旧跡が存在するわけではない。ベルギーの国内事情に配慮し、フラマン語地区のアントワープのほかワロン語地区を訪問することになり、無名のシャルルロア市が候補に上った。

実は、七年前の一九六四年、訪日したボードゥアン国王夫妻は、在日ベルギー人の多い姫路市を訪問、姫路城を見学した。シャルルロア市は一七世紀にスペインのシャルル二世が軍事目的に建設した町である。石炭産業、ガラス、陶器で有名になり、これを契機に六五年、阪神工業地帯の中核にある姫路市と姉妹都市になっていた。

シャルルロアに在住二一年のオペルシュトラエテン神父は、一九四九年布教のため来日、姫路に淳心学院という学校を創設、一九七〇年夏まで校長として勤務していた。神父は天皇の来訪を知るや、国王や儀典長に手紙を出し、天皇のシャルルロア訪問を嘆願していた。この地区ではリエージュなど有名な都市もあり、天皇の訪問地には選ばれないと思っていたが、ついに同市に決定したのである。「こんな名誉なことはない」と驚いたのはウボー市長だった。姫路との縁が天皇の訪問を呼び起こすとは「思ってもみなかった」と感激していた。戦後の日本とベルギーの新しい絆が呼び水となった交流だった。

市庁舎近くの美術館前では同市に伝わる郷土舞踊「ジル」を踊っていたが、天皇・皇后夫妻を見ると、来ていた観客からも歓声が上がった。珍しい東洋からの賓客来訪に市内の学校は休校、市役所や商店も開店休業状態となり人が集まっていた。夕方、夫妻はブリュッセルにもどり、天皇は王立自然科学研究所の海洋博物学の権威ルルー博士と歓談、同夜はサントカーネル宮殿において、一二〇人ほどを招いて天皇主催の返礼晩餐会が開かれた。

一〇月一日、ベルギー公式訪問を終えた天皇について、外電は「素朴な天皇の人柄が、市民に深い印象を与えた。訪問は大成功だった」と伝えた。短い文面だが実に明快な報道である。翌二日、皇后は出発前、ブリュッセル市内のグランパスに赴き、天皇が半世紀前に見学していた「小便小僧」を見て、近くの店でレースの人形を買い求めた。

一九八九年の昭和天皇の大葬の礼にはボードゥアン国王が真っ先に訪日を表明、日本側は国王に席次一番を用意して厚遇している。翌九〇年の即位の礼にもボードゥアン国王は来日した。一九九三（平成五）年、同国王の葬儀には明仁天皇・皇后夫妻が出席したが、これは歴代天皇が外国王室の葬儀に出席した初めてのことである。さらに、二〇一四年一二月一二日、ファビオラ元皇后の葬儀がとり行われた際は、美智子皇后がベルギーに飛び、サン・ミシェル聖堂の葬儀に参列、最前列の中央に位置して着席し、元皇后の棺に深々と頭を垂れて強い印象を与えた。このように、両国の皇族と王室の関係は非常に良好である。

２　束の間の休息――フランス訪問

一〇月二日午前一一前、天皇・皇后夫妻はパリのオルリー空港に到着した。休養と観覧を目的とするフランス滞在である。二日のパリ各紙は歓迎一色だった。なかには「歓迎、天皇陛下」と漢字の見出しを掲載し、背景はカラー印刷で日の丸をあしらうといった気配りの紙面もあった。

著名な哲学者、政治学者、社会学者で、この当時『フィガロ』の論説委員でもあったレイモン・アロンは、ラジオ解説で、日本は米中ソに続き第四極になることは決定的としつつ、次のように述べている。

「……その経済力について、政治的に国際社会に登場しようとする日本は、今、その道を探っている。それは国民福祉への道か、国力増強への道だろうか」

天皇の欧州への登場を懐疑的に見ているのだ。外遊にはセールスマンと膨大な日本製品がついてくるとか、「ご旅行の本当の目的はなになのか」(『朝日』一〇月四日夕刊)といった記事を掲載し、訪問の真意を訝《いぶか》っていた。天皇の外遊の意味、これを把握したいとするマスコミ、特に王室もないフランスには、これこそが大きな疑問だったのだろう。

同空港の迎賓館では、金銀の兜を着けた儀仗兵が出迎え、一五〇人ほどの在留邦人が日の丸の国旗を振っていた。反対側に待機していた仏カメラマンが「アンプルルール(天皇陛下)」と叫んでポーズを要求する声も飛び交った。乗車した天皇夫妻は宿舎のホテル・ド・クリヨンに入った。同ホテルは一九〇二年に現在のコンコルド広場前に創業した老舗ホテルだ。昼食は唯一の行事だったエリゼ宮で、ジョルジュ・ポンピドー大統領、ジャック・シャバン・デルマス首相らと共にしている。

午後は、まずノートルダム寺院を見学、祭壇の前に設置された黄金の椅子に夫妻は座り、パイプオルガンが奏でる「三重フーガ変ホ長調」の響きを味わっている。しばし癒しの空間を堪能した。当初は一般の人々と共に観覧のはずだったが、不測の事態を警戒して、一般人は天皇の観覧中、しばらく締め出された。

　パリ警察は神経を尖らせ、観光客との接触はここでも回避された。続いて天皇は、パレ・ド・ジャスティスやサント・シャペルなどを観覧して、モンマルトルの丘のサクレクレール、さらにシャンゼリゼ、トロカデオ広場、そして懐かしいエッフェル塔を回り宿舎に帰った。

　パリの滞在は休息が中心だったが、ドライブは常に前後を白バイなどに警護され、半世紀前のような自由な散策はできなかった。午後七時に天皇・皇后夫妻は、日本大使公邸に入った。そこで、パリに住む二七八人の在仏邦人と顔を合わせた。この懇親会に出席したパリ在住の女優岸恵子に天皇が「映画は今もやってるの」と声をかけた。緊張した岸は「どうか、おすこやかにご旅行をお続けくださいますように」（『毎日』一〇月四日）と答えるのが精一杯だった。浮世絵の美術商として著名だった青山三郎、在仏日本商業会議所の山田信彦会頭も挨拶している。

　三日の日曜日の夫妻の楽しみは、ルーブル美術館の見学だった。バロー館長の出迎えを受け、ミロのビーナス、モナリザ、ミレーの晩鐘など様々な美術品を見学している。天皇はモナリザの絵画を皇太子時代と日本で開催されたルーブル展で見ており、通算三度目の観覧、皇后は初めてだった。特にミレーの晩鐘は、わざわざ階上の陳列室からおろして天皇が鑑賞できるよう配慮され、目の前で見ることができた。

　さらに車で一時間余のフォンテンブローの森に向かった。郊外へのドライブには格別の好天気だった。一二世紀のころに狩猟のために建設されたというフォンテンブロー城の中庭を散歩、天皇は池の鯉にパンの切れ端を何度も投げ、皇后にも誘って束の間の自由な空気を堪能している。中山賀博駐仏大使が「陛下、この鯉の中には日本の鯉もいますか」（『読売』一〇月一五日）と質問すると、天皇はジッと鯉を見ながら「これはドイツ産の鯉だよ」と答えた。さすがの博識ぶりに記者たちは驚かされた。

一五分も経過すると、側近が近づき「陛下、お時間です」と耳打ちした。各地とも天皇の訪問先はわずかな時間の観覧が多く、中途で側近が耳打ちする光景が何度もあった。三日付の『ジュルナル・デ・ディマンシュ』紙は、「天皇は見た。しかし、何も見なかった」と皮肉り、「全速力のパリ見物」という見出しが踊っている。当局のピリピリした警護は当然とはいえ、皇太子時代の訪問よりも不自由な日々だった。皇太子時代には記念にと地下鉄切符を入手したりしたが、そんなことは思いもよらない旅行だった。

ホテルに戻り、天皇は海洋生物学の専門家テシエ教授と「ヒドロザワ」について話し合い、日本の学者が著した貝類の本とシガレットケースをプレゼントしている。一方皇后は、昭和三〇年から二年間滞日し仏語の教師だったルヌー夫人と会見した。夕食は夫妻で、トゥール・ダルジャンで名物の鴨料理を食している。一九世紀末からナンバーを付ける風習が始まり、大正一〇年に皇太子として来店したときは五万三二一一羽目の鴨、今回は、四二万三九〇〇羽目の鴨だった。因みに東京店では、皇太子来店を記念して五万三二一二羽目の鴨からナンバリングしているという。

一〇月四日、天皇・皇后夫妻は、ベルサイユ宮殿へ向かった。宮殿前には日本人随行記者団が指定された場所に陣取り待ち受けていた。そこへフランスのカメラマンらもやってきた。マスコミには載らなかったが、記者団と地元メディアとの間には、撮影場所をめぐって時々緊張の場面があったようである。

二人は訪問者名簿に記入後、宮殿に入館した。だが、連日のハードスケジュールを心配した皇后と宇佐美長官のアドバイスから天皇は休息を取ることになった。本来は二人で宮殿を見学するはずだったが、天皇は別間で休息、皇后は内部を見物した。その後、ジャック・デュアルメ文化相主催の昼食会に出席した。

天皇の宿願だったウインザー公（エドワード八世）との会見は、ブルゴーニュの森の邸宅で行われた。隣には国王の座を降りる原因になったシンプソン夫人もいた。かつて（一九二二年）エドワード皇太子来日の際、日本側は最大級のおもてなしで歓迎をしている。英艦船「レナウン」に乗艦したエドワード皇太子が随艦「ダーバン」を伴って香港に到着すると、日本政府は、接判委員に山梨勝之進少佐を任命し、百武三郎海軍中将率いる第三戦隊の四艦の接判艦隊を率いて香港に向った。前例のない歓迎だ。それだけではない。東京湾近海では、海軍の誇る戦艦「長門」「伊勢」「陸奥」「比叡」「霧島」「金剛」の六隻が英艦二隻の歓迎行事を行った。日英同盟は消滅したが、二国間の伝統的関係は続いていることを示す行事となった。

半世紀ぶりということもあり、四人の会見は三〇分をオーバー、別れ際、天皇は訪日を誘い、ウインザー公も快く応えて旧交を温めている。天皇は七〇歳、ウインザー公は七七歳になっていた。入江は、ウインザー公が「大変喜んでいらっしゃった。劇的だった」と感動の場面を記している。残念ながら翌年五月、ウインザー公は崩御した。二人の半世紀ぶりの対面から僅かに八ヶ月後のことである。

さて、この訪仏で侍医長だった西野重孝が「忘れ得ぬ思い出、ご訪欧、ご訪米」（『週刊朝日』）を書き残している。山形県生まれの西野は一九四〇年四月から侍医になり、一九六六年二月から侍医長、一九八三年一〇月に退任している。彼の忘れられない思い出はこの外遊だった。困ったのは、人数をできるだけ減らすとの宮中の意向で侍医は彼一人だったということだった。西野は出先で病気にならないように真剣に注意したという。幸いながら天皇・皇后夫妻は元気に旅行を続けたため「侍医としても手持ち無沙汰、それだけ愉快なお供ができた」と述懐している。

パリ滞在でのことだった。一行は、入江が「何ともいえない」と感動するフォンテンブローの城を観覧した後、バルビゾンという地にある山小屋風のホテル「ホテルリー・デュ・バブレオ」内のレストランにランチに入った。天皇が食事をした部屋はその後「サロン・ヒロヒト」と呼ばれ、食事も「ヒロヒト天皇メニュー」として残っているという。

ここで天皇が食べたいのは、皇太子時代の思い出のエスカルゴである。当時供奉した三浦謹之助博士の発言を思い出した天皇は、「三浦はこの前、五つまでよろしいと言ったが、今日は？」との下問だった。西野は「一〇個くらいなら」と述べた。皿を見るとひと皿に一二個乗っている。西野も早速一つを口にした。味は素晴らしい、ところが「その脂っこいこと、五個ぐらいが適当だったかもしれない」と思い、天皇のテーブルの皿を見ると、「陛下は瞬く間に一〇個召し上がってしまったので後の祭り」だったという。

毎日の寺島特派員の報告（『毎日』一〇月四日）では、天皇が食したのが六個となっている。ここは近くで見ていた西野の記憶を信じよう。ともあれ、ここから西野は気が気ではなくなった。「腹でもこわされたら重大責任」と心配だった。同行した入江は「エスカルゴが強すぎた」として、夕食の鴨料理もあまり食べられず、しばらく胃腸を壊している。さらに夜は、ツールダルジャンの鴨料理だった。胃に重いものが続いたので、西野の心配は尽きなかった。睡眠前には、必ず天皇の様子伺いに伺う西野だが、何事もなくホッとしたという。侍医の気配りも尋常ではない。

ところで、行く先々で日本の記者団を待っていたのは、それぞれの国の担当官から渡される山のような資料の山だった。彼らはそのボリュームと内容の豊富さに驚かされている。天皇が訪問する城でも、いつ建設されたか、背景、内容、レストランの紹介などともかく細かく書かれ、これを読めばどんな質問にも答えられるというものだった。ヨーロッパ諸国の国際交流はこうしたプレス対応にも手馴れたものだった。イギリスでは濃紺のビニールバッグに日英の国旗をあしらったもの、デンマークでは金色の王冠が浮き出たアタッシュケースと、国の特色が反映されたものだった。記者団は、これでは本国へ送る記事が各社同じようになってしまうと感じるほどだった。だが、各国の儀典担当者は、記者団にこうしたＰＲをすることによって、重要な広報の一翼を担っていた。

３　冷静な対応――イギリス訪問

駐日イギリス大使ピルチャーの思い出の一つは、退官を目前にしての天皇訪英だった。日本をよく知り、また京都をこよなく愛するピルチャーは、天皇訪英について英国人らしい見方をしていた。一九七一年三月三日、「日本国天皇は人か神か」という文書を本省に送っている。

「公式には天皇は人間であるが、実際には、キリスト教でいう超自然的な神と混同してはならないが、その神性は以前と同じように続いている。……天皇は御自ら宮中の数知れない祭祀その他の神事をとりおこなっておられる。これは伝統的な秘儀として奉仕者以外は誰も拝することができない。天皇は過去と現在の紐帯であり、……このように天皇は日本民族の純良性、通弊性の両方の象徴である。天皇は国民をして忠誠心、滅私奉公の目覚しい行為に奮い立たせる元になっていると同時に、他国民から隔てさせ他国から忌み嫌わせている民族的、文化的、宗教的、排他性の要にもなっている。日本国は自分たちの国以外の世界の神の存在、世界上にある神の存在に対する意識もなく、……日本人は世界の中で不可思議このうえない変わった民族である」

日本人をよく知るピルチャーだが、対日認識はイギリス育ちの外交官らしい冷静な発想だ。だが「不可思議」とのフレーズは、まだまだピルチャーも理解が及ばなかったということだろうか。

さらに翌七二年六月八日、ピルチャー大使は、日本人について「厳格な形式が骨格をなす半面、道徳規範がない。神道は日本人に優越感を与えるが、道徳に欠ける。国外に出ると本性がむき出しとなり、これが第二次世界大戦中の蛮行の基本的な要因となった」と送っている。大戦中の日本軍の行動は欧米人の思考の範疇を超えていたようで、合理的に理解できない部分があったようだ。

ピルチャーの在任時代、日本は高度成長による多くの恩恵を受けた。しかし、他方で様々な公害問題を引き起こし、また反戦や権力に対する闘争の始まりが激化して中核派、革マル派といった左翼勢力が伸張し、同時に大学紛争も多発して様々な社会問題が起きていた。

以上の状況で、ピルチャー大使は、古き伝統を持つ日本と戦争や社会を揺るがす過激派の動向を見た日本のギャップを見つめていたのだろう。日本人は曖昧なことを言って本気で楽しんでいるのではないかと皮肉るピルチャーの思いは、英外交官が大なり小なり認識していた日本の一端だったかもしれない。だが、気遣いも忘れてはいない。「天皇は長時間の沈黙に慣れているので、会話に熱が入っていないようにみえても、不賛成だとか退屈していると受け取る必要はない」とも報告、「日米関係や近現代の日中、日韓関係を話題にするのは避けたほうがいい」と注意も喚起している。

さてイギリスでは、訪英を目前にして皇室報道で溢れていた。まず注目されたのがガーター勲章の取り扱いである。外遊前の一九七一年三月一一日、日本記者クラブで記者団から天皇訪英に関して、剥奪されたはずのガーター勲章について質問があった。島式部官長はまだ「公式な協議はされていない」とコメントしたが、前述したように、天皇訪英時には英国から送られた勲章はすべて着用を認められることになり、長年の課題は解決されていた。日英関係の改善を図る意味で、ガーター勲章着帯は象徴的なことだけに敏感な問題だったのだ。

かくして一九七一年四月七日、英王室は昭和天皇のガーター勲章着用の名誉を回復、五月二二日からセント・ジョージ・チャペルに再び菊花紋章のバナーが掲揚された。天皇の訪英に備えたものである。因みに、一度剥奪されながら再び名誉を回復したのは昭和天皇のみである。

イギリスのメディアは天皇訪英を前に、天皇のセンチメンタル・ジャーニーにも触れながら、大戦中の日本を紹介するニュースが増えていた。今や象徴の天皇には基本的に政治の実権はなく、戦後の発展の中で役割は変わったことを日本の専門家や記者を通じて紹介していたが、イギリス国民にどれほど浸透していたのか、理解するための材料が乏しい状態だった。戦時捕虜体験、偏見、植民地独立など様々な戦時体験は簡単には払拭できるものではなかった。日本では「影をひそめた険しい見方」（『朝日』一〇月六日）としているが、他方で「釈然とせぬ戦争責任」という捉え方があることが改めて明らかになる。

このなかで『デイリー・ミラー』紙は九月二六日、「いつまでも恨み続けることは正しいか」と題した社説を掲載している。『タイムズ』紙は五日、「日英どちらの国も過ぎし日を振り返って、現在の関係を考えてはならない」としつつも「戦争の時の苦しい思い出を理由に、両国間の融和を嫌がる人たちも英国にいることは事実だ」とも指摘している。こうした両論併記は、英マスコミの見識でもあった。後年、明仁天皇がイギリスを公式訪問したとき一部で同じような対応をされている。

天皇訪英をひかえて、『天皇ヒロヒト』に続いて、天皇関係の本が出版されている。その中に、デビット・バーガミニが一九七一年に出版した『天皇の陰謀』という書物がある。バーガミニは、大戦中両親とともにルソン島の収容所に抑留された。同書は東京裁判の関係記録や軍人、宮中関係者の記録やインタビューなどで構成した大著であるが、天皇自らが世界征服のため戦争を計画して命令したような内容となっている。同書への評価は賛否両論で、日米の研究者では問題視する意見もある。しかし、内容の是非はともかく、このような類の本が天皇の外遊に合わせるかのように登場することは、日本への関心が高まった証しでもあった。

三〇日のBBC放送は、天皇を紹介する中で、陸軍の兵士を閲兵する天皇、皇居に拝礼する大衆を放映し、また最後に軍の戦争継続を阻止して降伏にもちこんだことなどを紹介している。バランスを取ったものだが、一九七一年という時期を考えても、けっして戦時体験の苦い思い出が払拭された環境ではなかったことがわかる。

さらに、オックスフォード、ケンブリッジ、ロンドンの各大学の東洋史を専攻している教員、学生有志二〇〇人の手による「大東亜の共栄：新日本帝国主義の現状」と題するガリ版刷りの小冊子の配布もあった。また、シンガポール攻防戦やビルマ戦線で捕虜になった旧英軍兵士の悲痛な思いは大使館にも届いていた。忘れようとする人もいれば、悔しさが倍増する人もいる。天皇訪英は避けて通れない現実に直面することになる。象徴となった天皇は、今や政治問題には関与できないが、イギリス国民には昭和天皇は戦前と同じ天皇なのだ。どこで軟着陸するか日英間に横たわる外交課題だが、結果的に天皇の晩餐会でのスピーチに国民の関心が集まることになる。

時は流れるが、一九九八年、明仁天皇が訪英したとき、パレードで一部の元軍人から批判のヤジが飛んだ。晩餐会では、大戦中に抑留され苦難の生活を経験した人への謝罪というべきスピーチがあった。さらに二〇一二年のエリザベス女王在位六〇年記念式典でもイギリス国内の一部から批判があった。明仁天皇は、エリザベス女王の戴冠式に訪英した皇太子時代から、訪英するたびに大戦中の負の遺産の批判を浴びることになる。

一〇月五日、天皇・皇后夫妻はイギリスに入った。実はパリのオルリー空港を離れる直前、特別機のエンジンが不調となり、予備機に乗り換えるという出来事があった。初の予備機の登場である。一時間の飛行を経て午前一一時一五分、ロンドンのガトウィック空港に到着した。特別機のドアが開くと、女王の名代としてマーガレット王女とスノードン卿、湯川盛夫大使が出迎えた。

タラップ下に降りた天皇・皇后夫妻は、英空軍音楽隊の国歌演奏と儀仗隊の閲兵を受け、ターミナル駅から五輌の特別編成列車に乗車してビクトリア駅に向かった。午後〇時半すぎ、四一発の礼砲が轟くなか特別列車が到着した。そこにはオレンジ色の帽子を被ったスーツ姿のエリザベス女王とエジンバラ公が出迎え、降車した天皇、皇后と握手を交わした。グロスターリチャード、ウイリアム、ケント公など各王族が紹介された。

中継していたBBC放送は、「大戦中最も強い敵意の対象であった日本の天皇が、今、平和の象徴として英国の土地を踏まれました」と甲高く伝えていた。他にエドワード・ヒース首相、アレック・ダグラス・ヒューム外相、スタッド・ロンドン市長など政界の著名人が出迎えた。

天皇夫妻が挨拶をするとき、ロンドン塔とハイドパークの二ヶ所から打たれた四一発の礼砲がロンドンの空に響きわたった。駅頭では近衛兵の分列行進があった。この近衛兵は、コールドストリーム連隊第一大隊で、イギリス最古の歴史を持つ大隊だった。熊の毛皮の帽子と真っ赤な制服の隊列が整列する中、隊長が拙《つたな》い日本語で「陛下、閲兵をお願い致します」と述べた。天皇は、両国国歌と英国民謡グリーンスリーブズが演奏される中、隊列を前に歩んだ。戦前ならば大元帥の閲兵である。天皇の足取りはゆっくりしているが、そこはかつての経験がある。華やかで厳粛なムードを醸し出す雰囲気を漂わせていた。

この後、天皇はエリザベス女王と共に先頭の六頭立ての馬車に、皇后はエジンバラ公と共に次の馬車に乗車、合計八輛がウエストミンスター寺院の角を曲がり、外務省などイギリスの「霞ヶ関」を横切り、アドミラル・アーチをくぐりザ・モールを進んだ。回りにユニオンジャックと日の丸の旗が交互にはためく中を馬車は進んでいた。そこへ突然、沿道から黒い上着が投げつけられ、一人の男性が拘束されるハプニングもあった。

さて、優美で盛大、華麗なパレードは二〇万もの人々が歓迎する中、バッキンガム宮殿に向かった。宮殿では一〇〇人の儀仗隊が出迎え、両国の国歌が奏でられた。二人はここで三日間過ごすことになる。

沿道では六〇〇人ほどの在留邦人が出迎えている。彼らは両国の国旗の小旗を持参していたが、パレードが目の前を通るとき日の丸を派手に振ることはしなかった。国内の空気もあって、明らかに遠慮、自制する様子が伺われた。逆にイギリス人が小旗を大きく振り、見ていた邦人が感動するシーンがあったようだ。また冷めた目で歓迎する見方もあった。出迎えたある旧軍人は「天皇の訪問に反対だ」と記者に答えた。では「なぜ、ここに来たのか」と問うと、「ここは自由の国だ」と言う。まさにこれがイギリスだった。

天皇・皇后夫妻は女王夫妻と昼食をとった。天皇は、女王に日本の伝統を伝える蹴鞠《けまり》を描いた屛風、エジンバラ公には、九谷焼の飾り皿をプレゼントした。またチャールズ皇太子やアン王女らにも七宝焼の花瓶や佐賀錦のハンドバッグが進呈されている。英王室からは、天皇にヘンリー・ムーアの彫刻とバッキンガム宮殿の本、皇后に金の台のダイヤモンドのブローチが贈られた。

その後、ウェストミンスター寺院を訪れ、無名戦士に花を捧げ、アボット司祭長から感謝の言葉を受けた。このときである。群衆の中から「これは死者への冒瀆だ」と声が上がった。すると、輪の中にいた元軍人が「一生恨みを続けて、一体何になる」と反論する声をあげた。対照的な場面だ。沿道に集まった大衆は、それぞれの過去を持ちつつこの場に来ていたのだ。天皇はビジターズ・ブックに自身の名前を記載した。そこには、昭和五年、新婚旅行で欧州からアメリカを回った高松宮親王・喜久子妃夫妻の氏名も記されてあった。

このあと英皇太后と共に午後のティータイムを過ごし、続いてセント・ジェームス宮殿に移り、大ロンドン行政委員会とウェストミンスター市から歓迎の言葉があった。同夜、バッキンガム宮殿において晩餐会が開かれた。天皇はガーター勲章と大勲位菊花大綬章をつけ、エリザベス女王は白いサテンのイブニングドレスに真珠とダイヤモンドを散りばめた髪飾りとネックレス、パールとダイヤのイヤリング、そして昭和三〇年に秩父宮勢津子妃が訪英したときに贈呈された大勲位菊花綬章が輝いていた。

このとき一人の王族がロンドンを離れていた。マウントバッテン伯爵である。彼は大戦中、東南アジア地域連合軍総司令官で、ビルマ戦線で日本軍と激闘を繰り広げたときの司令官だ。

それだけに日本に対するイメージは良くなかったと言われている。また部下だった戦時捕虜体験者への配慮もあったのだろう。この一人の王族の行動は戦時捕虜体験者から歓迎する声が上がっていた。

この日、夕刊紙『イブニング・スタンダード』紙は一面トップで「天皇、退位を考慮」との記事を掲げた。天皇は、外遊を終えたら退位し、一九七二年に皇太子が天皇となるだろうというものだった。これは『天皇ヒロヒト』を執筆したレナード・モズレーの取材での話だった。「天皇は来年中に退位され、あとは皇太子に譲ることを真剣に考慮中である」という内容だ。かなりの勇み足の発言だが、マスコミはこれに飛びついた。

天皇はこの旅行に「重大な使命感をもっており」、特に英蘭米の三国訪問には「罪ほろぼしの意味をこめておられるという。その後は、全く新しい世代に委ねるべきだとのお考えのようだ」というのである。かなりの深読みだが、日本研究者モズレーの発言ということで英紙も重大な関心を示したのだろう。

驚いた日本大使館は、直ちに「記事はなんの根拠もない。また大使館はなんら公式にそういった通知は受けていない」とこの報道を否定した。宇佐美長官も徳川侍従次長を通じて、五日夜「天皇のご退位に関する観測記事は、事実無根で、ありえないことである」と否定した。根拠は定かではないが、海外では外遊を一つの節目とする憶測も先行していたのだろう。ヨーロッパ訪問で、訪問先には、戦争問題にひとつのけじめをつけた天皇が退位すると思い込んだフシ、あるいは、想像をたくましく言えば、欧州とアメリカ旅行を終えた後、そうなるか、あるいは、そうあったほうがいいのではないかという憶測が一人歩きした可能性もある。

天皇を迎えて、六日付の『ザ・サン』紙は、沿道からの声があまり盛り上がらない様子を

「氷のような沈黙」と評し、『タイムズ』紙は、馬車に黒のコートを投げつけた男がいたことを見出しにしている。女王の賓客だけにあからさまではないが、沿道で見送ったすべての大衆が必ずしも歓迎していないことがわかる。

日本の特派員の記事は、欧州訪問前は、当初天皇のセンチメンタル・ジャーニー、天皇の初外遊という点を強調して友好親善を歓迎するといった内容が多く見られた。だが、実際に訪問国の空気を肌で感じたことから、オランダ訪問あたりから記事の論調は変わっていった。戦前の大元帥のイメージは払拭できず、それが猛烈な経済成長をしていた日本と重なっていたのである。

4 「常に平和であり友好ではなかった」――英女王のスピーチ

一〇月五日午後八時半からバッキンガム宮殿において、エリザベス女王、チャールズ皇太子ら一五二人もの名士を集めて晩餐会が行われた。注目されたのは女王と天皇のスピーチだった。外遊の一つのハイライトである。デザート・コースが終わって女王が立ち上がった。

「天皇・皇后両陛下を英国にお招きできたことは、大変な喜びでございます。一〇〇年余り前、明治天皇が外国に門を開かれてから、日本の生活、文化、政策、伝統のあらゆる面が、あるときは賛美の目で、あるときは不安な面で研究されてきましたが、常に非常な興味がもたれてきました。

産業革命が両国に起こった時代は違いますが、工業化がもたらした限りない報酬と困難な問題は両国ともに経験しております。それによる利益を国民と分かち合い、困難に勝利するためには、進歩的で先見の明がある政策が必要でありましょう。

過去の両国関係が常に平和であり友好的であったとは申せません。その経験が故に、私どもは二度と同じことが起きてはならないと決心しております。陛下ご自身も一九四五年以来平和と友好に専念なさったことは何よりも明らかでございます。

……陛下の植物学、海洋生物学の分野でのご研究に対する心からの賛辞の表れでございます。科学には国境はないといわれますように、このことが世界がひとつになり平和のためにに進むことの象徴になられることと信じております」

スピーチの終わりに女王は、天皇・皇后夫妻の健康を祈念して杯を挙げ、君が代の吹奏、引き続き乾杯があった。女王は、友好的な関係に触れながら過去の負の遺産に少しばかり言及した。

国民が注目するなかでの英王室からの初の洗礼だった。次に昭和天皇の答辞である。

「女王陛下の懇切なお言葉に心から感謝し、深く感動しております。五〇年前イングランド、スコットランドの滞在中、私に示された豊かな温情と全く変わりがありません。当時、私は初めて貴国民の生活に触れ、この宮殿を知り、地方の村々を知ったのでした。それ以来、私は貴国の社会制度、及び国民、ことに陛下のご英明な御祖父に対して常に敬意を持ち続けております。

外遊は祖父の時代以来、両皇室の間にはしばしば相互に訪問がありました。このたび私はかつて我が国にお迎えしたことのある皇族方に再びお目にかかることができたことを深く喜んでおります。……

私たちは過去において近代国家として成長するため多くのことを貴国に学んでまいりました。このことを肝に銘じ、今後さらに貴国と協力、そして世界平和の維持と人類福祉の増進のために努力したいと願っております」

終わりに天皇は、女王、エジンバラ公の健康を祈って乾杯、英国国歌の吹奏、引き続き乾杯となった。対照的な二人のスピーチだった。通訳はつかず、直前にスピーチの文書が配布されていた。女王は両国の友好親善を謳《うた》う一方で「常に平和、常に友好的ではなかった」と踏み込んだ。痛烈な批判ではなかったが、日英間の過去の戦争について言及したものだった。慣習なら二人のスピーチは事前に両者に手渡されるはずだが、開宴するまで日本側の元には届けられなかった。これにはイギリスの思惑がありそうだ。随行団は、女王のスピーチを聞いて改めて政治抜きの感傷旅行といった気分ではバランスを欠くスピーチとなることを自覚することになる。

天皇の答辞の多くの部分は、明治維新後の両国の親交、英王室への敬愛、皇太子時代の思い出だった。この初の訪英で、象徴天皇の存在を対外的に意識しすぎたためか、また政治的なものになってもよくないので結局のところ言及しなかったというのが本当だったのかもしれない。そして、過去の負の遺産を相手国から突きつけられたということだろう。居合わせた出席者は対照的なスピーチをどのように感じたのだろう。

ともあれ、この教訓がその後昭和天皇の訪米外遊に、さらに明仁天皇の外遊時でのスピーチに反映されることになる。日本側としては、平和国家として生まれ変わった姿を見せ、象徴天皇の姿勢を徹底するという原則論にこだわったということだろう。初の昭和天皇の外遊で、晩餐会の席上、戦争の負の遺産に直面するという現実を体験するインパクトは大きなものだった。

宇佐美長官は翌七二年四月一三日、衆議院の内閣委員会で、このときの天皇のスピーチについて、通常「お互いに事前に見せ合い、それに対応するようにする。今回は宴会の始まる寸前まで手にすることはできなかった」と内幕を明らかにした。イギリス側もスピーチの内容に熟慮していたのだろう。宮内庁側は、イギリスは未来志向とのスピーチの趣旨と説明していたが、国内対策という側面もあったと思われる。

他方で、天皇が旅行を続ける中で、戦火を交えた国家元首がスピーチで過去の大戦に全く触れないなどと予想していたのだろうか。それとも日本側には、負の遺産に触れられても、政治的な外遊ではない象徴天皇としてはそれに応えないという前提で進めていたのか。いずれにせよ事前の情報不足ともいえるが、それらも含めて日本側は大きな教訓を得た外遊だった。『毎日』(一〇月七日)は、日本側が「触らぬ神にたたりなしと、一切触れない方針をとったのに対し、英国側はずばり問題の核心にふれ、その事実の認識の上に日英友好を築き上げようとの態度を示している」と指摘している。

六日午前一〇時半過ぎ、天皇は、セントジェームス宮殿に赴き、英連邦諸国の高等弁務官、在英外交団を謁見した。この道中、群衆の中から「こっちへ来い」という日本語が飛んだ。そのイギリス人は「日本兵にこうして怒鳴られたあと、いつも、厳しい制裁を受けた。戦争の最高責任者である天皇が、英国に来て、女王のもてなしを受けていることは私には耐えられない」という。他方で「もはや、罪を許すときではないか」(『朝日』一〇月七日夕刊)という声もあり、大戦の記憶はまだその傷を癒やすまでに至らなかった。

午後、天皇・皇后夫妻はロンドン王立協会の歓迎会に出席、天皇は神経細胞の研究でノーベル生理学賞・医学賞を受賞しているアラン・ホジキン会長、生物学部長夫妻らから名誉会員の称号を受けた。入江侍従長や湯川大使、北白川女官長も帯同している。協会は世界最古の歴史をもっているだけに学者天皇にはうれしい称号授与だった。王立植物園で天皇は、標本室に入り海洋生物の標本を観察、日本産のスギの植樹を行った。だが翌日、何者かによりスギは根元から切られ硫酸までかけられていた。残念な事件だが、天皇は大戦の負の遺産に各地で遭遇することになる。

天皇の精力的な観覧は続いた。自身が最後の訪問と考えていただろうから熱心さは側近にもわかるのだろう。さすがに、入江も「ふらふらに疲れた」と記している。侍従だけに気配りも人一倍となる。その後、天皇・皇后夫妻は巨大な迷路園があり観光名所の一つになっているハンプトン・コート宮殿で政府主催の昼食会に出席した。出迎えたのはヒューム外相夫妻である。ヒューム外相のスピーチ、天皇の答礼のスピーチと続いた。

その後天皇・皇后夫妻は、キュー王立植物園、図書館、ジョドレル研究所に、夜はギルド・ホールで開かれるロンドン市長主催の歓迎晩餐会に出席した。これもまた半世紀前を思い起こすような場所だった。ホール前の広場では儀仗隊による閲兵式が行われ、六〇〇人もの参会者があり、伝統と格式の高さがわかる豪華な晩餐会だった。

まずロンドン市から、近年の日本の経済・産業の発展と世界市場における成功は「広く世界の賞賛の的」であり、「繁栄をもたらした貴国民の勤勉と創意に対して深い敬意を表したい」（『読売』一〇月七日夕刊）とスピーチがあった。

さらに市長は、ウィリアム・アダムス（三浦按針）からの日英の長い友好関係を説いて、乾杯の音頭をとり挨拶した。やはり日本の驚異的な経済成長に驚き、また天皇が生物に大きな関心を持っていることに寄せてのスピーチだった。

一方、昭和天皇は、緊張した面持ちで厚手の紙を開き、かつての思い出に触れつつイギリスへの敬愛の念を込めて、七分間の感謝のスピーチをしている。

「五〇年前、二〇《はたち》の青年であった私は、この同じ場所で温かい、かつ印象に残る歓迎を受けました。そのときのことはしばしば皇后にも話をいたしし、皇后もこの機会をおおいに期待しておりました。したがって、私には二重の喜びです」

同夜、女王に面会するためバッキンガム宮殿にやってきたマウントバッテン伯が天皇と非公式の会見を行った。捕虜関係者への配慮もあったため、公式発表のない会見だった。その後八日、『朝日』の記者が女王の夫君エジンバラ公に単独会見して、マウントバッテン伯の会見の内容を尋ねている。それによると、「大人たちの憎悪を繰り返さないために若者のための国際的大学を日本に設立すること」を説得するためだったという。

本当はもっと厳しい話もしたかもしれないが、これはオフレコなのだろう。差し障りのない話が紹介されるのは常である。マウントバッテン伯は、その後ＩＲＡ（アイルランド共和国軍、反英組織）により乗船していたヨットが爆破されて亡くなるが、遺言に日本人の参列を拒んだとも言われている。戦時中、ビルマ戦線で苦労した経験とかつての部下たちへの想いがそうさせたのだろう。

英マスコミは当然ながら晩餐会での天皇の発言に注目していた。しかし、大戦にふれた発言はなかった。明治維新以来の友好関係、皇太子時代の訪英で、天皇や側近が半世紀前と同様な歓迎を受けたことにふれている。さすがに英紙も驚いたようで、保守系の『デイリー・イクスプレス』紙は「日本人には五〇年前と今の間に時間がなかったように見えるらしい」という突き放した記事を掲載している。

七日、天皇はピカデリーのリンネ協会を訪問後、最大の楽しみだったロンドン動物園でパンダと対面した。天皇・皇后夫妻は楽しそうに顔を見合わせながら微笑んでいた。天皇の関心は強く、通訳を通じて、餌のことなど飼育係にしきりに質問を浴びせ、柵に手をかけてパンダを見つめて、なかなか立ち去ろうとしなかった。これを見たロンドン動物学会総裁でもあるエジンバラ公が「どうぞ次へ」と促した。爬虫類館ではワニやガラガラヘビ、大亀などを熱心に見入り、時間はどんどんと過ぎていく。二〇分も遅れ、さらに園内の薬品研究所を見学、午後一時に同園を去った。天皇は、カウンシルルームで動物学会名誉会員証を受け、皇后には銀の皿が贈呈されている。

午後、二人は別行動だった。天皇はケンシントンの自然科学博物館、皇后は大英博物館の見学、午後六時に宮殿に戻り、八時から日本大使公邸で、返礼の晩餐会が開催された。天皇・皇后夫妻はもとより入江侍従長、島式部官長、湯川大使らがエリザベス女王や王族関係者など各界の代表者三二人を招いて行われた。大使公邸は狭い空間だったため、拡張工事を行って四〇人が入れる部屋に衣替えした。女王の要望もあり、少人数で打ち解けて話せる環境にしたようだ。

七日、島式部官長は記者会見を行い、ここまでの順調な旅行で自信を持ったのか、未決定だが「天皇陛下は恐らく、来年米国を訪問されるだろう」、また米国訪問の前に「アジアを訪問される可能性がある」とも紹介した。これを機に天皇の訪問外交が展開されることを広くアピールしたことになる。

マスコミは、イギリス滞在の天皇・皇后夫妻の動向についていろいろな角度から報道を始めた。『毎日』の天野特派員は、英国民の胸の中で押し込められていた「日本並びに天皇に対する微妙な感情を呼び起こしたようだ」と受けとめていた。かつては「軍国日本のリーダー」、今や「経済大国のセールスマン」といったイメージが強いが、かなり訂正されようとしていることを特派員たちは実感し始めている。それは天皇の一挙手一投足がものをいっていた。大衆は、目の前で見て、さらにマスコミの報道を見て、戦後初めてといっていいほど、日本への意識を新たにしたと言っても過言ではなかった。彼らが目にした「優しそうなおじいさま」「正直そうな人」といった感想は、戦時中の天皇像を変えていく役割を果たしたことは間違いない。『エコノミスト』紙などは、やはり経済問題に注目し、天皇のセンチメンタル・ジャーニーだけではなく、日本経済の成長はアメリカ市場だけでは満足せず、またニクソンの新経済政策で、日本の輸出はヨーロッパに向かっていること、『フィナンシャル・タイムズ』紙などは、前年から対欧州輸出が六割増えたことを指摘して警戒感を表している。つまり天皇の欧州訪問は、貿易拡大の尖兵ではないかとの読みだった。

だが、やはり感情的になる部分は戦争問題だった。かつて明仁皇太子がエリザベス女王の戴冠式に参列するため訪英した時、一部に反日の動きがあった。このときチャーチル首相は女王の祝賀セレモニーであることを強調して、与野党の幹部やマスコミ関係者などを集めて明仁皇太子が出席する茶会を開き批判を封じ込めたが、今回は天皇の公式訪問であり、戦争問題は避けて通れない部分だった。「大戦から四半世紀を経た今でも、日本軍のいまわしい行為を許しはしても、忘れることはできないイギリス人は多い」、「宮殿で晩餐をとった天皇は、ビルマの鉄道建設のため捕虜に強制労働をやらせた政府の上にいた天皇と同じなのだ」、「天皇は国家の象徴としても現在ばかりでなく、過去にも責任がある」（『ガーディアン』紙）といった厳しい指摘もあった。

戦争について「天皇の役割は名目的で、限定されたもので、むしろ個人的には天皇は気が進まず行ったもの」という認識が一応国内では多くの日本研究者に認知されており、訪問前の友好的な空気を形成していた。だが、納得できないのは、戦時捕虜体験のある「極東捕虜全国協会」だった。同組織はいわば反日の一翼を担っていた。明仁皇太子訪英時も、苦い戦時体験をした兵士が多い北部地域やケンブリッジ周辺の出征兵士などの間に不穏な動きがあったようだ。

民主主義、先進国家という自負があるイギリスは、偉大な国というのは、例えばイギリスは法の支配、アメリカは自由、フランスは芸術といった偉大な観念を「世界に与える」（『サンデー・テレグラフ』紙）が、日本は何をもたらすのか。「金を儲けなさい」ということなのかといった皮肉的な意見で問いかけている。

ヨーロッパで長い歴史と伝統を持つ英仏など西欧的価値観の中での国家の成り立ちにはそれぞれの背景があった。敗戦後たった四半世紀で復興した日本が新たな野心的な国家的使命を持つとは到底思えないが、イギリスは経済力の衰えが顕著だっただけに、戦争体験と同時に、東アジアへの理解不足も手伝って、台頭する日本をどう対処すべきか戸惑っていたことも明らかだった。

批判的な英国民も変化しつつあったことも確かだった。天皇の姿を目の当たりにすることで、ヒトラーに似せたり、怖い人物、軍国日本のリーダー、日本商品のセールスマンといったステレオタイプ化した対日マイナスイメージは、この訪問で変わりつつあった。出迎える大衆にぎこちなく笑って手を振る天皇は、「強持《こわも》て」を予想していた人とは感触が違うのである。

ヨーロッパ流のスマートさはないが、前述したように、優しそうな「おじいさま」、「正直そう」といった素朴感を感じる声が上がっていたのも事実である。日本の商社マンと言えば、忙しく歩き回るイメージがついて回るが、どうみても彼らの動きとは違う。歩いていて皇后が少し遅れると、天皇は立ち止まって皇后が来るのを待つような仕草も、見ていた英国民の安心感を誘った。このような光景は、天皇観、日本観を変えるきっかけにもなった。

イギリスのマスコミは礼賛ではないが、冷静に、かつ前向きに天皇訪英を取り上げる努力もしている。七日の『ワールド』紙は、「過去を埋めて」という「社説」で、天皇の訪欧は、「戦後長く続いた疑いの時代の終わりを告げるものと見ることができる」、つまり訪欧は、「心理的な障害を打ち破ろうとする試み」との解釈である。「疑いの時代」という文言が欧州諸国の潜在的に残っていることを示している。

そして、天皇の外遊は、国際状況を見ても「新局面」を開くほど重要で、アメリカや欧州に「歩を記した事態は、過去が必ずしも取り返しのつかぬものではないことを示している」と紹介している。国際社会から爪弾《つまはじ》きされていないという説明である。バッキンガム宮殿までのパレードを見ながら、ロンドンっ子は天皇が戦争について何を話すのか興味を持っていた。残念なことに期待する言葉はなかった。

八日の『タイムズ』紙は、英国民の「冷静な歓迎ぶり」は「大戦の傷がまだ癒されていないことを示す」もので、驚くべきことではなく、また日英両国の間に深みのある接触が欠けていたと現状を分析している。また東南アジアもイギリス同様に大戦の影響を受けているが、既に日本と東南アジアは経済的な結びつきが深く、将来を見据えての付き合いになっている。また「国家間の接触は仲違いを癒すもので、英国の今の空気も決して長く続くものではない」とも指摘している。なかなか含蓄のある表現だ。戦後の両国の「接触」が欠けていたという率直な感想は傾聴に値する。良好な関係が続けばマイナス面は払拭するだろうということになるが、接触を続けても、特にイギリス人の一部にある不満は昭和天皇の訪問で改めて再認識されることになった。

英政府筋は、八日、エリザベス女王が一九七三年頃訪日すると日本側に伝えている。女王もバッキンガム宮殿での晩餐会の席上、「日本訪問を楽しみにしております」と述べたという。女王の訪日は近い将来に実行されることになった。結局、エリザベス女王・エジンバラ公夫妻の訪日は一九七五年になった。

ところで、一九七五（昭和五〇）年五月七日に初来日を果たした女王は、晩餐会スピーチでは戦火のことは触れず、明治維新からの両国の良好な関係と君主の立ち位置、姿勢を述べている。それなりの配慮があったともいえる。内田宏儀典長がこの訪日について感想を尋ねたときの女王の返答は実に含蓄がある。

「女王は孤独なものです。重大な決定を下すのは自分しかいないのです。そしてそれから起こる全責任は自分自身が負うのです。法律的にはいろいろ免責やその他の方法はあるかもしれませんが、女王として道義的に負う責任に変わりはありません。

私には数多くの助言者がおります。私の夫はその最たるものです。そして王室関係者、政府関係者が献身的に責任を持って事に当たってくれています。心から感謝しています。

しかし、歴史に裁かれるのは私であると覚悟しております。この立場がわかっていただけるのは、御在位五〇年の天皇陛下しかおられません。私も在位二三年でかなり長いのですが、戦争と平和を国民と共に歩まれた方ですので、この陛下のお言葉から、私は私自身にもわからない将来のことについて教えられることが多いでしょうし、自分が教えを受けられるのはこの方しかおられないと信じて、地球を半周してきたのです。十分報われました。陛下の一言々々に、私は多くの、そして深いものを感じました。感謝でいっぱいです」

エリザベス女王のこの話は、元首は物事にどのように向き合うかという自身の矜持《きょうじ》を強調したものである。同時に、女王自身は孤独だが、回りのサポートと助言を尊重していると述べている。かつて裕仁皇太子が訪英した時、ジョージ五世のアドバイスやチャーチル首相が、明仁皇太子を招いての茶会席上、民主政治の妙をスピーチした状況を彷彿させるような内容だった。

余談だが、女王来日四日目に、国鉄はストライキを決行した。新幹線を楽しみにしていた女王は労働争議で国鉄に新幹線の無理な運行をさせたくないと、飛行機で大阪入りして京都に向かった。五日目に近鉄特急で伊勢に出かけ、伊勢神宮や真珠島を周り、名古屋から新幹線に乗車した。

しかし、昭和天皇崩御のとき、日本は再び過去の負の遺産問題に直面することになる。昨今、一九八九年の昭和天皇崩御のときの英文書が公開されて、英政府の対応がわかってきた。すなわち九月二九日、サッチャー首相は閣議で、一九日に吐血して重体となった昭和天皇の「容体は深刻で、死は目前に迫っている」との報告を聞き、その後、崩御の報告を受けて「日本における一時代の終わりを示唆する」ものの、「日本の政策に重要な影響を及ぼす可能性は低い」と分析していた。

昭和天皇崩御後のイギリスの弔問外交だが、国内では、大戦時の戦時捕虜問題が依然として燻っている「強い感情」があるため、葬儀参列については相当に慎重になる必要があるとの方針で一致していた。結局、大喪の礼に参列したのは、夫のエジンバラ公フィリップ殿下とジェフェリー・ハウ外相だった。日英関係は好転していたが、昭和天皇に対する国民が抱く葛藤を熟慮したようだ。これについてはオランダも同様な対応になる。

これも余談になるが、昭和天皇崩御の二週間後の八九年一月二三日、ジョン・ホワイトヘッド駐日大使は、サッチャー政権のハウ外相へ一一頁にわたる報告書を送っている（二〇一七年七月二〇日英公文書館の機密解除）。そこには開戦、戦後の役割などについて触れているが、そこでは「内省的で、練兵場より科学実験室にいるほうが向いている」とか「性格的に天皇を務めるのに向いていなかった」と記述して注目を浴びた。天皇をヒトラーになぞらえる考えは「ばかばかしいほど的外れ」と戦争責任について否定している。ホワイトヘッドは通算一七年、四度東京に駐在している。天皇として向いているのか否かについて彼の判断材料がどうもわからないが、天皇制は欧州の王室とかなり違い、英王制を規範とする英政府関係者は、日本の天皇制のシステムを理解するのは容易ではなかったかもしれない。

さらに、一九九三年に英外務省も明仁天皇の訪英について動き始めたが、終戦五〇年の節目が近づいていることもあってか、双方の交渉は不調に終わったようだ。そのとき、メイジャー英首相が訪日して細川護熙首相に会見、天皇・皇后夫妻の訪英問題が話題になった。「一五年戦争」と呼ぶ細川首相は戦争責任についてこれを認め対応する姿勢を見せていた。大戦中の捕虜問題や強制労働問題について「苦しみを味わったすべての英国人に、繰り返し深い反省とお詫びの念を表明したい」（二〇一八年一〇月一三日『日経新聞デジタル』）と述べている。メイジャー首相は謝意を示しながら「非公式協議で解決をはかりたい」、「強い感情を呼び起こしたが燃え上がらせるべきではない」と抑制気味に話している。八月に政権の座に就いたばかりの細川首相は、植民地支配や侵略行為への反省を所信演説で表明、各国の首脳会談では過去の大戦の反省を言及するようになったが、時期、タイミング、政局など日英両国が受け入れる環境も重要だ。

一九九八年五月、ようやく明仁・皇后夫妻のイギリスへの公式訪問は実現する。このとき英国国内は捕虜問題で批判が噴出、各紙も連日厳しく取り上げていた。天皇は、晩餐会で過去に向き合うスピーチをしている。

「戦争により人々の受けた傷を思う時、深い痛みを覚えます。……二度とこのような歴史を刻まれぬことを衷心より願う……」

晩餐会において、四〇年の時を超えて先の大戦について触れた「お言葉」が流れた。昭和天皇は触れなかったが、これこそ戦時の負の遺産を「心にとどめ、滞在の日々を過ごしたい」と天皇が訪英する前に言及していた「お言葉」の解答だった。女王は「いたましい記憶」と述べつつ、「同時に和解への力ともなっています」と未来志向のスピーチがあった。侍従次長だった佐藤正宏は、この日がターニングポイントで「英国社会の雰囲気はほぐれていった」と振返っている（『朝日新聞デジタル』五月一六日）。昭和天皇の積み残した課題、それは次世代の明仁天皇に引き継がれた。退位後、エリザベス女王の国葬後のことだが、二〇二三年のチャールズ新国王の即位式が徳仁天皇の初めての公式訪問になるはずで、大戦の負の遺産はどうつながるのか興味は尽きない。

5　負の遺産との対面——オランダ訪問の真実

一〇月八日午前一一時すぎ、四日間の公式訪問を終えた天皇・皇后夫妻はロンドンのヒースロー空港を飛び立ちオランダへ向かい、アムステルダムのスキポール空港に到着した。ところで六日の『イブニングスター』紙一面トップに「オランダ、天皇の安全を保証せず、警告」という穏やかとはいえない記事が掲載された。さらに、日本側がオランダでの非公式行事をキャンセルするとまで伝えている。散発的だが、ヨーロッパ各地で伝えられる不穏な噂に現地のマスコミ各紙は踊らされていたようだ。

天皇の訪問に国を揚げての歓迎ムードはなく、極めて抑制された空気だった。天皇・皇后夫妻が空港に降り立ったとき、オランダ王室の出迎えもなく、式典もなく、儀礼兵の登場もなく、国歌吹奏の交換も、日の丸もなかった。出迎えたのはファン・リンデン式部官長、外務省のファン・ブロックラント儀典長という、オランダ政府の姿勢がわかるような対応だった。同じ非公式訪問とはいえデンマークとはあまりにも対照的だった。

同日の現地夕刊紙は「天皇、我々の抗議に変化なし」といった記事が載った。また人気政治漫談家のウィン・カンなる人物が、オランダ政府に対し「泰緬鉄道建設のために日本軍によって強制労働させられた時の日記を差し上げたい」と公開質問状を送り過去の大戦について問題を追及した。これを聞いた島式部官長は「受け取ってもよいが、陛下が読まれるか読まれないか別個の問題だ」と述べた。すると、この反応に今度は「曖昧さと拒否に満ちた日本」（『ハーデルランド』紙）と皮肉るほど、マスコミは冷ややかな対応だった。

宇佐美長官は「陛下はヨーロッパに議論しにきたのではない」からと問題外と思っていたようだが、被害者側は気持ちを切りかえることはむつかしい。かつての大戦の問題でオランダ人記者から問われると、島は「戦争の時はいろいろ起きる」と答え、また「賠償問題はすでに終わっている」とそっけなく答えるほかはなかった。日本側が明確な回答を回避したため、記者から「曖昧と拒否」と皮肉られることになったのだ。

しかし、記者会見は辛辣だった。戦時中インドネシアの捕虜収容所にいたという婦人記者が、政治漫談家の話を知っているかと質問した。他にもあったが、記者団の質問だけ紹介しよう。

「天皇は、オランダ国民の訪問反対の声について知っているのか」

「今度の訪問が、かえって日本・オランダ両国の関係を傷つけることにならないか」

「今度の訪問を途中で切り上げる計画はないのか」

「ユリアナ女王の夫君ベルンハルト殿下は、今日わざわざ外国にでかけられてしまわれたが、どう思うか」

「なぜ、日本はエリザベス女王を招待してユリアナ女王を招待しないのか」

歓迎するような言葉ではなく、次から次へと手厳しい質問が飛び出して島式部官長も困惑だった。オランダは五番目の訪問国、日本の国民には江戸時代から親日国と思われていた国だが、記者団や随行団は厳しい現実を目の当たりにした。日本大使館も警備当局もイギリス以上にピリピリとした緊張感があった。日本大使館の窓ガラスが割られることもあった。このため国内最大の大衆紙『テレグラーフ』が「天皇の訪問が中止」などと伝え、これを当局が打ち消すなど、来訪前から一部に不穏な空気はあった。特に注目したいのは、海外領土旧捕虜連盟、旧蘭印下士官連盟、八月一〇日委員会、ビルマ鉄道委員会といった、戦時捕虜だった旧軍人からなる反日団体が四つも存在したことだ。こうしたグループを中心に、天皇の来訪に国内で半旗を掲げて抗議しようといった反発が起きていたのである。

オランダ政府は、万難を排して空港に人員を配置、記念撮影後、オランダ空軍のヘリコプター二機が警戒するなか、防弾ガラス付きの乗用車に天皇・皇后夫妻は乗車、一二台のオートバイに警護されながらハーグ市内のホイステン・ボッシュ宮殿に入った。しかし、ハーグ市内に入る直前のライスワイク付近で、沿道から水の入った瓶が投げつけられ、天皇・皇后夫妻、藤崎萬里大使が乗車した車のフロントガラスに当たりヒビが入った。防弾ガラスだったのが幸いしたが、日本国民が淡く抱いていた「親日国」オランダの現実を知ることになる。

昼食後、天皇・皇后夫妻は世界一の港湾都市ロッテルダムに向かった。同市で一九五六年に建てられた高さ一八一メートルのユーロマストに上り、眼下に広がる市中を見学した。同市は半世紀前に皇太子として訪問したところだ。市庁舎展望台のレストランには、当時の記念写真と明仁皇太子がかつてエリザベス女王の戴冠式参列の途上、同市を訪問したときの記念写真帳を並べて飾り夫妻に見せるという粋な計らいがあった。

いくつかのハプニングに宇佐美長官は次のように記している。

「街のオカミさんが掃除の棒を持って飛び出して来て、棒を振り回しながら大声で叫ぶとか、……或いは陛下のお乗りになっている自動車めがけて魔法瓶の中瓶をぶつけ、陛下の御料車のフロントガラス一面に細かくヒビが入ってしまいました」

事態を重く見た藤崎大使は、オランダ側にスケジュール変更を打診した。オランダ外務省は藤崎大使に「このような事件が起こって、誠に申し訳ない」（『読売』九月九日夕刊）と陳謝したが、「明日の予定を変更される必要はない」と返答している。このニュースは、日本でもすぐテレビ、ラジオで流された。想像以上の現地の反発に日本国民が驚くことになった。パーセプション・ギャップである。

大使はオランダ側に、心配しているのは一部のオランダ国民が示した態度に対する「日本の報道機関の反応ぶりである」と懸念を伝えた。これはオランダに対する牽制もあるだろう。だが、日本では心配されたこの事件に対する過剰な報道はなく、実に冷静に報道された。騒ぎ立てるような様子もなかった。

九日、まだまだ何かが起きそうだった。この日、アムステルダム動物園に向かう天皇夫妻の車に、沿道から非難の声が上がった。黒い喪服を着た女性が「私の父を返せ」とのプラカードを掲げたり、また群衆の中から一人の男が飛び出して車に飛びかかろうとして警備側に阻止されたり、「ゴーホーム」と叫んで車を追いかける者もいた。

デモグループは、国立美術館周辺でも車に抗議する拳をあげたり、訪問先のホテル・オークラには「日本帝国主義打倒」「天皇は戦争犯罪者」「日本の経済侵略のシンボル」といったプラカードを挙げて押しかけた。当時ホテル・オークラ・アムステルダムは開業したばかりで、後年、ソムリエとして著名になった野田弘和が、このときアムステルダム入りして一行の接遇に当たっていた。

天皇が在留日本人を引見する間に、ホテルの外には七〇〇人ほどの反対派が集まり、中には毛沢東のプラカードを持った左翼主義者もいた。帰りは、警備当局は裏をかいて正面玄関を出るとすぐコースを変えて群衆から離れた。これを見送ったサムカルデン・アムステルダム市長は、「彼らは少数派に過ぎない。戦争の体験があるとは思えないのに」と嘆息している（『朝日』一〇月一〇日）。いずれにせよ、戦争の傷跡はオランダ訪問でも強く天皇に印象づけられたということになる。

オランダ国内での対日批判はその後も続いた。先の話になるが、昭和天皇訪蘭後から一五年後の一九八六年のことである。ベアトリクス女王の来日が決まりかけたが、直前にオランダ世論の反発で中止になるという異例の事態になった。さらに、一九八九年の昭和天皇の大喪の礼でも、他のヨーロッパの王族に比べてオランダだけは一人の王族も式に参加せずファン・デン・ブルック外相のみが参列した。このあたりもオランダらしい厳しい態度が伺われる。

そして一九九一年一〇月にようやく来日したベアトリクス女王は、初来日した王女時代と違う顔を見せた。二二日の宮中晩餐会で、女王は「日本のオランダ人捕虜問題は、お国ではあまり知られていない歴史の一章です」と冒頭に述べた。公式訪問だけに、女王の立場で率直に言及した。

「……不幸なことに第二次世界大戦中、両国民の間に深い溝が生じました。数多くのオランダ国民が、太平洋戦争における犠牲となりました。その中には軍隊の一員として巻き込まれた人もいましたが、一〇万人以上の民間人もまた何年もの間、抑留されました。これはお国ではあまり知られていない歴史の一章です。多数の我が国同胞が戦争で命を失いました。帰国できた者にとっても、その経験は生涯傷跡として残っています」

厳しい指摘だが、実はスピーチの前に女王は天皇にスピーチ内容を伝え、オランダ国内の反日感情を増幅しないためにも大戦中のことを話さないわけにはいかないと説明していた。エリザベス女王のスピーチよりも厳しい言及である。これだけの年月が経過しながらも、王室は国内に存在する一部の葛藤に対し思いを寄せるのも無理からぬことだった。

分岐点は二〇〇〇年五月の明仁天皇・美智子妃夫妻の公式訪問だった。天皇夫妻は国賓で訪蘭、二三日、アムステルダムの戦没者慰霊塔に赴き花輪を捧げて黙礼した。このとき女王から依頼されてハウザー退役将軍が随従した。彼は、女王の日本への配慮の意を汲んで引き受けたようだ。そして一分余りして音楽隊が演奏を始めた。しかし、夫妻の黙礼はまだ数十秒も続いた。広場には数千人の人々が詰めかけており、テレビカメラも入っていた。東郷和彦欧亜局長は天皇・皇后夫妻の「祈りの気迫が広場を支配していた」と振り返っている。多くの人々が見つめる中で、祈り一つで静寂、緊張を支配するなど尋常ではない。昭和天皇の遺志を継ぎ、明仁天皇夫妻の慰霊の旅にもつながる象徴的な光景だった。

二五日、日本博物館のシーボルト会館からライデン大学に向かって歩んでいた明仁天皇は、学生寮の窓越しに数人の女子学生と談笑する機会があった。これが非常にフランクな会話で、オランダのメディアは学生のインタビューも含めて天皇の印象を好意的に紹介した。予期せぬことも重要な広報活動になる。

こういった経過を経て、二〇〇六年にアレクサンダー皇太子・マキシマ妃の招きで雅子妃が病気療養のためアペルドルーン宮殿に招かれた。皇族が静養を目的に外国で療養生活を送ることは前代未聞のことだが、両国の長きにわたる微妙な空気を緩和する役割を結果的ながら果たしたことは言うまでもない。

二〇一三年、アレクサンダー皇太子の国王即位式に徳仁皇太子・雅子妃が参列、翌二〇一四（平成二六）年一〇月二八日のアレクサンダー国王・マキシマ王妃夫妻が国賓で訪日した。翌二九日の宮中晩餐会席上、明仁天皇は乾杯に先立ち、先の大戦で「友好関係が損なわれたことは誠に不幸なこと」と述べ、さらに「私どもはこれを記憶から消し去ることなく、これからの二国間の親善に更なる心を尽くしていきたいと願っています」とスピーチした。雅子妃が一一年ぶりに宮中晩餐会に出席するという特筆すべき出来事があったが、皇室外交の厳しい一面を経験することになった。

アレクサンダー国王は「わが国の民間人や兵士が体験したことを忘れることは出来ません。戦争の傷跡はいまなお多くの人々の人生に影を落とし、犠牲者の悲しみは今も続いています」と述べた。また互いの苦しみを認め合うことが友好の基礎となると結んだ。ベアトリクス女王の意向を継続したスピーチだ。国王は、日本国民も大戦で苦しみを経験したことに理解を示し、互いの苦痛を認識することが和解の土台になると指摘、「両国の多くの国民が和解の実現に向け全力を尽くし、双方の間に新しい信頼関係が生まれました」と述べ、両国間の良好な関係性を強調したのである。

しかし、国王夫妻の来日に先立ち、オランダのティマーマンス外相はオランダ人女性捕虜について「第二次世界大戦のうち日本軍による慰安婦問題が『強制売春』であることには何等も疑いない。高官級の接触時に常に慰安婦問題を取り上げることを理解してもらいたい」と発言している。せっかくの日蘭皇室交流に冷水を浴びせかけるような言葉だ。

王室・皇室交流は順調に進んでいるが、外相発言をみるとまだこの先、天皇や首相の公式訪問が行われるたびに政府レベルではこの問題は登場しそうである。今後、徳仁天皇が近い将来にオランダを公式訪問するとき晩餐会でどのようなスピーチになるのか、また蘭王室もどう応えるのか、注目したいところだ。

6 「カイゼル」歓迎――スイス、西ドイツ訪問

一〇月一〇日天皇・皇后夫妻が搭乗する特別機は、オランダを飛び立ち、スイスのジュネーブ空港に到着した。入江は「オランダを飛び立ってほっとした。……スイスは全くいい気持ち。一生懸命にお迎へしている。どこもみんなこんなだったらどんなにいい気持ちだろう」（『入江日記』）と記している。「ほっとした」とは偽らざる言葉だろう。空港では、チャールズ・ウォルターワルド外務省儀典長、ウイリー・ドンジェ・ジュネーブ州知事が出迎えた。

天皇・皇后夫妻は赤十字国際委員会に立ちより、その後、レマン湖畔の日本大使館に入った。マスコミは総じて歓迎ムード、生物学研究に勤《いそ》しむ天皇を紹介している。中にはシチズンの時計をあしらって鳩時計を描いて、ライバル国との競争を意識して描く漫画もあった。

その後、ローザンヌのホテル・ボーリバージュに入り休息後、二時間ほどドライブ、近くの農園で葡萄酒や葡萄をプレゼントされた。天皇が訪問したグランボー村の蒲萄農場は、収穫期は終わり、本来なら雨を見越して一週間前に葡萄を摘み取る予定だった。ところが夫妻の来訪で、雨を覚悟で収穫を延ばしていた、だが雨は降らず、かえって成熟した葡萄を摘み取ることができたと村民は喜んでいた。夕刻、ルドルフ・グネーギ連邦大統領夫妻と会見して、この日の日程を終えた。

一一日、天皇・皇后夫妻は、最後の訪問国西ドイツに向かった。特別機が西独領に入ると、西独の空軍機が四機現れて護衛についた。この珍しい体験にキャビンアテンダントが「感激です」と話したことも紹介されている。まもなく西独の首都ボンに入った。ケルン・ボン空港に出迎えたのは在留日本人とデュッセルドルフ日本人学校の生徒である。親日国とも言われていた西ドイツだったが、やはり反日的な記事も登場、九日には天皇の訪問反対を唱えるデモもあった。

有力週刊誌『シュピーゲル』(一〇月四日号)は、「天皇ヒロヒト、この真珠湾攻撃の責任者」と解説し、軍服姿の天皇、乗馬中の天皇の姿を解説、今回の「天皇のPR旅行」は、国内の多くの極右団体の国家主義や「経済大国即優秀民族を宣伝しようとするもの」と批判的だった。同誌は、国内のナチスへの嫌悪感に共鳴しているが、経済大国日本の経済侵略という意識が強かったのだろう。

これに対し、ボンの駐日大使館は、ハンブルグにある同誌編集部に、この記事を「悪意と中傷に満ちたもの」と批判し、これまで培われてきた「日独友好をそこなう」と抗議文書を送っている。

午後、西独大統領官邸でハンス・コシュニック連邦議会議長（グスタフ・ハイネマン大統領は目の手術で入院中）の昼食会に招かれた。ボン市庁舎前では、広場を埋め尽くす約五〇〇〇人の大観衆が集まった。天皇がバルコニーに現れて手を振ると歓声と拍手が湧き起った。イギリスの静観さ、オランダの反日の抗議を味わった天皇は、同地で初めてといっていいほど熱烈な歓迎を受けた。

新左翼と思われる人が飛び出して「戦争犯罪人」と書いたビラを配ったが、群衆からは「やめろ」の声があちこちで上がった。他方で「日独の剣で結ばれた兄弟関係を復活させよ」といったかつての日独同盟の声も上がった。居合わせたドイツ人記者は「あの大戦を一緒にやって、お互いに焦土と化したが今、経済力では、どちらも世界でトップクラスになったじゃないか」（『朝日』一月一三日付夕刊）という話もあった。中年過ぎの人からよく聞いたという。「昔馴染みの」好意を感じ取ったという。

新聞各紙の論調は予期以上に好意的だった。敬愛を込めて「日本のカイゼル」といった表現も多かった。当初、ヴィリヘルム二世がカイゼル髭を蓄えたいかついイメージを思い起こしていたのだが、実際に間近で見ると似ても似つかぬ温和な顔つきの雰囲気で、現地のドイツ人には予想外だった。これが好印象につながった。

このような空気に、西ドイツ訪問を「最終訪問国に選んだのは正解だった」と、同情ともつかない激励があった。また訪欧記念金貨が発行されたが、裏は「**Emperor of Japan**」となっている。このあたりも皇帝、カイザーの意識がドイツ人にあったのだろう。ドイツの新聞雑誌には天皇や日本特集が多く掲載された。『ボナー・ルントシュウ』誌は「天皇皇后両陛下万歳」と漢字で書いた記事を掲載したが、日本経済の尖兵になっているという指摘もあり、「非常に警戒していること」は確かだった。

一一日夜、ボン郊外のブリュール城で歓迎晩餐会が行われた。同城は今では世界遺産になっているバロック風の古城アウグストゥスブルク城である。コシュニック連邦参議院議長（大統領代行）主催の晩餐会だった。一五〇〇人もの政財界の著名人が集まり、音楽の間で昼食会となった。食事中、岡本潔（ボン交響楽団指揮者）夫妻やボン四重奏楽団によるモーツァルトのセレナーデが演奏された。

コシュニック議長は「今日ほど両国の相互理解が深まり協力の必要が痛感されることはない。来年は札幌とミュンヘンでオリンピックが開催されるが、これを機会に世界平和のためにさらにいっそうの貢献を競おう」と述べた。これに対し、天皇の答辞は興味深い。

「日独両国は先の大戦で共通に苦い経験を経てきたことにより、運命的にも似通った星の下にある。東洋と西洋の理解と協力に日独両国は多大な貢献をなしうるだろう」

天皇が、この旅行で戦争体験に触れたのは珍しい。だが、内容を見れば、教訓とか反省といったものではなく、同じような運命を共にしたというものだった。この晩餐会は非常にくつろいだ和やかな空気でとりおこなわれ、天皇は終了後、さかんに「非常によかった」と何度も吐露したという。敗戦国という共通話題がむしろ心理的に効果があったということだろうか。

翌一二日は、天皇が西独訪問で一番の楽しみというボートによるライン下りを体験する予定だった。ところが、ドイツ側は気を揉んでいた。一一年ぶりにライン川の水位が大幅に低下して船が運航できるか実に微妙だったからだ。川下りをどうするか、西独外務省側は困惑していたらしい。さらに歌の「ローレライ」を生の演奏で聞いてもらうか、テープの歌にするかで議論紛々で、結局テープとなった。接待する各国は、それぞれが大変に気を使っていたようだ。

ビンゲンの船着場には早朝から市民が二〇〇〇人も詰めかけ、歓声を上げていた。少し前までモヤがかかっていたが、天皇が船着場に到着するとすっかり晴れ上がった。西独外務省の担当官が「カイゼルが来たとたん、とびきりいい天気になった」(『毎日』一〇月一四日)というように、天皇の行くところ「天皇晴れ」となっていた。ビンゲンから下流のコブレンツまで、白い「ローレライ」号に乗船、三時間半の間、素晴らしい景色を見ることができた。

川下りを楽しんだ一行は、特別列車でケルンに向かった。同市では、市庁舎や大聖堂を見学した。大ドームの広場には七〇〇〇人もの人々が集まり歓声が湧いた。この後、天皇・皇后夫妻は日本文化会館に向かったが、同館の前では、「日本帝国主義に対する戦いを」と書いたプラカードを持った一〇〇人余のドイツ人学生が押しかけ、道路に座りこみ、八人が検挙されている。

同夜、旅行の全日程をほぼ終えて、福田外相が記者会見(『毎日』一〇月一三日)を行った。まず天皇・皇后夫妻の訪問で「欧州を日本に近くする雰囲気を醸し出した。この雰囲気を固めることが今後の政治に必要」と述べている。この指摘は当然で、日本の経済成長もあって、ヨーロッパと日本の貿易はますます進展し、天皇の欧州訪問が、マスコミで紹介されることによって、遠くて近い日本という空気を作る機会になったということになるだろう。また、外遊して謙虚に訪蘭を振り返り、改めて日本を知ることもあり、「他の国より余計に気を使って親善を尽くさなければならない」と教訓を学んでいる。日本の重鎮政治家でも当時は海外の対日認識について楽観的だったということかもしれない。

福田は、「陛下の外交的影響力には偉大なものがあった。何百人、何千人かかっても一人の天皇にはかなわない」と、その影響力を『回顧録』に記している。また各国の元首や首脳に福田が訪日の印象を尋ねると、「天皇にお会いしたこと、これ以上のものはありません」という返事が返ってくるという。こうした人々が一般庶民に会うことは、なかなかないだけに、日本というとやはり天皇の印象が強烈に残るのだろう。それだけに、天皇の一挙手一投足が彼らの関心の的になる。「各国とも日本とはどういう国か考えてみるチャンスを作り出した」と指摘している。オランダのような国もあったが、今後は「こうした国との関係にも力を入れる必要がある」としている。

さらに福田は「天皇の訪問は、古傷をあばいたというが、私はそうは思わない」、スピーチに言い足りないとの質問があったが「あれ以上のことは言えない」と明確に線引きがあったことを認めている。天皇が外国訪問で先の大戦について政治性との間でどこまで踏み込めるのか、その前例になったということになる。さらに、今後の「国外旅行」について米国と東南アジアが考えられると説明した。

一三日午前、天皇・皇后夫妻はベートーベンの生家を訪問、リュプケ前大統領と会見、ブラント首相の歓迎午餐会を受けて空港に向かった。

特別機はボン空港から飛び立った。空港では、多くの在留邦人が集まり「万歳」と叫ぶ声がある中、大統領代行と西独国防軍の閲兵を受けた。お立ち台から特別機のタラップ下まで赤い絨毯が敷かれ、天皇は名残り惜しそうにコシュニック議長との話が尽きず、日本大使館や西独政府関係者との挨拶もなかなか終わらず、予定を一〇分もオーバーして飛行機に乗り込み、一八日間の旅は終了した。

特別機は一三日午後に給油のため再びアンカレッジに到着、イーガン・アラスカ州知事が出迎えた。前回の訪問時はまだ秋だったが、二〇日足らずですっかり冬になり、遠くにマッキンレー山もはっきり見えていた。

知事は、天皇にアラスカの動植物、昆虫に関する本を贈呈した。給油を終えて約一時間後、特別機は離陸、豪雨の中、特別機は羽田に到着した。皇族関係者、訪問国の大使公使、政府関係者らが歓迎する中、雨仕様の儀礼が行われた。空港の貴賓室で天皇の挨拶があった。天皇は、「五〇年ぶりの思い出の多い地を訪れたことも誠に感慨深い」と感傷旅行の一端を紹介し、「国際親善の実をあげた」ことを力説したが、「国際平和に寄与する為には、なおいっそうの努力を要することを痛感しました」と述べている。自身に課せられた問題を再認識した旅でもあったようだ。

７　記者団との会見

帰国後の一一月一二日、天皇は「石橋の間」で皇室記者と会見した。まずは、記者の質問が旅行先への感想に集中する。天皇は「各国との感想は比較になるので遠慮したい」と、この点は回避した。五〇年前の欧州訪問との比較を問われると、産業が比べものにならないほど発展していることに感心する一方、「各国が古いものを保存することに力を入れていることに感心した」と述べている。また「一部に冷たい歓迎、訪欧反対の動きもありましたが」との質問が飛んだ。恐らく記者団が一番関心を持っていたところである。

「一部にそうしたことがあったのは知っているが、各国とも多くの国民が私を歓迎しなかったとは思わないし、王室や政府をはじめ、多くの国民から寄せられた歓迎は無視できないと思います。一部のそうした動きは、事前に報告を受けて知っていましたし、覚悟もしていたので、別段驚いたということはありません。そのようなことは国内でもあることですし、私はとくに冷たい歓迎を受けたという印象は持ちませんでした」

天皇は、冷静に発言しているが、といって記者会見のため、あまり踏み込むような話もできない。象徴天皇としてどこまでスピーチできるのか。以後、交戦した国での晩餐会では天皇のスピーチにメディアが注目することになる。訪問国の政府を傷つける発言はできないし、政治的な発言もできない。しかし、記者も簡単に引き下がれないので、少しでも天皇に肉薄しようとする。そこで、オランダの一部国民の厳しい反応について質問があった。

「私の立場上、それは言うことはできません。いろいろな意見が有り、私がそういうことをすればよい感じを持つ人もいるだろうし、批判をする人もいるだろうから」

はからずも天皇の気持ちはこの発言に凝縮されている。冷静を装っていたが、実は気になっていたことも判明する。だが、訪米についての質問には、「今の段階ではどこの国に行くということは、私からは言えない」と答えている。政治的な話にもなりかねない質問には慎重な対応だった。

従来の皇族の国際親善ではなく、天皇外遊という新たな局面を迎えた宮中でも、負の遺産を深刻に受け止めたことは想像に難くない。机上の空論ではなく、初めて外遊して相手の元首や国民と身近に接してわかることは多い。まさに論より証拠であり、宮中や政府に大きな問題を提起することになった。

今回の訪英について、『朝日』の特派員は「変わる欧州の天皇像」(一〇月六日夕刊)という記事を掲載した。今までの天皇像は「軍国日本のリーダー」とか「経済大国のセールスマン」といったイメージが強かったが、素朴な振る舞いを見せる天皇に、従来のイメージは「この旅で完全に消えうせようとしている」、だが「人間天皇のもつ魅力の大半は、今も残念ながら、多くの部分がおおいかくされている」と指摘している。

一方、『毎日』（一〇月一四日）の特派員は、諸外国は「二千年の伝統を持つ日本」と「尊敬と親愛」の気持ちで見ているが、他方で「理解させせぬ象徴」とも書いている。彼は、先進国に仲間入りした日本の存在感を感じつつ、「象徴」に戸惑うヨーロッパの現状認識を知ることになる。各国では「エンペラー」と公的に称し、戦前とどこが違うのかということだ。今日でこそ、「象徴」の意味は浸透しているが、戦後四半世紀では、イメージ転換がなかなか図れなかった。

一一月一六日、皇居では昭和天皇と外国人記者団との会見があった。記者から、まず戦前の天皇としての行動を問われ、「私は明治天皇のご遺志に従って立憲君主として行動しています」（『朝日』一一月一七日）と発言している。戦争については「個人的に遺憾に思っていること」とも述べ、今後の海外訪問について、「私は友好関係を促進するため、再び海外に行きたいと思っています」とアメリカ訪問も視野に入れて話している。

海外には様々な見解が登場していて、記者の多くは天皇と戦争問題で特に関心が強く、記者会見では言葉を引き出そうとしていた。単なるセンチメンタル・ジャーニーでは意義づけられない日本の台頭を欧米は感じ取っていただろう。

また『ニューヨーク・タイムズ』紙は、「御訪欧が一種の感傷旅行であると共に、日本の台頭のシンボル」と位置づけている。『サン』紙はやはり天皇訪欧が「日本強国化のシンボル」と伝えている。『ロンドン・タイムズ』紙は、「訪問の本当の理由は何か」と記し、ロンドンではいろんな憶測が飛び交っていることを認めている。センチメンタルジャーニーに過ぎない、あるいは「この訪問で世界の大国であることを示そうとしている」、あるいは、「ニクソン大統領の新経済政策に脅かされた輸出市場に代わる市場を求めていることと符合する」など様々な憶測があったようだ。

しかし、他方で、天皇の日々の行動を取材する中で、記者には心境の変化もあったようだ。天皇・皇后夫妻は、儀礼の中で「両陛下とも風変わりでもなく、やや戸惑っている家庭的なご夫婦だった」との記事もあった。さらに、天皇が無名戦士の墓に花を供える天皇の姿を見て、「昔の敵国と友好を図り新しい理解を確立したいという天皇のご希望」を訪問のひとつの理由と前向きに理解する記事もあった。他方で、宮殿へのパレードへの中途、老人たちが沈黙の面持ちで天皇を見送ったのは、イギリス人が持つ「慎み深さではなく」、むしろ「天皇のご訪問は配慮をかけることところがある」という感情の表現だったのではないかというのである。

天皇訪欧は、象徴天皇の世界デビューだったはずだが、いくつかの課題も見つかった。というよりわずか一度の天皇としてのヨーロッパ訪問で新たな天皇像を紹介して負の遺産を払拭できるはずもないが、イギリスやオランダに大戦の後遺症が皇室や政府に与えた影響は大きいことも考えると、むしろ戦時体験を改めて思い出す機会を提供したということになった。それをどのように乗り越えるのか、これは地道な交流しかない。結局、昭和天皇がなしえなかったことを、在位中、慰霊の旅を続けた明仁天皇の姿勢は、この時の教訓などを生かして晩餐会などで率直なスピーチを続けるという、平成天皇の宿命になった。歴史から逃れえない天皇の姿勢が昭和天皇や平成天皇の外遊から見ることもできる。

第2部

昭和天皇の訪米

——錯綜する政権の思惑——

第7章 混迷する天皇訪米問題

1 訪米論議始まる

昭和天皇の訪欧は、皇太子時代の感傷旅行のイメージが先行していたが、外遊決定のプロセスでは議論紛々という事態にはならなかった。しかし、二回目の外遊となる訪米問題は前回の決定プロセスとは対照的な展開になった。

一九七二年一月、佐藤栄作首相は福田赳夫外相らとともに訪米した。佐藤首相の訪米の目的は、沖縄返還の最後の詰めの交渉だった。一月六日、七日の両日、両国首脳はサクラメントで首脳会談を行った（『佐藤日記』）。日米安保の再確認、沖縄の五月一五日返還の確認、日米の貿易摩擦関係、経済関係の改善が協議された。席上、佐藤首相は「陛下はかねてから訪米を希望しておられた」が、政府も米大統領の訪日についても「慎重」に考慮しており、万全な体制ができるまで実現を待ちたいと述べている。他方で、ニクソン訪中についてホワイトハウス側から報告があったが、「どんな交渉を北京でするつもりか小生はわからない」とも記している。

その夜、ニクソン邸で晩餐会が開かれた。ニクソンは、私邸に国賓を招いての晩餐会は初めてと話し、佐藤首相のプライドをくすぶった。さらにニクソンは日本に七回も出かけた米国では初めての大統領とまで述べて、日米の絆を強調している。ニクソン・ショックの後だけに、気配りも当然だったかもしれない。

日本側との交渉を終えて、一九七二年二月二一日、ニクソンは米大統領として初めて中国の地に立った。米中両国は上海コミュニケを発表して一つの中国を確認、米中関係は転換期を迎えた。ニクソンとキッシンジャーの思惑は、不安定な中ソとの関係を利用して中国との共通の利害を見出して妥協点を模索することにあった。

それにしてもこの年のキッシンジャーの外交行脚はまさに超人的で、二月の訪中、四月に秘密裏の訪ソ、五月にはニクソンに同行して再び訪ソ、六月には訪中、八月は北ベトナムとの交渉のためパリを訪問、帰国途上に訪日、さらに一〇日後の八月三一日にハワイで日米首脳会談に同席している。隠密外交、忍者外交とも言われた補佐官時代のキッシンジャーが最も輝いた頃だった。

さて沖縄復帰記念式典の準備が進む中、昭和天皇の訪米話が再び話題になった。おりしもアグニュー副大統領が五月一三日、復帰式典に参列するため来日した。アグニューは同日、昭和天皇と会見している。天皇は、アグニュー副大統領に対し「戦後の日本の繁栄はアメリカの厚意によるものという日頃の思召を繰り返し」た（『入江日記』）。この発言はアグニューに感銘を与えたという。天皇は、繰り返し戦後の食糧支援を感謝している。さらにアグニューは天皇の訪米を要請し、天皇は訪米の希望を話している。

同日午後、アグニュー副大統領は福田赳夫外相と会談した。話題は当然天皇の訪米問題に移り、アグニューはポトマック河の桜の咲く頃に合わせた訪米を促した。すでにアンカレッジの会談から半年は経過していた。福田外相は、検討中と曖昧に答えている。

六月九日、キッシンジャーが来日した。同日の『朝日』(六月九日夕刊)は「来年の適当な時期に天皇陛下の訪米を期待する」とのニクソン大統領のメッセージを紹介している。また天皇を招待した後、「答礼を兼ねて大統領が来日することが最善の策」とも記している。つまりこの頃は、天皇の訪米が大統領の訪日に先行していたことになる。一〇日、キッシンジャーは再び佐藤首相に天皇の訪米招待を話している(『入江日記』)。一二日に福田外相は参内、拝謁、キッシンジャーから「ニクソン大統領から御訪米について申し入れがあったことを聞く」と書いてあるが、宮中もアメリカの対米要請を正式に理解したことになる。訪欧と違って皇族が訪米について動いていたわけでもなく、政府レベルで天皇訪米問題が議論されていたことが注目される。

これに対し宇佐美長官は、「日米間は戦後、政治的、経済的に深い関係にあるが、ご訪米が政治的に利用されるようでは憲法上好ましくない」(『朝日』六月一三日夕刊)と慎重なコメントを出した。天皇訪米に熱心だった佐藤首相は政権末期で、日中問題で世論は沸騰しており、天皇外遊を政権内で入念に議論したわけでもない。七一年の国連総会ではアメリカと協力して逆重要事項指定法案という、中華人民共和国の国連加盟も認めるが中華民国の加盟も維持するという奇策を提案したが、これを提出する前に中国の加盟が認められ、孤立した台湾は国連を脱退した。

日米の提案は実現しなかった。自民党内は中国問題で親中国派、親台湾派が対立して議論紛々となった。宮中は、国内の政治課題が増えて天皇訪米問題に消極的になるが、長期政権を維持してきた佐藤首相も前年の総選挙で大勝しながらも、沖縄返還を花道に引退することになった。この結果、天皇外遊問題は、田中角栄内閣へ引き継がれることになる。

ニクソン政権の中国重視の姿勢に対し、ハーバート大学教授のエドウィン・ライシャワーなど知日派は日本を軽んじる行動に警鐘を鳴らしていたが、キッシンジャーは意に介さなかった。日米安保も米中両国の交渉の取引材料になった。彼は、日本が安保を廃棄した場合、ナショナリズムが台頭して「再軍備する」と周恩来に述べている。これは日米安保を維持する必要性を認めさせる方便だが、長年の同盟条約を軽んじる遣り口だ。さらに、キッシンジャーは、日本人は重要な外交課題をリークする、口が軽いなどと散々な言いっぷりである。また米ソ首脳会談の準備のため、キッシンジャーはモスクワに赴いたが、このことは中国側には伝えたが日本側の大使には知らせていないと、笑いながら周恩来に話した。

ここまで冷戦時代、共産圏に対する防波堤で尽力してきた同盟国を軽視するのは残念なことだが、ニクソン政権時代、日米関係はそれほど冷ややかだったのかもしれない。それだけに、昭和天皇の訪米問題は、否《いや》が応《おう》でも政治問題になりやすい性質を含んでいた。

２　問われる政治性

六月一七日、国会終了後、佐藤首相は天皇外遊の実現を見ないまま退陣を発表した。熾烈な後継者争いの結果、七月七日に田中角栄内閣が誕生した。田中を支援した大平は外相に就任、福田は閣外に去った。

キッシンジャーは、南ベトナム訪問の帰途の八月一九日、再び来日。羽田からすぐさまヘリコプターに乗って田中首相に会うため軽井沢の万平ホテルに向かった。ここで日米貿易不均衡の是正、日中国正常化問題について議論した。これについては石井修氏の「ニクソンのチャイナ・イニシアチブ」が、キッシンジャーの中国政策の本音を巧妙に分析している。

キッシンジャーは、改めて「いつ北京を訪問するのか」と聞いた。田中首相は、九月か一〇月と答えている。国内では、日中国交正常化を希望する世論の高まりがあり、このような流れもあって正常化への熱意を伝えた。それでもキッシンジャーは、田中首相の一度の訪中で一挙に国交正常化に進むとは思っていなかった。そのため「相互信頼関係」の必要性を強く述べて、外交問題に対して協調を訴えたのだろう。

キッシンジャーは、田中首相の話を聞いて、日本が中国と正常化するかもしれないと理解した。そもそもニクソン・ショックがこのような状況を引き出したわけだが、キッシンジャーも機密漏洩を心配するより、中国問題について日米間のコミュニケーションをいま少し考えるべきだったかもしれない。会見が終わるとキッシンジャーは東京に戻り、大平外相と会見した。大平は、日本が中国問題で「急ぎすぎている」との意見もあるだろうが、「我々自身の手で問題を解決するべき時がやってきた」と述べた。

キッシンジャーはニクソンに、彼らは米国より先に中共と外交関係を樹立するかもしれないとの感触を伝え、さらに日本政府は「対中共正常化に夢中」とまで指摘している。大平外相はキッシンジャーに本心を明らかにしたのだろう。アメリカ追従といわれた従来の日本外交では予想外の展開だった。

八月二六日、日米首脳会談を控えて、牛場駐米大使はアレックス・ジョンソン国務次官を訪問して首脳会談の下交渉を始めた。席上、牛場は、天皇のワシントン訪問を確定する旨の田中首相の要請を伝えている。

二九日付で外務省北米一課が作成した訪米問題での「メモ」には、天皇・皇后夫妻の訪米が「両国間の関係を一層緊密化していく上に極めて意義深いものと考えているので、我が方としても、御訪米を然るべき時期に実現したいと考えている。また我が方としてはこの際、米大統領が日本を来訪されることも、両国親善関係のために望ましいと考える」としている。外務省は、首脳会談で改めて確認したい思惑があったようだ。その後、修正文書には「然るべき時期」が「早期」になり、また「相互訪問」という文言が使われた。

首脳会談で天皇の外遊問題が大きな話題になっていることは異例だが、この協議をみていると、政府主導で天皇訪米を立案していたかのような印象が強くなる。宇佐美長官がもっとも懸念していることだ。

鶴見清彦外務審議官は三〇日、日米首脳会談で天皇・皇后夫妻の訪米問題は話題になるだろうが、「話になっても日程などの共同発表をすることにはならない」（『毎日』九月一日）と発言している。これをみると、「共同声明」には天皇訪米問題を盛り込む予定はなかったようだ。

さて八月三一日、ハワイのクイリマホテル（現タートルベイリゾート）で始まった第一回日米首脳会談の冒頭、田中首相は、ハワイへの招待に感謝を述べた後、「天皇陛下よりのアンカレッジへの出迎えに対する感謝と日米友好関係がますます強化されることのお言葉をお伝えしたい」と述べた。

これに対し、ニクソン大統領は次のように述べている。

「天皇陛下には自分の最大の敬意をお取り次ぎいただきたい。天皇陛下は米国を公式に訪問していただくための双方に都合のよい時期を見出したい。又貴総理も選挙が終われば来年中に是非ワシントンでお迎えしたい。」

田中首相は、この天皇訪米の要請について、佐藤内閣時代からの懸案事項であり、帰国すれば天皇に報告する旨、記者会見で答えている。ともあれ「都合のよい時期」が当面の両国の合意になった。一方、田中首相は、日中国交回復によって日米関係が「不利益を蒙ってはならない」と確認を求めた。

他方で、国内に「強い世論があるので」と国内の要望を紹介している。しかし、キッシンジャーは田中内閣の日中国交正常化姿勢が予想以上に早いことに不愉快だったが、依然として早急ではないと楽観的だった。駐米大使だった牛場信彦は、「キッシンジャーなどは、田中は訪中してもすぐ帰ってくると考えていたようだ」と回顧している。アメリカは、米中接近は既定の路線だったが、台湾問題など東アジア情勢を勘案して慎重だっただけに、日米の対中国問題は対照的な対応となることが判明する。大平外相は、対中交渉では「アプローチが自《おの》ずから違う」と述べるとともに、アメリカは「米中関係の改善」を模索し、日本は「これを正常化しようとしている」と違いにふれた。対日不信が彼にはあるだけに、言葉使いも非常に厳しいキッシンジャーは「あらゆる裏切り者の中でもジャップは最悪だ」と憤慨している。ともかく尋常な怒りではない。

九月一日の二回の首脳会談では、日本は、日台間の外交関係は消滅するが、経済交流を続ける旨を主張している。ニクソンは、米中国交正常化についてしばらく時間があると述べている。ただ政治性ということに配慮したのか、「共同声明」には天皇訪米について記述はない。首脳会談中に「都合のよい時期」といった文言が確認されているが、首脳会談でいかに慎重に協議されても政治的に取り扱われた感が強く、それだけに国会で追及されることになる。

この状況をみながら天皇は五日、「訪米は五〇年前の約束だから、何とか果たしたいと思っている。田中首相が来るようなので、大統領の要請を詳しく聞いてみたいと思っている」と記者に述べている。田中首相が首脳会談に触れて記者団にコメントするということは前回の外遊話ではなかった。さらに天皇は「時期を見て公表することがあると思う」とまで踏みこんでいる。

宇佐美長官は訪米に関する天皇のコメントは控えたいのだろうが、その線引きをする前に天皇が自身で話してしまったということになる。天皇は戦前から国際的な条約や各国との首脳との約束には強い関心を持っている。そうした性格が時折表に出るということか。政治性を排し、前例主義にもとづいて外遊を実施したい宮内庁は、内心穏やかではなかったろう。象徴天皇の外遊問題は、政治性という線引きの綱引きでもあった。確固としたシステムがない以上、まさに議論しながら収斂《しゅうれん》するという試行錯誤が続いていた。

３　冷静に努める宮中

帰国した田中首相は、九月六日、参内、拝謁し、ニクソン大統領からの申し出を伝えている（『入江日記』）。さらに二二日、田中首相は再び参内して中国へ出発した。ほどなく日中国交正常化ということになる。今から半世紀前のことだ。

一一月一一日、天皇は入江に「アメリカ御訪問のこと」を話している。宮内庁としては、アメリカだけを意識させないため「メキシコ、カナダのこと」などへの訪問を考慮の余地に入れて訪米話を薄めようとしている。「なるべく政治色をさけるため」とはいかにも宮内庁らしい思惑である。天皇も国内で総選挙があり、このことも気にかけていた。外遊には国内のコンセンサスがなければいけないという思いだ。となれば、国内で政争が続けば外遊への環境は整っていないことになる。

一二月一〇日、衆議院総選挙が行われた。宮中は、いわゆる日中解散と呼ばれた第三三回衆議院選挙を見守っていた。当初、田中人気で大勝利と思われたが、自民党は伸び悩み、解散前の二八八名から二七一名と議席数を減らし、社会党は九〇名から一一八名、共産党は一四名から三八名となった。自民党は微減、天皇外遊に消極的な社会党、あるいは否定的な共産党の議席数が増えるという結果になった。政権には痛手だが、皮肉なことに、この結果は宮中側に安堵感を与えたかもしれない。天皇訪米については、田中内閣のイニシアチブが顕著だったが、野党側も議席数を増やしたため国会全体での外遊のコンセンサスを得ることは難しくなった。さらに、ベトナム戦争もまだ不透明で、訪米する環境ではないというのが宮中首脳の認識だったようだ。

政局運営に自信を得た大平外相は、二四日「来年の外交スケジュールの問題として手落ちのないように考えていきたい」（『日経』一二月二四日）と述べていた。天皇訪米と大統領訪日という相互訪問は「一つのパッケージ」で、「機は熟してきている」という判断だった。

一二月末になると、佐藤前首相が自身の訪米を計画して、天皇の外遊のプランを模索していた。一二月二五日の『入江日記』には、宇佐美長官が来訪して「佐藤前首相訪米の節御訪米を話してくるとのこと。予断然反対する。皇室の為にどうしてもおやめ願はなくてはといっておく」と記している。佐藤は元々天皇の訪米実現に尽力していたが、欧州に引き続いて、訪米も自身のイニシアチブを発揮しようという目論見をもっていたようだ。自身、最後のご奉公と考えていたのかもしれない。当然、宮中は警戒することになる。

入江ならずとも、佐藤の動きには宮中内で不信の声が出始めていた。天皇も佐藤自身による根回しには懸念があった。入江は「あとから聞くところによると、贅沢な盆栽はもってくるな、とか、アメリカへ行くことになっても前総理は随行するなど、随分なことを仰有ったらしい」（『入江日記』）といった話が残っている。佐藤が引退後も影響力を駆使するような行為を避けたかったのだろう。

翌二六日、宇佐美長官と入江は、再度協議し、「佐藤封じで牛場大使から『来秋』云々は削って『また適当な時期に』といふやうなことで申し入れしよう」との方向性を決めている。佐藤に対しあからさまに否定をするのを控えて「適当な時期」ということで了解となった。入江は「アメリカの御旅行のことも時々何となく話には出るが、ベトナムは方（片）付きそうで方（片）付かず、社会党はもとのやうにはもどらないが、それでもこの前からすればづづっとふえたし、共産党が大きくふえた今日としては、さういう軽々に進めるわけにも行くまい」（『入江日記』）と記している。宮中は、外遊実現の環境づくりを常に注意深く見守っていた。

このように、天皇外遊は国内的コンセンサスを得られない状態になり、天皇訪米はまた不透明な事態になった。

それだけではない。七二年六月、大統領の選挙戦中、ワシントンの民主党本部に盗聴・侵入事件が発生、これにニクソン政権が関与しているとの話が浮上して米政界は混迷を深めていた。いわゆるウォーターゲート事件である。天皇の訪米が、ニクソン大統領周辺の混乱に巻き込まれることは得策ではなかった。新たな難題が天皇外遊に影響しようとしていた。

翌一九七三年一月二六日付『毎日』は、本年秋、九月に二週間の旅程で「天皇・皇后両陛下が国際親善のため米国を訪問される計画」があることを報じた。外遊問題は少し沈静化していただけに驚きの記事だった。非公式に政府と宮内庁は協議したと書かれたことに宇佐美長官は憤慨した。どこからのリークだったのか。宇佐美長官はこの報道を否定、「もし陛下のお許しを得ないでこのような問題を交渉するとすれば、それこそ大問題」と批判している。

一方、二階堂進官房長官は、訪米問題について「我々も外務省も正式にタッチしたことはない」（『読売』一月二七日）と否定した。政府主導で天皇訪米問題に前のめり状態があっただけに沈静化したかったのだろう。ただ「決断と実行」を売りものにする田中政権が放置するはずもない。とはいうものの、訪米問題は長引いており、米政府も困惑していた。

三月九日、国務省は一〇月に天皇・皇后夫妻を招きたい旨を牛場大使に伝えた。これを受けて法眼晋作外務次官は一二日、宇佐見長官にアメリカが一〇月訪米を希望していると伝えた。このあたりは「つぶれた天皇御訪米の言いにくい意外な内幕」（『週刊朝日』五月一一日号）が興味深い情報を紹介している。

宇佐美長官は、一〇月は皇室行事があること、訪米について、与野党内には反対の意見もあるようだしと述べて再考を促した。同じく入江も「どんなことがあっても断らなければならない」と述べている。政治利用との疑いを招きたくないという思惑と、国内の世論が二分されるような状態で、反対を押しきってまで行く必要はないとの考えだった。

宮内庁は終始一貫している。象徴天皇を広く世界に紹介するのは議会や国民の責務だが、外遊について賛否が相半ばしている時、強行すれば皇室の問題が政治化する恐れもある。宮内庁は環境が整うこと、政治性を伴わないように慎重さを終始願っていることがわかる。

4　国会論議に揺れる外遊問題

一九七三年二月一五日、キッシンジャーは再び中国を訪問、前年二月の上海コミュニケに基づいて双方に連絡事務所の開設を確認した。とはいうものの、正式な米中国交正常化は一九七九年一月のことだ。台湾問題処理が、ここまで交渉を長くした要因だろう。電撃的に日中国交正常化を目論んだ日本とは大きな違いがある。

二月二〇日、キッシンジャーは帰国途上で日本に立ち寄った。彼は田中首相、大平外相と会談した。話題は中国、ソ連問題だが、さらに昭和天皇の訪米問題を協議している。当然、この話は宇佐美長官にも伝わり、二六日の『入江日記』には、「キッシンジャーに田中総理が御訪米のことを何か云ったといふ儀典長からの電話の件」が記されている。

だが入江は、天皇訪米について「どんなことがあっても、ことわらなければならない」と否定的な意見である。訪欧問題の時に比べて生々しさが浮き彫りになる。田中首相は、天皇外遊に前向きな発言をしたものとみえる。宮内庁の消極論に、三月一七日、二階堂官房長官は「御訪米は、非常に厳しい情勢」（『読売』三月一八日）と述べて、閣議決定にまでいたらないと説明してひとまず事態を収拾した。

三月二〇日、インガソル駐日大使は、帝国ホテル（牡丹の間）で開かれた日本人記者クラブ主催の会で「成熟期に入った日米関係」と題した講演をしている。ここで『東京新聞』の記者が外遊問題について質問している。インガソル大使は、天皇外遊はすでに着任前から話があることとした上で、詳細の説明を避け「天皇陛下がアメリカにいらしてから、ニクソン大統領が訪日するということになると思います」と答えている。

外遊話を巡る交渉は中断していたが、天皇訪米が大統領より先行することは変わらないようである。このため、政府はまたもや説明に追われ、同日午後、二階堂官房長官は「指示を受け本件について米側と交渉しているわけではない」と釈明した。天皇訪米問題は、はっきりしないままに事態が推移していた。

訪米した愛知蔵相は二七日、ホワイトハウス側に天皇訪米問題について説明、帰国後インガソル大使に面会、「早く公式チャンネルなチャンネルを通して大統領の招待に応えるべきとの見解で政府は一致している」と理解を求めた。愛知蔵相は、四月四日に参内して天皇にアメリカ情勢を説明し、天皇訪米がなかなか実現しないので「ニクソンが切々と御来訪を願」っていることを報告して天皇訪米問題の促進を願った。このような根回しも異例なことだ。

四月六日から全国植樹祭に出席するため、天皇は宮城県に行くことになっていた。しかし、この日に合わせるかのように、各紙は天皇の一〇月訪米をいっせいに報道している。「来週にも首相決断」といった記事もあった。天皇巡幸の日に重大な案件がマスコミに紹介されるなど俄かに信じられないが、これは政府筋のリークだろう。まさに宮内庁の慎重論を政府側が外堀から埋めていくようなやり方だった。

羽田に向かう車中、入江は宇佐美長官から聞いたアメリカでの訪米問題論議を天皇に報告した。入江は、責任がはっきりしないままに事態が進んでいくことに強い不満を持った。それにしても政府と宮内庁のコミュニケーションがこれほどうまくいっていないなかで訪米問題が政府主導で議論されているのは問題である。

宇佐美長官も「最後の最後まで抵抗する」と述べていたが、宮内庁幹部が困惑していたのは、天皇自身が訪米に意欲的だったことだ。外遊について「非常においでになりたい」と入江も感じていた。「このやうなことで、結局は押し切られることになるか」（『入江日記』）と、複雑な思いを入江は書いている。

以上のように、アンカレッジでの会談以来、天皇訪米と大統領の訪日問題は断続的に協議は進んでいたが、訪欧のときと違い訪米話は進まなかった。それだけにマスコミは騒ぐことになる。六日、天皇訪米問題が新聞にも登場すると、国会でも再び議論が始まった。宮内庁が恐れる外遊の政治問題化である。強硬に反対したのは外遊が日米軍事同盟の強化につながると主張する共産党だった。

四月一〇日、参議院予算委員会では、天皇訪米話が世上、話題になっていることについて森中守義（社会党）が、これは田中内閣の人気の「浮揚策の一つ」ではないかと訝る質問を投げかけた。大平外相は「あくまでも皇室の御都合によるということでございます」と述べつつ、「政府が政治的に発言するようなことは、現在までありません」と答弁したが、森中は「外務大臣がしきりおすすめになっているように聞いております」と追及した。政府主導との疑念があったのだろう。大平外相は、「いやしくもお上を利用するといったこと」は「考えていない」と釈明した。

食い下がる森中は、外務省が主導権を握っているのではと続けるが、田中首相は「あくまで皇室の御判断によるもの」、「御決定はあくまで皇室の御決定」と説明した。社会党は天皇外遊そのものに反対ではなく、外遊が政権の支持率浮揚策として政略になることを批判していた。政府は、手続きは政府の役割で、天皇訪米の決定権は宮内庁、皇室にあると述べる。社会党の森中守義は、皇室の「御都合」という言葉を聞いて、宮内庁側に確認を求めることになる。瓜生次長は「内々に聞いているが」、「慎重に検討する」という言葉で濁した。

政府は、天皇の外遊決定は皇室の判断と答弁することによって、政治的な訪米と批判する野党の主張をかわそうとしていた。だが、これは同時に、外遊についての皇室の判断を肯定することになり、これも新たな問題を提供することになる。だが「国政に関する機能を有しない」という憲法の文面と「皇室の御決定」との文脈は整合性が微妙といえる。共産党は、憲法に照らして違憲、つまり国事行為を越えた公的行為と認識していた。以後、国会ではたびたび野党側が天皇訪米問題を質問し、政府から天皇外遊の決定プロセスを引き出そうとする駆け引きが続いた。

四月一二日、衆議院では木原実（社会党）は、昨今天皇訪米問題が噂になっているが、「天皇訪米についての問題は一体、どうなっているのですか？」と質問、大平外相は、アメリカから「陛下を御歓迎申し上げたいと非公式に寄せられている」と紹介した。すると木原は「そうしますと、これはアメリカ側から要請の話が最初にあった」と理解すべきかと尋ねた。外相は「日米間の首脳の接触が何回か過去において持たれたわけでございまして、その間の話題としてこれが出たわけでございます」と回答した。「話題」という言葉に政権側の熟慮が伺える。

さらに大平外相は、「正式の外交的交渉の問題にまだなっていない」ので「これ以上、申し上げる自由を持っていない」とも述べた。木原は、宮内庁長官と外相が会談した時「宮内庁のほうに外務大臣から要請を申し上げるのですか、都合をうかがうのですか」と聞いている。彼は決定のプロセスを確認しようとしているが、答弁次第では、政治問題に結びつく話である。外相は「皇室の御判断の問題でございまして、政府から要請するとか云々の問題ではない」、しかし「陛下の御訪米というようなことになりますと、一つの公的な行為でございますので、内閣としても、そういうものとして対処してまいらねばならない立場」であり、そうなれば「宮内庁と内閣の間で持たれるのは当然の道行であろう」と答えた。「皇室の御判断」としながらも、宮内庁と政府の協議という文脈でケアしている。

しかし、木原は、個人であろうと公的であろうと、「別な意味で政治的波及という問題もあると思うのです」、欧州訪問は天皇の個人的な「懐かしい御旅行だったという側面もあると思うのですが」、訪米は「二重の意味で政治的」と理解できること、さらに「日米間にはさしあたって政治的懸案事項が多すぎる」ので、こういうものを踏まえると、「どうしても、日米間の問題を一定の方向に向けて、国民の目をそちらに向けさせる、こういう効果といいますか、影響といいますか、そういう政治的な問題が渦巻いておる中に、天皇の訪米を設定をするということが悪いことなのか。あえて天皇を政治の場に結果的には引きずりだすことになるのではないだろうか」と政治的効果に危惧することを述べた。

大平外相は、「お断り申し上げておきますが、政府から御要請申し上げることはないのでありますす」と弁明した。政治的効果といえば、それはゼロとは言えないのだろうが、それを薄めるためには両国間に懸案の外交・政治的課題ができるだけない方がいい。天皇外遊となれば、ほとんど前例がない時代だけに、この時の議論は今後の天皇外遊議論の前例になるということが重要だった。

東中光雄（共産党）は、日米間で様々な問題が起きている中で、キッシンジャーが来日して「外交ルートを通じて、天皇の御招待を事実上申し出てくる。これは、政治的に影響を与える行為という意味で、天皇をそこへ利用している結果になっちゃう」と批判した。象徴天皇を「そういうふうに使うべきではない」というのである。やはり共産党は憲法違反と終始一貫して外遊そのものに反対している。

大平外相は「いやしくも政治の御介入をお願いするというものでは決してないわけでございます」と繰り返し弁明する。「介入をお願いする」とは過剰な表現だが。日米間や日欧間で「友好関係が増進され、あるいは固められるということは歓迎すべきこと」と紋切型の答弁に終始している。

民社党の受田新吉は、元首クラスの待遇という言葉に説明を求めた。受田は、改めて「日本国の元首は誰でしょうか」と問いかけ、外相は「いわゆる元首という地位は日本国憲法にはないように思います」と答弁した。すると受田は「元首がない国とだと決めておるのか」と質問、大平外相は、憲法には「元首の規定をもっていない」と答えている。訪米問題で応酬が続く中、浮上したのが「元首」という文言だった。国の「象徴」では外国人にはわからないというのが背景にあった。

5　宮中の合意

天皇訪米をめぐって国会論戦が続くなか、四月一四日に大平外相は法眼外務次官同席で宇佐見長官と会見、一〇月の訪米要請を受けて外遊の早期実現を協議したが、宇佐見の消極論は変わらず、進展はなかった。宮内庁幹部の意向を理解したのか、一七日、入江は天皇に拝謁した際の訪米問題について、「自民党は不明で、賛成してくれているのは民社だけといふ状態、遷宮もあり訪米となれば、伊勢にも参らなければならず、……むしろ今年はやめて明年以後にしたほうがよくはないか、長官に云っておいてくれ、との仰せだった」（『入江日記』）と記している。

四月一八日、宮内庁では宇佐美長官、入江ら五人で二時間ほどの会議があった。外遊について「今年はいろいろ御都合を勘案したが無理につきおやめ、今後なるべく早い機会に実現するやう、いづれ打合わせるといふところか、いいところだろうということになる」（『入江日記』）となった。

田中首相は一九日、大平外相に会って年内実現は極めて厳しい情勢と確認した。日米間であれだけ天皇外遊問題を話題にしておきながら、政府は「皇室の御判断」として宮内庁側に歩みよることになった。田中首相は二三日に参内、訪米延期を天皇に報告、ニクソンにもその旨を伝えた。

他方で二四日、大平外相はインガソル大使に会見、一〇月は宮中行事が続くこと、日程がタイトになること、高齢と健康への負担、政党の一部に反対論が存在すること、以上のことに鑑み「本年の御訪米は見合わせざるをえない」と伝えた。直後の記者会見では「政府は終始国民的ブレッシングの下で実現したい」と述べて、国民からの「祝福」という言葉を使うことによって、環境が整備されていないことを認めて訪米延期を述べた。訪米は目前と期待していたアメリカ側は困惑したが、静観するほかはなかった。

ここにようやく天皇訪米問題は一段落となったが、これは問題を先送りにしただけで、宇佐見長官も「取り止めになったわけではない」と述べている。入江は、訪米が延期になっても「祝福を受けて行かれる」と本音を吐露していた。むしろ心配したのは天皇だった。訪米スケジュールの延期に、アメリカ側が失望するかもしれないと考えていた。天皇から「アメリカへのことわり方などについて、いろいろ仰せ」があったという。天皇の性格がよく表れた話だ。

アメリカでは、ＮＳＣのジョン・ホルドリッジは岡崎久彦駐米大使に、国内で野党の反対で進行しないならば、日本政府は今後もしっかりした決断ができないのではないか、といった懸念を伝えている。日本側では、確かに国会論議は問題だったが、ウォーターゲート事件の進展状況を見つつ模様眺め状態ということもあり、必ずしも野党の反対ばかりではなかった。

五月一一日、大平外相が参内した。このとき天皇は「訪米が取り止めになったことにつき先方に約束違反のような印象を与へはしなかったかなど、おたずねがあった」という（『入江日記』）。天皇も、ニクソン大統領から訪米の要請を受けてからかなりの時間が経過し、さらに日米首脳会談でも協議されていることは理解しているので気になっていたことは違いない。

二二日、インガソル大使との午餐会のとき、「御訪米お取り止め」（『入江日記』）の話が改めて話題になっている。それだけではない。ニクソンがウォーターゲート事件で失脚（一九七四年）したこともあり、宇佐見長官は、天皇が訪米しニクソンと握手などすれば結局イメージダウンにもなると思い、結果的に訪米が延期になり安堵している。

一方国会では、天皇の地位についての議論が再燃していた。六月七日、衆議院内閣委員会で社会党の大出俊は、天皇訪米について政治的に利用することになりかねないと追及、民社党の受田新吉は、天皇の権限を「強化する動き」と批判、そして再び「形式的には天皇は元首か否か」と率直な質問を投げかけた。外遊問題を機に、元首問題が国会の論戦に頻繁に登場していた。憲法には元首としての規定はない。

田中首相は、「日本の元首は天皇である、元首である天皇にお目にかかりたい、拝謁を願いたい」といった申し出が海外から多くあること、外国人は天皇を元首と思い込んでいるケースもあると紹介し、学問的にみても元首と理解できると答弁した。吉国一郎法制局長官は、「形式上」ながらも「国家のヘッドの地位にある者を元首」とするならば、「現在の憲法でも元首といってもよい」と述べた。「元首」という政府見解がこの一連の質疑応答で固まっていくことがわかる。このような論戦が象徴天皇のスタイルを形成していく背景となる。因みに二〇〇二年に自民党が提出した日本国憲法改正草案では、天皇を元首とする内容が明記されているが、現在に至るも改正されていないので、現憲法では「元首」とは明記されていない。

さて六月二六日、衆議院内閣委員会において外交・防衛問題などが論議された。席上、民社党の受田新吉は、ニクソン大統領の訪日について「総理はいつお迎えしようという日程を考えておられるか」と質問した。田中首相は、前回の米大統領の訪日が実現しなかったことに鑑み、「国民的行事として迎えられるような体制を整える」ことを強調した。前回とはいうまでもなくアイゼンハワー大統領の訪日だが、安保騒動の中、前代未聞の訪日中止となった。このため田中首相は、わざわざ「国民的行事」と日本側がこぞって歓迎する環境づくりを強調したかったのだろう。受田は「見通しは？」と尋ねるが、田中首相は「まあ、今年はできないようでございます」と答弁した。

ついで、大出俊が国事行為として外遊の費用について質問に立った。すなわち天皇訪米で「公的予算を使うとは許されぬ」と、これを明確にして欲しいと述べた。大出はさらに、天皇のアメリカ訪問は「ギクシャクしたアメリカと日本との関係というものを、何とかすっと通りやすくしたいという意味の政治的感覚がその中心に据えられていた感じがする。これとても、やはり間違うと天皇を政治的に利用するということになりかねない。その辺は将来に向って厳に慎むべきではないか」と注意を促した。

田中首相は、天皇の外国出張等で公的なものは「憲法に定める象徴として外国に御出張になる」ことは当然であり、「両陛下が公的に御訪問をなさるということが、世界の平和に寄与し、国際的交流を増進し、国家・国民の利益を守ることということでであるということでございます」と答弁した。決して明快な答えではないが、相互訪問という慣例を強調して外遊の大義名分を説明している。元首クラスの外遊は、憲法の定める範囲で可能という判断だった。田中首相時代、この「元首」という言葉が政府筋の国会答弁で何度も述べられている。

大出は食い下がり「閣議で決めれば何だってできることになっちゃう」と政府主導を追及した。事実、このような指摘を待つまでもなく、田中内閣は、懸案の天皇訪米の実現に向けてイニシアチブを発揮していた。

七月二四日、ワシントンで日米首脳会談が開かれることに鑑み、宮内庁では会合を開き、訪米問題について対策をまとめることになった。首脳会談で天皇外遊が話題になるのを政府から聞いていたからだ。「結局いろいろなことをとりまとめて、法眼次官に申し入れ」(『入江日記』)たという。

さて、七月三一日の第一回首脳会談で、田中首相の意向も入れて懸案の項目の最後に「貴大統領夫妻が御都合のよいときに本年、あるいは明年いつでも歓迎申し上げたい」との文章が入った。田中・ニクソンの首脳会談後の「共同声明」(八月一日)において、大統領は天皇・皇后夫妻の「以前よりの招待を再確認し、近い将来日米双方にとって都合の良い時期に実現されることを希望される」こと、また「一九七四年年末以前の日米双方の都合の良い時期に実現されることを希望される」と発表した。前年の日米首脳会談の「共同声明」にはなかったような天皇外遊を盛り込むなど、従来にない異例の文書になった。

しかしこれでは国内で政府の政治主導と批判されることになる。宇佐見長官は、公の協議だけではなく、「共同声明」の文面に天皇・皇后夫妻の訪米問題が記載されたことに不満を露《あらわ》にした。宇佐美の立場は明らかだ。だが他方で、ニクソン大統領が先に訪日すれば、相互訪問の建前から大きな障害はなくなるという宮中の本音をクリアーすることになる。

日米首脳会談での外遊話は、再び国会の論戦に場を移すことになる。当然ながら社会党や共産党は、天皇の政治利用と反発した。社会党の川崎寛治（国際局長）は、「日米友好ムードを盛り上げ、その政治的な狙いを国民に認めさせようという露骨な意図をありありと示している」（『朝日』八月二日）と批判した。

帰国した田中首相は八月六日、宇佐美長官に会った。ニクソン大統領が今年十二月から明年四月の間に来日するとの話があり、「御訪米と同時にこれを発表、その以前には一切触れないと決めた」ことを入江は聞いた。また田中首相は、外遊問題で記者から質問攻めになると考え、那須での天皇の「記者会見を止めてもらいたいことでいいか」と話があり、宇佐美長官は同意した。無用な混乱を避けるためか、入江も「大賛成」だった（『入江日記』）。

九月一八日、入江は天皇に拝謁したおり、ニクソン大統領の来日は一二月と聞いているが、ホワイトハウスは、ウォーターゲート事件の対応に追われ、訪日どころではなくなったと言上している。当然、天皇の訪米も不透明になる。一方一〇月三日、日英両国政府は、七五年春のエリザベス女王の来日を発表した。相互訪問の前例は、日英関係では順調に動いていた。

６　再びの国会論戦

一九七三年一〇月六日、第四次中東戦争が勃発した。一六日、イスラエルを支援する国々に打撃を与えるためＯＰＥＣは石油の価格をあげた。この結果、オイルショックが世界に衝撃を与え、世界経済は混乱状態に陥った。日本も狂乱物価に巻き込まれることになる。翌七四年一月七日、田中首相が東南アジア五ヶ国歴訪に出発、その後一五日にインドネシアで大規模な反日暴動が発生した。またオイルショックの影響で広告灯の点灯禁止など第二次石油消費規制が敷かれた。

さて二月一三日、オイルショックへの対応を探るため、大平外相は西側陣営の一三ヶ国が参加する石油消費国会議に出席するため訪米、アメリカとの協調を打ち出した。このとき懸案の天皇訪米について再び確認があった。キッシンジャーは「日本政府としてはまず大統領の訪日を希望するとの考えを了解する」と述べて、大平外相の同意を得ている。だが、ニクソンの訪日は「目下のところ予定を立て難い」と曖昧に話した。ウォーターゲート事件の影響で、今度は米大統領の訪日の見通しが立たない状況になっていた。それでも会談後、大平外相は天皇訪米とニクソンの訪日を「年内実現」を目標に協議することを明らかにした。日米両国とも国内問題を抱えているため相互訪問の話が不透明になっている。

ここで外遊報道をめぐって問題が発生した。騒動の中心になったのは安川壮駐米大使だ。安川の父は安川第五郎。安川電機社長、九州電力会長などを務めた実業界の重鎮で、東京オリンピック組織委員長を歴任した実業家である。安川壮は一九三九年外務省入り、北米局長やフィリピン大使を経て七三年駐米大使に着任していた。

安川大使は、記者会見で「共同声明」に天皇訪米は「近い将来」とあるが、「一九七四年中と書いてあるはず」と述べた。記者に疑問を追及されると「どちらが正しいか賭けてもいい」と強気に発言した。これが問題視され、発言が取り消される事件があった。二階堂進官房長官は、「重大な誤解を招く発言をした」として安川大使を厳重注意した。安川は「自分の思い違い」で迷惑をかけたと述べ、また本省への電報で勘違いであったことを陳謝した。

だが、話はこれで終らなかった。一五日、帰国した大平外相は、安川大使の天皇の年内訪米発言を否定した。同日、宇佐美長官は「外務省は極めて軽率だ。天皇のお立場を充分に理解していないのではないか」、さらに訪米の「交渉を任せられない」（『朝日』二月一六日）とまで批判した。天皇訪米問題で安易なコメントは慎重さを欠いているが、外務省は苦しい立場に追い込まれた。

この結果、安川大使の責任問題が浮上、一六日、大平外相は安川を訓戒とし、法眼晋作外務次官は更迭され東郷文彦に交代した。国会ではさっそく外務次官更迭について追及があった。大平外相は、法限次官が一年八ヶ月ほどその任にあったので東郷に交代したと説明した。だが二年も満たずに外務次官が交代するなどあまり例がない。苦しい答弁だ。一九日の閣議で大平外相は法眼次官更迭の諒承をとりつけ、自民党総務会でも自身の不手際を陳謝した。

七四年二月二〇日、木村俊夫が委員長となっている衆議院外務委員会が開催された。大平外相は、国内で話題になっている天皇訪米、ニクソン大統領の訪日問題についてふれ、昨年夏の日米共同声明で大統領の訪日と天皇・皇后夫妻の訪米を「再確認」し、「御訪米が近い将来日米双方にとって都合のよい時期に実現するようにとの希望が表明されました」と述べた。

これに自民党からも批判の声が挙がった。質問に立ったのは、自民党のタカ派の論客石原慎太郎である。石原は、昨今の日本外交で「非常にいろいろな問題が続いております」と述べ、自身について「私は、非常に誤解と毀誉褒貶《きよほうへん》の多い青嵐会の一会員でございます」とわざわざ弁じて質問した。

青嵐会とは、一九七二年の日中国交正常化に反対した保守政治家が参集し、翌七三年に自民党の若手を中心に結成された政策集団で、当時衆参あわせて三一名を擁していた。石原の提案で血判状にしたという異色の組織だった。特に有名になったのは、日中平和友好条約問題に反対して自民党外交調査会と鋭く対立したことだろう。その後、七九年に組織を解消し、一部が自由革新同友会となった。中川一郎や石原慎太郎がその中心だった。

さて、石原は「日米共同声明で、その解釈に錯覚があったにしろ、それを再確認するというお話し合いの前提に、内閣の承認なり助言という形での事前の手続きが必要であったのかなかったのかという点についてお伺いしたい」と質問した。大平外相は「日本政府とアメリカ政府との間に何等食違いはないのであります」と述べた。また「政府はいま、そのことについて白紙でおるわけです」、宮内庁や米政府と交渉を始めてはいないこと、時期も限定していないこと、「事は外交問題ではなく、国内の問題であるというように私は考えております」と答弁した。さらに石原は、天皇訪米問題について「この内外情勢の中でされることに政治的な意味があるのではないか」と訝《いぶか》る意見をぶつけた。自民党内でも不信感が表面化していたのである。

次に、公明党の渡部一郎は「公的な行為は宮内庁が決めるのか閣議なのか」と質問した。宇佐美長官は、宮内庁と政府が「一体となって」相談していると答弁している。さらに渡部は、「天皇は、かくの如き政治的タイミング、かくの如きウォーターゲート事件を始めとする非難轟々を浴びているニクソン、まるでニクソンの応援のためにわざわざアメリカに行くことを自分の意思できめられたというのですか」と尋ね、今の時期にアメリカに行きたいなどと天皇が言うこと自体が重大な問題になるのじゃありませんか」と追及した。天皇が訪米を強く望んでいることを表明することを懸念している。

宇佐美長官は「それは昔の話を申し上げただけのこと」と答弁した。野党は、訪米がニクソン周辺に危うい事件が発生しているため政治的な訪米になると危惧して、何度も懸念を伝えている。

正面から反対したのは、訪米そのものを違憲としていた共産党の松本善明である。「象徴としての公的行為」ならば、問題が発生すれば政府が「責めを任じなければならない」と批判、訪米は「政治的行為」と一貫して反対していた。

同日の内閣委員会では、社会党の大出俊が日米共同声明に関連して天皇訪米問題などを質問している。大出は、大平外相の話を紹介しつつ、外相が天皇訪米は「白紙」と述べているが、宮内庁側は「見合わせる」との話になっているので「白紙」ではないですねと言及して、「宮内庁としては、ほんとうのところ、どう考えておられるのか」と問うた。

これに対し瓜生順良宮内庁次長は、日米共同声明にあるように「そういうようなことを運ばれることにつきましては、事前に宮内庁のほうとも、意見を確かめなさっておるわけでおります」と述べ、中止したわけではない、何も決まっていないと答弁した。大出は、将来を含めて行くのか行かないのか、「これも全く決まっていない」のではと追及。さらに、「共同声明」に、天皇の訪米問題を並べるなどということ自体が、象徴天皇という新憲法下の新しいあり方からいって、感心したことではない」と批判した。「共同声明」は、「二つの国の政治的な所産」であって、「政治的行為については、これは厳に慎みいただけなければならぬ」ことで、「いささか不穏当」と批判した。

他方で、「天皇は、今までに訪米という問題について、みずから御発言なさったことがございますか」と質問した。瓜生次長は「都合のいい時期で、適当な時があれば、アメリカへ行くことを考えているというお気持ちを表明されたことは、事実だと思います」と述べた。さらに一歩踏み込んで「共同声明の中に、そういうような儀礼訪問というようなことまでうたわれるのはどうかという批判は、確かにあると思います」と認めつつ、しかし「儀礼的という点がはっきりしておるならば」と釈明した。

宮内庁では、共同声明で「儀礼訪問」とまで踏み込んで記したことには疑念があったのだろう。だがこの発言を積極的に捉えると、政府主導の外遊問題と理解されてしまう。天皇の外遊をめぐる国会論議は、こうした議論を経て収斂《しゅうれん》していくことがわかるが、象徴天皇の外遊を改めて国会で精査する機会を得たことは皇室外交を検証する意味でも重要なプロセスと考えても良い。

二二日の内閣委員会で、小坂徳三郎総理府総務長官は、天皇の国事行為として、元首のような形になっているが法律的にはそうではないと濁した。また瓜生次長は、構成上の権限はないが、「形の上ではそういうことがわかる」と元首的な役割をやんわりと認めている。

社会党の吉田法晴は、天皇の欧州訪問を取り上げ、そのとき福田外相が同行したことについて、「現職の大臣が随行をするということは、どうであろうか」と、これも憲法に違反するのではないか、政治性の強い人事ではないかと迫った。また「昔の明治憲法下での天皇の地位のような動かし方になるのではないか」と疑念を表した。これに対し小坂総務長官は「ヨーロッパ訪問のことは、純粋に儀礼的なものだと思います」と述べ、福田外相が前回の外遊で随行したのは、日本大使館などが「準備をしている」こと、「万全を期して、御訪問が意味あるようにするという意味」と説明した。「もし、日本の内政における失敗を、天皇御外遊によっておおいかくそうとする意図」があるなら問題であるとまで言及するが、小坂総務長官は「天皇が元首として外に向って行動するという意味ではない」と答えている。元首問題はクローズアップされたが、内と外で使い分けるような話も登場している。

次から次へと質問は続いていた。追及する側は、戦前の教訓、またあまり前例がない外遊だけに、どのような問題にせよあらゆる指摘をしている。政府側も答弁に苦労しているが、政府見解では元首という文言は不透明で突っ込みどころはいくらでもあった。

さらに吉田は、天皇がイギリスを訪問した時、エリザベス女王の晩餐会のスピーチで「二国間には好ましいことばかりではなかったという発言があった」ことを取り上げた。そして、天皇の対外的発言は「イギリスの女王の発言に対する御発言としてもありえたのではなかろうか」、つまり、女王のスピーチに応答するようなスピーチでもよかったのではないかと質問した。女王のスピーチは直前まで日本側も内容はわからず、これは天皇側近たちのミスとも言い切れない。さらに戦時問題に言及すれば政治問題に結びつくことはわかっていたとしても、親善ということならばしかるべき言及があってもよかったということなのだろう。

吉田は、「そういう意味では、国際的に戦争と戦争犯罪に対する反省というものが我々の全体にあるのだろうか」と問いかけた。吉田は、親善友好を拡大するためにも天皇のスピーチについて「宮内庁としても、御説明があってしかるべき問題だと思います」と述べた。

これに対し瓜生次長は、天皇も大戦について「心ならずもああいう戦争となり、非常に心を痛め、残念に思われて」ており、「犠牲者に対しては、今も胸を痛めておられる」ので、「我々も十分に承知いたしし、その点で、我々の仕事においても、遺憾のないようにいたしたいと思っております」と答弁している。また、「(女王の晩餐会では) 明るい思い出ばかりをおっしゃっていた」のでと述べつつ、「(イギリス側と) ちょっと合わなくて、後から考えると批判の余地はあると思います」と、天皇のスピーチに課題を残したことを認めた。天皇のスピーチでは大戦のことは回避しており、晩餐会でのスピーチについて、国会で説明があったことは注目される。

さらに瓜生は、「今の陛下のお立場上、政治的な御発言を避けて、儀礼的であらなくてはいかぬ点もあるのですから、その発言のなさり方は、なかなか難しい点があると思います」と述べている。

宮内庁側も、女王と天皇のスピーチが噛み合わない状況を十分理解していた。しかし、あまりに政治性を帯びるスピーチは問題になる。これも天皇訪米に向けての教訓材料になったと思われるが、昭和天皇の本格的外遊はわずかに二度である。結局は明仁天皇の時代に負の遺産問題は持ち越されることになるが、天皇外遊の記念的スタートは、単に友好親善だけではなく過去の教訓を生かすことも同時に提起されていく。

「共同声明」の発表後すんなりと訪米が実現すれば、国会で論議されることもなかったかもしれないが、日米それぞれに国内政治の問題が生じて外遊までかなりの時間を要したため、結果的に天皇の訪米問題を論議する時間をつくったことになる。政治に関わらないようにしたいとする宮中の思惑が錯綜して、象徴天皇の役割などに注目する野党の格好の攻撃材料になった。

安全保障問題では、社会党の論客大出の追及は止まない。「(アメリカは)治安問題とか、あるいはウォーターゲート事件でたいへんな国内問題を抱えている」にもかかわらず、今実施すれば「都合の悪い時期」と批判する。これでは外務省にまかせておけない、「外務省ペースというのは、政治の分野です」とまで述べている。そこで「宮内庁なり天皇の御意思というものを中心にして、お宅の側から判断しなければいけません」と主張した。宮内庁の側から判断となれば、これはこれで象徴天皇の憲法解釈が問題となる。いずれにせよ、大出は、ウォーターゲート事件の行く末と天皇外遊と外務省と宮内庁の役割について注意を喚起したのである。

石原と同じく青嵐会に所属する中山正暉議員は、政治に関与するような天皇訪米には否定的で、とくにアグニュー副大統領の身辺でも問題が起きていること、ニクソン同様「それこそたいへんな間違い」と自重を促した。

さらに中山は、日米首脳会談での「共同声明」で天皇訪米に触れていたことを追及した。これに対し宇佐美長官は、天皇訪米に関して、アンカレッジの会談でニクソン大統領から「ぜひ、一度公式においでいただきたい」との話があったこと、さらに、その後外務省を通じて「二度か三度ございました」と認めつつ、たび重なる要請で何も返答しないわけにはいかないこと、「情勢が許すなら」訪米の日程を決めたいとの話になった。他方で中山は「陛下もお年でございます。一日も早く実現していただかなくてはならないのではないかと思う」と理解をみせた。

次いで、共産党の東中光雄が質問に立った。共産党は訪米反対の急先鋒である。彼もまたニクソン招待について、天皇が「アメリカを一回みて見たいということで行かれるのだったら」、「支障がない」が、「公式に招待するということになれば、これは明らかに外交ベース」であり、天皇の「個人的な旅行、訪問先についての希望というものとは別の、政治次元での問題になり当然これはなる」と追及した。さらに天皇は「憲法上きめられておる特別の公務員」と述べ、そのような「公務員がそういうことをやる権限があるのか」とも質問している。「特別の公務員」との指摘には驚かされるが、大平外相は「特にしつらえた外交施策というように手の込んだものではありません」と否定するとともに、ニクソンという権力者と象徴天皇の訪問ということで「相互訪問という言葉は避けている」と配慮を述べている。

宇佐美長官は、「象徴としての公的行為というものはいろいろございまして」、「（基準を説明することは）実際問題として非常に難しいと思います」が、「ただ異例であるとか、極めて重要であるとかいう問題は、一々内閣のほうと相談して、ことを決定するものは閣議決定を求めるという形にしているわけで、画然とした規定や内規があるわけではございません」と答えている。また大平外相は、訪米問題が進んでいる場合は、「閣議決定の手順を踏むべきであると思います」と述べ、内外の情勢を見て「慎重に判断する」して国民の祝福と合意に沿えるようにすること、また宮内庁との緊密な連絡を言明した。

その後、ニクソン大統領も田中首相も事件が続き、「そのおかげで上手い具合に来ない」と入江は書いている。祝福ムード、国内コンセンサスを重視する宮中としてはホッとした気分になったのは間違いなかった。

第８章 ✺フォード大統領の来日

１　揺らぐ田中内閣とフォード来日問題

一九七四年八月九日、ウォーターゲート事件が長引き、ついに大統領が史上初の辞任という形でホワイトハウスを後にした。安川大使は、本省にフォード大統領訪日を報告、東郷外務次官は翌一〇日、宇佐美長官、入江侍従長、湯川式部官長と面会、「フォード大統領が日本へきたい」（『入江日記』）との話であった。

ところで田中首相は、七四年九月の中南米・カナダ訪問の途次、急遽アメリカを訪問した。この突然のホワイトハウス訪問は、ニクソン大統領が辞任、フォードが大統領に就任したことによる。まさかの辞任劇に驚いた田中首相は、表敬訪問を兼ねて新大統領フォードに会見したのである。田中首相は、長い間懸案になっていた大統領訪日の実現に「官民をあげて御歓迎申し上げたい」と述べた。この結果、天皇を初めてホワイトハウスに招くという名誉はニクソンからフォードに移ることになる。

天皇は九月五日にフォード来日（一一月一九日から二二日間）を入江から伝えられている。日米両政府は一〇日、フォード大統領の訪日を発表した。天皇が大統領と会談すれば、当然、訪米の要請がある。そこで外務省は「フォード大統領の訪日の際の両陛下御訪米問題に関する対処ぶり」（案）を準備し、要請されたときの天皇の発言に言及している。それは「政府ともよく相談することとしたい」、また「自分としてもかねがね訪米したいと考えているので、これが実現できればうれしく思う」という内容になっていた。

ところが、日本でも政権を揺るがす事件が起きた。『文藝春秋』一九七四年一一月号に立花隆「田中角栄研究―その人脈と金脈」が掲載され、田中首相の金権問題が一挙に噴出したのだ。この問題は『ニューズウィーク』や『ワシントンポスト』にも取り上げられ、田中金脈問題が世界に知られることになった。一〇二二日、丸の内のプレスクラブでの田中首相の講演では、金脈問題に関する質問が続出、内閣支持率は急落した。

さて一〇月二八日、田中首相は当初の予定通りニュージーランド、オーストラリア、ビルマの三ヶ国訪問の旅に出発した。まだ強気の姿勢だった田中は、帰国後に党人事を刷新して事態を乗り切ろうと考えていた。米大統領の初の訪日を実現するという名誉は自らが望む長年の夢だったのだ。

各マスコミも、外遊後に内閣改造が予想されると報じた。田中の退陣を求める声もあがり始めたが、田中はそれを「心外」（『毎日』一〇月七日）と一蹴した。田中派、大平派、中曽根派など主流派は田中を支える気運が強かったが、福田派ら反主流派は田中退陣は不可避とし、福田自身は蔵相を辞任、代って大平が就任。党内ハト派で宇佐美長官の親戚筋の木村俊夫が外相に就任した。

田中金脈問題で政界は一挙に流動的になった。自民党内ではフォード大統領を迎える環境にはないとの声もあがっていた。一方フォード大統領は、良好とはいえなかったニクソン時代の日米関係の緊張の緩和を継続し、さらに訪日後の二三日からウラジオストックでブレジネフとの米ソ首脳会談を予定していた。こうしたこともあって、世界から数多くのマスコミが東京やウラジオストックに向かおうとしていた。米大統領初の訪日は米ソ首脳会談の前にセットされていたが、世界はむしろ米ソ会談への関心が強かった。これでは訪日の意義が薄まる危惧もあった。

一一月一日、政府は正式にフォード大統領を国賓として招くことを決定、訪日スケジュールも発表した。それによると一八日午後に大統領は来日、一九日午前中歓迎式典、続いて天皇・皇后夫妻と会見、夜は宮中晩餐会となった。首脳会談は一九日、二〇日に行うことになった。二〇日は夜に大統領の晩餐会、二一日に特別機で京都へ、京都観覧、都ホテル宿泊。二二日には大阪からソウルへ出発というスケジュールだった。東京から関西まで駆け抜けるような慌しい旅である。

これには米大統領の外遊が日本のみではなく、韓国とソ連という二ヶ国の訪問だったことが大きな理由になる。ウラジオストックでは、ソ連のブレジネフ書記長と戦略核兵器制限交渉の期限延長交渉が行われることになっている。冷戦の真っただ中、世界はむしろこの米ソ会談に注目していた。

日米両国内が落ち着かない状況の一一月五日、アメリカからヘンリー・Ｅ・キャトー国務省儀典長ら先遣隊が来日、外務省側との交渉に入った。アメリカの中間選挙は終了し、民主党は上院と下院で三分の二を超え、フォード大統領（共和党）がたとえ拒否権を行使しても議会で否決されるという事態になった。共和党は苦しい状況になったが、さらにフォード大統領が、ウォーターゲート事件についてニクソンに性急な特赦を与えたのも逆風になっていた。

警視庁はフォード来日に備えて特別委員会を設置、七〇年安保を上回る一〇万人以上の私服、制服警官を動員する体制を組んだ。テロに備えて特別捜査隊を組織、また過激派が集まる羽田空港周辺、蒲田地区、迎賓館周辺などの重点対策に余念はなかった。というのも、ローマで開かれた世界食料会議に出席したキッシンジャーが爆弾事件に巻き込まれそうになったことがあったからだ。警備当局の間では、ヒットした映画「ジャッカルの日」（一九七三年）が話題になっており、ピリピリムードが漂っていた。

他方、大統領来日によって再び天皇訪米がクローズアップされるため、「明日の命も不安な内閣が、将来の天皇訪米云々するとは何事」（『読売』一一月一六日）といった声もあった。政府は世上、金脈問題で揺れ動き、余裕をもってフォード大統領を迎えたわけでもないが、野党にもそれぞれの事情があった。反対運動の中心は社会党と共産党だ。米帝国主義を批判する共産党は反米の一番手だが、社会党は一枚岩ではなかった。党内右派は、党の代表団を訪米させる話もあったため、大統領訪日にあからさまに反対するのも問題としていた。なかでも江田三郎は、仲の良い国々の社会主義ばかりを相手にした「乾杯外交」では「いつまでたっても野党外交」で終わってしまうと現実主義への修正を述べていた。また公明党は、安保反対としながらも日米の相互理解のため大統領訪日には反対しないとの態度を明らかにした。そして民社党は「反対せず」だった。野党共闘どころか、各党ばらばらの対応だった。

社会党は一七日、訪日について大統領に「公開質問状」を提出、そこには日米関係の再検証や、現状では来日を歓迎できないといった内容が記してあった。かつては「来日中止」と主張すれば大衆に一定の共感を呼び起こすことができた。事実、一九六〇年のアイク訪日を中止に追い込んだこともあった。しかし前回とは環境が大きく違っていた。このため「大統領の来日の意義は」と問われると、「セレモニーである」とクールな反応で、社会党の存在意義はますます混迷の度を深めていた。

このような状況のなか、フォード大統領歓迎の熱気はいまひとつ盛り上がらなかった。自民党は後援団体の国民会議を中心に大統領歓迎委員会を設けて、熱烈歓迎の準備にとりかかっていた。一八日の羽田の出迎えは、地元大田区の婦人会や商工会を中心に約一〇〇〇人が動員されることも決まった。一九日の迎賓館や皇居付近では同党婦人部を中心に二五〇〇人を動員する予定だった。二一日夜のホテル・オークラの歓迎レセプションについては、衆参両院議長から全議員に出席（夫人同伴）を呼びかけたが、社会党と共産党は欠席。心配した二階堂幹事長は自民党議員に全員参加の指示を出した。いずれにせよ歓迎ムードはかなり限定的だった。

２　フォード大統領を迎えて

ジェラルド・フォードは、一九一三年にネブラスカ州オハマで生まれ、ミシガン大学を卒業、その後エール大学のロースクールに入学、弁護士資格を取得した。日米開戦後、海軍飛行学校教官を経て軽空母モンテレーに配属された。多くの戦闘に参加したが四四年一二月中旬、乗艦中に巨大な台風に巻き込まれ、命の危険にさらされる経験もしている。

一九四九年から二四年間下院議員を務め、七三年一〇月一〇日、スピロ・アグニュー副大統領の辞任後、副大統領に指名され、七四年八月九日に大統領に就任した。中間選挙で敗北した共和党のフォード大統領が見据えているのは、二年後の七六年の大統領選挙である。訪日と米ソ首脳会談は次の選挙対策で活用すべき外交手段だった。

アンドリュース空軍基地を飛び立った特別機は、七時間半ほどで三年前に天皇とニクソンの会見があったアンカレッジに到着、一〇分足らずのスピーチを終え、わずか四五分ほどの滞在でアンカレッジを出発、羽田に向かった。随行者は、キッシンジャー国務長官、ジェームス・ホジソン駐日大使、ハートマン大統領顧問、ラムズフェルド大統領補佐官、ハビブ国務次官補、スコークロフト中将・国家安全保障問題大統領補佐官代理、キャトー儀典長、ネッセン報道官らである。公式随員は八名、非公式随員が二五名、コックなども含めると約四〇名ほど。同行記者団は一五〇名、これとは別に約一〇〇名の記者が来日する。かくして日米修好通商条約締結から一一六年、米大統領の初訪日となった。それも就任三ヵ月後の外遊だった。

機内でキッシンジャー長官の記者会見があった。彼は「両国のきずなと理解を強化するため」(『読売』一一月一八日夕刊)としつつ、「象徴的な意味と実質的な意味の二つを結合したもの」と述べている。アメリカの政府当局者は、今回の訪日は田中首相を訪問するのではなく「日本政府という当局首脳を訪ねるもの」と説明している。キッシンジャーとしては、政権が揺らぐ田中首相をあまり強調したくなかったようだ。

一方、一七日付『読売』は、「フォード大統領を迎えて」を掲載し、大統領の初訪日は「歴史的」なものだが、今回の訪日環境は「必ずしも好ましいものではない」と指摘し、さらにアメリカンパワーが低迷する中、日米を取り巻く環境が大きく変わりつつあり、長期にわたる友好のために「率直に話し合うこと」を力説している。

日本政府の首席接伴委員は、二年間駐米大使を務めていた牛場信彦前外務次官だった。前年に退官した牛場にとって心残りは長らく課題だった大統領の訪日だった。この人事は彼にとって願ってもないものだった。

一八日、アメリカのテレビ、ラジオのニュースは大統領の訪日をトップニュースで伝えた。夕刊各紙も取り上げ、『ワシントン・イブニングニュース』紙は一面で羽田空港での歓迎を掲載したが、八面では警官隊とデモ隊の衝突を紹介、『ニューヨーク・ポスト』紙は、おりから始まっていた秋闘の統一ストライキを反米闘争と紹介するなど、日本の動きを正確に把握したものとはいえない記事も散見できた。『クリスチャン・サイエンスモニター』紙などは、「米国はもはや日本の保護者ではなく、また日本は米国の生徒でもない」ことを示すものと伝えた。

イギリスでは、『フィナンシャル・タイムス』紙が、大統領の訪日ですでに「日本の勝利」と記し、空前の警備体制は「とるに足らない代価」と紹介、『デイリー・テレグラフ』紙は、「警官の数、歓迎陣を上回る」と皮肉を込めた。

相対的に、大統領訪日に伴う日本国内の厳戒態勢を大きく報道し、関心はむしろ日本の歓迎状況に集まっていた。アメリカはシークレット・サービスに見られるように、警護側がＶＩＰに近接してボディガードのように守るが、日本側は、もちろん近接もあるだろうが、警備が全体に見えるように厳戒ぶりを大衆に見せて抑止力を駆使している。アメリカには異文化の警備体制だったようだ。

午後三時半、エアフォース・ワンが羽田空港の22番スポットに滑り込んだ。牛場とホジソン駐日大使が機内に入って一行を出迎えた。まもなくフォード大統領が機外に顔を出すと、陸上自衛隊の礼砲隊が二一発の礼砲を放ち、大統領はタラップを降りた。そこには安川駐米大使、外務省の内田宏儀典長が出迎え、送迎デッキでは在留アメリカ人や政府・自民党関係者が一行を出迎えた。大統領は直ちにヘリコプターに乗り込み迎賓館に向かい、空港滞在はわずか一〇分ほどだった。初の米大統領訪日のセレモニー、歓迎行事は、実に簡素に終了した。

一九日午前九時半、フォード大統領は迎賓館で天皇の訪問を受けた。フォードは後に、「人生でこれ以上の緊張をこれまで体験したことがない」と述べている。

大統領と天皇がテラスの中央に現れると、ファンファーレが高らかに鳴り、続いて自衛隊中央音楽隊による両国の国歌演奏、大統領は受礼台に進み栄誉礼を受けた。大統領が各界の代表と挨拶を始めると、音楽は「ザ・ビクター」に変わった。この楽曲はスポーツの大会で演奏されるもので、アメリカン・フットボールに親しんだフォードへの配慮でもあった。米通信社は「日出ずる国の第一二四代天皇と第三八代米大統領が歴史的会見」と紹介するほどの注目だった。ロイヤルファミリーとは無縁のアメリカにしては、実に興味深い日本の皇室だったのだろう。大統領は「できるだけ早い時期」に訪米を要請、天皇も「感謝します。事情が許せば訪米したい」(『毎日』一一月二〇日)と答えている。フォード大統領やキッシンジャーも大変喜んでいたようだ。

歓迎式典を終えたフォード大統領は皇居に入り、天皇との会見となった。このとき、大統領は、緊張で足が震えていたといわれている。翌日、帝国ホテルで行われた記者会見で大統領は、「私は陛下の米国御訪問を改めて招請した」と述べた。これで宮内庁が考える相互訪問の前例が整ったといえる。

３「遺憾」を表明した宮中晩餐会

一一月一九日午前一一時半から第一回日米首脳会談が行われた。日本側は田中首相、安川駐米大使、鶴見外務審議官、山崎外務省アメリカ局長、木内首相秘書官、アメリカ側はフォード大統領、キッシンジャー国務長官、ホジソン駐日大使、ハビフ国務次官補が出席した。この日は、アジア情勢の安定問題と日米安保の再確認だった。

田中首相主催の午餐会の席上、大統領は「世界の繁栄のために強固な構造をつくりあげるという仕事は、日米関係がこの目的に向かって強固に協力することを絶対的に必要」と言及した。田中首相は、江戸幕府時代の日米修好条約調印の時、米議会を訪れた日本側の副使が、活発な審議状況に驚き、まるで「魚市場」と記したことを取り上げ、議会制度が根付き、自由と民主主義の「共通の利益の理念によりしっかり結び付けられている」と、アメリカの築いた歴史を賞賛する挨拶を行った。

その後、大統領は皇居へ表敬訪問、天皇・皇后夫妻との会見は予定より六分ほど長くなった。帰途、大統領の車が二重橋に差し掛かったとき、車は突然止まり、大統領が降りてきた。周りはこれに驚いたが、これは実は演出だった。観衆から万歳の声が上がった。大統領は人々に近づいて握手を求め、日本の歓迎ムードをアメリカ国内に知らしめるには絶好の雰囲気だった。

迎賓館に到着した大統領が「こちらの都合で待たせてしまって」と話しかけると、田中首相は「百年以上、お待ちしていたものですからね。うれしいですよ」（『毎日』一一月一九日夕刊）と甲高い声で応えた。

同日午後、政府は天皇の訪米について「適当な時期に御訪米を願うよう取り運ぶ」と発表した。天皇の訪米要請は、今まで「以前からの招待の確認」という形をとっていたが、今回は、元首である大統領が象徴である天皇に対し、口頭で直接申し入れたことが従来と違っていた。

同夜、豊明殿において戦後最大ともいわれる宮中晩餐会が行われた。宴が始まり一時間ほどすると、天皇は立ち上がりスピーチを始めた。それは、ペリー来航から一二〇年もの間の親交に触れ、関東大震災のときに大規模な援助を受けたこと、敗戦後にも莫大な援助を受けたことに感謝を述べ、「いろいろの起伏もありましたが」としながら、「両国間には一時はまことに不幸な時代をもったことは遺憾だった」と述べた。特に戦後復興に援助の手を差し伸べたアメリカへの御礼は、戦前の関東大震災の災害援助から戦後復興への協力まで、天皇が長年抱いてきた気持ちだったようだ（『読売』一一月二〇日）。

他方で、イギリスでの晩餐会のスピーチでは全く触れなかった戦争問題について、「友好的な両国の間には、一時は誠に不幸な時代をもちましたことは遺憾なことでありました」と言及、当時では、天皇の「遺憾」発言は精一杯の表明ということだろうが、宮中晩餐会という公の席で、それも大統領スピーチの前に謝罪を示唆する発言は画期的なことだった。訪欧したときの反省材料が生かされた形だ。しかし、晩餐会の席上で天皇がこういった発言をすると、これが前例になり、以後の晩餐会で天皇がどういった言葉で負の遺産に触れるかが注目されることになる。

異例なことだが、この宮中晩餐会は米ＮＢＣテレビが中継した。アメリカでは七〇〇〇万人が見ているという午前七時の人気番組「Today」で生中継され、出勤前の会社員や主婦が視聴するタイミングになった。

さすがに大統領も緊張していたが、天皇も同様だったようで、国歌演奏の前に天皇が乾杯のグラスに口をつけてしまう一幕もあった。しかし、これがアメリカ人に人間天皇を印象づけることになる。慣例、前例を重んじる宮内庁はテレビ中継には消極的だったが、結果的に天皇訪米の後押しにつながるような演出になった。

二〇日午前一〇時から第二回日米首脳会談が開かれた。二回目は主に国際情勢の分析、「韓国が極めて重要なアジアにおける安定要素である」と指摘し、またアメリカと中国やソ連との関係改善は「世界の緊張緩和を一層進めるもの」（『毎日』一一月二〇日夕刊）と言及した。これはウラジオストックの日ソ首脳会談を想定した内容ともいえる。

実は、このとき木村外相とキッシンジャーとの間に、ラロック発言を受けて両国間の密約について協議があった。後に、三木内閣の宮沢喜一外相は、この問題を明らかにすると国内で反発の声が高まり、米艦船の横須賀、佐世保寄港など米軍の基地利用が困難になるとして、この「暗黙の了解」を続けることに同意している。

さて、フォード大統領は、日本記者クラブの招きに応じて帝国ホテルで「日米パートナーシップ」のテーマで講演を行った。アメリカ大統領が記者クラブの要請に応じて講演するのは稀有なことだ。巧みなレトリックを駆使した名講演というものではないが、日米間の長い歴史に触れながらの真摯な内容だった。まず、「私は長い間、日本の文化の豊かさと多様性、貴国の産業製品、貴国民の創意、創造性、エネルギー、障害の多い世界のなかにあって富源としての価値をもつ貴国民の勇気を称賛してきた」と敬意を表し、妻を同行できなかったことを詫びた。

さらに「我々は冷たい戦争に伴う諸問題の解決には成功を収めたが、これはひとえに我々の協力の賜物である」と述べて、日米同盟の今後の役割の重要性を強調した。また大統領は、人間の成長について、佐久間象山を引き合いに出して「我々は、同じ目標——平和、発展、安定そして繁栄——を共有している」と紹介した。

記者団が驚いたのは、大統領が佐久間の『省諐録《せいけんろく》』の一文を紹介したことだった。これは、佐久間が吉田松陰の密航事件に連座して捕縛され、獄中で海防問題と外国技術導入を記したものである。晩年、佐久間は公武合体と開国論を述べたりしたが京都で暗殺された。その話を大統領はどこで仕入れたか。それは、イギリスの駐日公使館に一九一一年に通訳として入った近代日本の歴史研究家でもあったジョージ・サンソムの書物だった。国務省サイドは「日本の皆さんに挨拶するため特に力を入れた証拠です」とコメントした。このあたり国務省の担当者の勉強と真摯な配慮が伺える。

大統領は最後に、「私はまたもうひとつの栄誉を期待している。きのう天皇陛下をご訪問申し上げたさい、私は陛下のご訪問を改めて要請した。天皇陛下をワシントンにお迎えし、米国のこれまでの偉大な英雄たちの記念塔の背景をなしている優美な日本の桜、その他米国の国家的な聖地や秘宝を陛下にお見せする最初の米国大統領となることは、この上ない喜びである」と述べた。先の大戦に触れず、戦後の冷戦が続くなかで日本の同盟国としての存在を敬意をもって前面に押し出す内容である。フォード大統領訪日の最大の成果は、天皇訪米の確認にあったかもしれない。宮内庁が歓迎したのは、大統領の訪日で「答礼の名分が立つ」ということにあった。

同日、大統領は日本武道館で柔道や相撲を観戦、その後、衆参両院議長主催のパーティーに出席した。さらに日米協会と米日経済協議会共催のレセプションに出席、午後八時過ぎから大統領による返礼の晩餐会が迎賓館で開かれた。

天皇も大統領も平服というリラックスした会食だった。メインテーブルの横に天皇と大統領が立つと、米第五空軍軍楽隊が両国国歌を演奏した。フランクな会食だが、メモを手にした大統領は、咸臨丸でアメリカを訪れた外交使節に思いを馳せて相互信頼の重要性を述べ、天皇もこれを受けて、米大統領の訪日は長い歴史の中で「特筆すべき出来事」と祝意を示した。

同日、「共同声明」が発表され、キッシンジャーがプレスセンターで会見した。まずは互恵的な関係を推進すること、「日米協調の新時代を告げる画期的なもの」と述べて両国の蜜月を強調した。二つのニクソン・ショックで危うい関係になっていた両国の状況を修復するような持ち上げぶりだった。今回は天皇訪米について記述はなかった。政府も配慮していたようだ。

ようやく天皇訪米の議論に終止符を打つことになる大統領の訪日でもあった。

一一月二六日のことだが、黒田瑞夫御用掛が御進講でフォード大統領の来日は「大成功だった」ことを話し、また入江侍従長は「(天皇に)キッシンジャーが全く変わったことを申上げる」(『入江日記』)と記した。何気ない記述だが、キッシンジャーの態度が変わったと記しているのは興味深い。元々、日本に対し非常に偏見をもっていてホワイトハウス内や各国首脳会談で日本に対して皮肉めいた発言をしていたが、フォード政権での彼の発言には変化があった。大統領の訪日前、キッシンジャーは天皇との会見を非常に喜んでいたという話もあったし、キッシンジャー自身が、大統領が天皇の訪米を再要請することを確認することなど細かい配慮を示すなど国務長官として、ギクシャクしていた日米関係を再構築する方策として皇室との交流に重きを置いていたかもしれない。根本の対日認識は別として、宮中関係者にもわかるようなキッシンジャーの機嫌のよさだった。

二一日、フォード大統領を見送るため天皇が迎賓館を訪れた。バージニア州の花であるハナミズキを植樹、大統領は「アメリカ国民も陛下のお出でをお待ちしています」と述べた。天皇は「私もアメリカでお会いしたい」と返答して、二人の会話は終了した。

フォード大統領は、訪日が日米友好を示す象徴的なことであること、そしてエネルギー問題については日米協調を確認したことを述べて迎賓館を後にした。

その後、フォード大統領は羽田から特別機に搭乗、大阪国際空港へ降り立ち京都へ入った。京都御所に入った大統領は、建物について矢継ぎ早に質問した。続いて二条城を見学、靴を脱いで観覧したが、「うぐいす張り」に関心を示し、通訳の案内で傘を差して邸内を散策し、茶室でしばし休息の後、午後三時半近くに金閣寺に到着した。同夜、料亭「つる家」で、牛場首席接伴委員主催の晩餐会が開かれた。ここには舞妓が席を共にしている。これが来日して初めての和食だった。

こうして全日程が無事に終了した。フォード大統領は、「同盟関係」、「恒久的な友好国」といった言葉を多用して日本重視を改めて強調して離日した。

天皇は、大統領訪日の成果について心配していたことが『入江日記』からわかる。二九日、木村外相や内田儀典長から「好結果」を聞いた入江が天皇に言上すると、「泣いておよろこび」で、感情にあふれた天皇の「この姿を見て始めてのこと」と記している。

昭和天皇の側近の史料で、天皇が側近の前で涙を流す状況を記す場面はそうはない。大正一〇年の皇太子外遊時代から半世紀、宿願の大統領訪日を実現したという安堵感と戦後の復興に力を貸したアメリカへの感謝を示したいとする気持ちが天皇の涙腺を緩くしてしまったのかもしれない。

また大統領の訪日は、天皇の訪米をクローズアップさせることになった。その後「日本から天皇がやってくる」との話がアメリカ国内で話題になっていく。

一二月三日、木村外相は、参内、拝謁してフォード大統領やキッシンジャーについて報告、四日の外務委員会で木村外相は天皇訪米問題について、「当然、内閣が今後は責任をもってこれを進める」と発言している。同時に「宮中の御都合もございましょうし」と配慮を述べていた。しかし一週間後に田中内閣は総辞職し、天皇訪米問題は次の内閣に引き継がれることになった。

4　三木武夫首相の登場と訪米準備始まる

一九七四年一二月九日、三木武夫内閣が誕生した。自民党内の政争の結果、いわゆる椎名裁定という政治力学で生まれた政権だった。三木首相が参内する前に天皇は、「木村外相留任ならいいが、代わるとなると訪米のことで狂いが生じても困る。そのことを三木に言っても構わんだろうか」と入江に話しかけた。外遊に協力的な木村前外相が気に入っていたようだ。驚いた入江は「その問題は長官が適当にしますから、お触れにならぬように」と述べた。閣僚人事に天皇が関与できるはずもないし、なにより象徴天皇を逸脱するような口ぶりだった。アメリカとの約束を果たしたいがゆえの発言だろう。

こういう情報はなかなか国民には伝わってこないが、戦後二〇年、君主意識がまだ抜け切っていないとも理解できる。だからこそ宇佐美長官や入江も、天皇の発言には常に気配りしていたのだろう。

三木内閣は清潔、クリーンといったイメージがあった。だが、三木派は自民党でも少数派閥、強いリーダーシップを発揮できるような政権でもなく、政治資金規正法、独禁法などの問題にチャレンジしたが、いずれも不十分な成果に終わった。三木内閣が後世に残したのは、七六年二月にロッキード事件が発生して七月に田中角栄を逮捕したこと、そして、西側の一員として先進国会議に参加するようになったこと、最後に天皇・皇后夫妻の訪米を実現した政権だったことだろう。

一九七五年一月一四日、三木首相は参内、天皇に「世界中のことをすべて申し上げた……御上の御苦心、昭和五十年の重みといふようなことから申しあげ」(『入江日記』)たという。この文脈から推察するに、一九七五年という戦後三〇年の節目に訪米する意義を三木首相は言上したのだろう。

しかし、なかなか外遊話は進まなかった。二月八日、天皇は入江を呼び、フォード大統領からの書簡に御訪米を待つと記してあると話して状況を聞いている。天皇はアメリカに返事を出していないことに懸念を示したが、入江は「仰々しくお触れにならないほうがいい」と言上している。外遊問題で天皇が積極的に発言することを回避したいのは当然だったが、天皇は進展しない訪米に焦りを感じていたのかもしれない。

二二日、東郷外務次官がホジソン大使と面会した。天皇・皇后夫妻の訪米について、ワシントンでは一〇月一日・二日、あるいは三日・四日の日程で、ニューヨーク、シカゴ、サンフランシスコ、ロサンゼルスなどを回り全体で二週間の旅程と提示した。

宇佐見長官は、一〇月の政治日程はないため宮内庁としても「今度の時期が適当」(『入江日記』)と判断していた。かくして二月二七日、日米両政府は、天皇・皇后夫妻の訪米を発表、三木首相は参内して天皇に「アメリカのこと」を言上、二八日には閣議決定した。同日、井出一太郎官房長官は記者会見し、天皇・皇后夫妻の訪米を発表した。日米の「友好親善関係の上で誠に意義深い」と三木首相談話を発表した。

ところが、再び社会党や共産党から政治利用との追及が始まった。『朝日』（二月二八日夕刊）は、天皇訪米実現は、日米両国の政権の「もたらす政治的効果」を読み込んで「仕立て上げた感じも否定できない」と批判的だった。また国連訪問にも野党やマスコミの中には反発する声もあったが、今回は「陛下が政治に関与されないとの立場」という理解で反発も強くなかった。

三月二日、安川大使は本省に「広報方針」を送り、天皇の素顔を伝える広報活動についてアドバイスしている。すなわち、天皇の国事行為をわかりやすく説明すること、天皇・皇后夫妻の日常生活の紹介、とくに国民との接し方、家庭での生活を紹介する、さらに慈善活動や趣味の科学研究や美術などのへの造詣を紹介することなどを伝えて米国民の天皇への敬愛の念を高めることを強調している。菊のカーテンに覆われていると理解する米国民に普段着の天皇を紹介することを念頭においていたのはいうまでもない。

問題は、まず避けられないであろう先の大戦の話題だった。当然否定的な反応があるため対策が必要であること、さらに、状況に応じて反論を準備することも必要と述べている。前回の天皇の欧州旅行、そして安川大使の報告もあり、後述するような天皇の戦争責任に関する擬問擬答集なるものが作成されている。

三月一二日、宮内庁は御訪米準備委員会を組織した。ようやく本格的な調整が始まった一九日、宇佐美長官は一〇月一日から約二週間、天皇・皇后夫妻がアメリカを訪問するため日米間で交渉が始まっていることを明らかにした。政府も二〇日に、正式に閣議で天皇・皇后夫妻の訪米を決定した。

四月九日の第二回委員会では、欧州旅行の教訓から報道関係者との打合せの件が再び話題になった。訪欧の時は在日の外国人記者だったが、今回は米マスコミの支局長などとのインタビューを含めて規模は大きくなった。

一方、安川大使は、日本をよく知る学者に意見を聞いている。エドウィン・O・ライシャワー（ハーバート大学）、ジョン・W・ホール（イエール大学）、ロバート・E・ウォード（スタンフォード大学）の三人の知日派だ。

彼らがまず指摘したのは真珠湾攻撃問題だった。このあたりは舟橋正真氏の『皇室外交と象徴天皇制』に詳しい。天皇がハワイを訪問してアリゾナ記念館で戦没者に献花すれば「非常に好意的な姿勢」と理解されることや、晩餐会でのスピーチで戦争のことに、曖昧にではなく、はっきり、あっさりと言及すべきと彼らはアドバイスした。アメリカ人の心情を汲んだアドバイスだったが、とかく神秘とされる天皇の素顔をどのように紹介するかは難しい問題だった。

報道関係者の活用はかねてから宮中は苦手としている。一番の方法は米国人に馴染みやすいテレビや写真で動向を伝えること、それにはウィリアムズバーグのようなアメリカの歴史的場所を訪問するのがよいとアドバイスしている。今回はこうしたアメリカ人の気質をうまく活用することで、アメリカ人に残る「わだかまり」を解消する手立てになると分析している。とはいえ「わだかまり」が完全に氷解するとは思えないが、皇室や日本への理解が深まる可視化の方策としては有効と考えていた。

四月一二日、訪米した宮沢喜一外相はキッシンジャー国務長官と会見した。安保問題が中心だったが、秋に予定されている天皇・皇后夫妻の訪米についてキッシンジャーから歓迎の言葉があった。同日、宮沢外相は当初予定にはなかったフォード大統領と会見を果たした。席上、宮沢外相は、フォード大統領の昨年の訪日を謝し、この秋の天皇・皇后夫妻の訪米を楽しみにしているとのメッセージを伝えた。

ところで近年、天皇の沖縄訪問について新たな資料が確認されている。それは沖縄県知事だった屋良朝苗の「日記」である。現在、沖縄県公文書館に写しが公開されている。

天皇は、アメリカ訪問の前に沖縄訪問を希望していたことは知られている。だが戦後二〇年、返還されたとはいえ、激戦地沖縄は天皇の訪問を歓迎する空気にはほど遠かった。それに過激派グループが動いていた。名代となったのは明仁皇太子夫妻だった。明仁皇太子が沖縄国際海洋博覧会の名誉総裁として沖縄に向かう前の四月一五日に屋良県知事は上京、翌一六日午前一一時に宇佐美長官と会見した。この席で宇佐美は「天皇陛下から『私はどうするのだ。アメリカに行く前に（沖縄に）行けないか』との御下問があって困った」と言ったと屋良は「日記」に書いている。天皇は、沖縄に行きたかったのである。訪米前に沖縄問題に一区切りつけたかったのだろう。

海洋博の開会式に出席するために沖縄を訪問した皇太子夫妻は七月一七日、ひめゆりの塔に献花した。そのときだった。潜んでいた二人の新左翼活動家に火炎瓶を投げつけられた。当時の活動家の動きをみれば、もし天皇がやって来たならばどんな危険に遭遇したかわからない。

さて、天皇・皇后夫妻の訪米が現実味を帯びるなか、外務省は「天皇・皇后両陛下の御訪米準備の主要問題点」（四月二一日）をまとめている。欧州訪問の経験から、外務省は「積極広報」を考え、対策は入念に行われることになった。たとえば、無数の地方の米紙が天皇を「オリエントの帝王」などと「事実歪曲、誤謬に満ちた記事等が掲載されることはある程度覚悟する必要がある」と注意喚起した。また「米国人はパールハーバーを忘れていない。陛下の戦争責任について議論を呼ぶことは確実」との危惧も示した。

また、新聞などで戦争責任や「(開戦は)天皇の意思によってなされたか」などと投書があった場合に「反論できるように」ということで、政治学者で防衛大学校長だった猪木正道に大戦問題に関して説明資料の作成を依頼している。せっかくの天皇訪米で、過去の負の遺産をマスコミなどで再燃されて騒動になることは回避する必要があったからだ。

説明資料によると、天皇は大正時代に「プロイセン型の立憲君主制から英国君主に近いもの」になり、終戦時の天皇の決断は「唯一の例外」であり、天皇は「君臨すれども統治せず」というイギリス型のスタイルを堅持してきたというのが天皇の立場であること、また統帥権については、天皇は大元帥ではあるが陸海軍の統帥部長が責任を持っており、天皇には責任がないということ、さらに、陸軍の影響力の拡大、政党の消滅、重臣たちの影響力が減少するなか、天皇は内大臣や重臣とともに憲法を守ったということ、また開戦の責任もないという説明だった。他にも説明文は続くが、基本的に「立憲君主」の天皇の責任について、アドルフ・ヒトラーと「根本的な違い」があったというものだった。

日本側の対策は、こうした戦争問題の対応に集中した。それだけに現在の天皇の素顔をどのように紹介するか、またどこを訪問するか、いかなるパフォーマンスを見せるか、いかなる「お言葉」を晩餐会でスピーチするのか、課題は絞られていくことになる。

天皇訪米が近づく中、六月一八日、キッシンジャー国務長官がニューヨークのジャパン・ソサイアティで講演している。キッシンジャーは、アメリカの一〇〇年に及ぶアジア地域へのコミットメントに言及、「アジアの文化と理念は米国の知識層の生活に重要な影響を与えた」が、このことは「人類の抱く願望が如何に普遍的なものであるかを示すもの」と、アメリカとアジアの日本との関係の親交を強調した。

このあたりはキッシンジャーお得意の弁舌である。最後に日本の「平和への貢献はユニーク」と指摘し、大国に当然な軍事的属性を持つことを放棄し経済的発展で比類なき発展を遂げたと称えた。さらに「両国ほどに現代の最良と最悪の事態を直接、かつ広く体験してきた例も見られない」としつつも、「我々は天皇陛下の御訪米を心待ちにしている。陛下の御訪米は日米関係に一層の威厳と強さを与えるものと思う」とスピーチした。かつての日本への痛烈な皮肉は、本音はともかく影を潜めたのは間違いない。

三木首相は八月二日に羽田を出発、四日にワシントンに入った。五日から首脳会談は始まったが、ここで問題となったのは、日本赤軍がアメリカ大使館やスウェーデン大使館を襲撃したクアラルンプール事件への善後策だった。ホワイトハウスは三木首相から天皇訪米のプランについて確認したと思われる。

第9章 ✺昭和天皇の訪米

1 外国人記者との会見

一九七五年五月七日、エリザベス女王夫妻が初めて日本を訪問した。国民は熱狂的に迎え、都心でのパレードには何十万人もの人々が集まった。天皇が訪欧した時の晩餐会では先の大戦について女王は触れたが、東京での晩餐会で天皇は、明治維新以来両国の友好関係を力説し、先の大戦については「友好親善の関係は、その後、時代の変遷に伴い大きな試練を経ました」とスピーチした。

このときの女王のスピーチは実にひかえめで、わずかに「試練」の言葉が目立った。女王は、ロンドンでは触れたが東京では「負の遺産」に大きく踏み込むことはなかった。女王側も配慮したのかもしれない。といっても、イギリス側のわだかまりは解消したわけではない。これが先送りだったことは、その後の明仁天皇のイギリスへの公式訪問で判明する。

天皇の訪米について、前回の訪欧と決定的に違うのは、外遊前に外国人記者を相手に取材を何度も行っていることだろう。これは日本のマスコミ側からすれば逆差別のように思えた。前回、欧州各紙に思いもよらない記事が掲載されたことを宮中や外務当局は危惧し、訪米による米メディアの対応を懸念していたようだ。いうまでもなく、日米戦の相手国だけに厳しい批判があると想定していた。

このとき中心的な役割を果たしたのが藤井宏昭北米第一課長だった。彼は訪米時の天皇の数多くの「お言葉」を起案したが、ハイライトは晩餐会の「お言葉」だった。先遣隊より先んじて訪米し、訪問予定地を回り、先々で駐在している外交官やマスコミ人と会い、念入りに情報収集していた。これについては藤井の回想録『国際社会において、名誉ある地位を占めたいと思ふ』で外務省内の動きを詳らかにしている。これによると、アメリカ側は天皇の訪問地について、日本側の決定に委ねたという。かなり日本側に配慮したようだ。

五月二七日、三木首相は東郷茂徳外務次官を呼び、ゆとりの日程を組むように指示、六月二日、第三回御訪米準備委員会で三木首相の要請が紹介されている。そこでは一〇月一日の出発が九月三〇日になっている。

六月一八日、衆議院内閣委員会において再び元首問題が取り上げられた。社会党の受田新吉が、「(天皇の訪米は)アメリカから見れば日本の元首が訪問されるという形になりますか」と質問したのだ。三木首相は「外国からみればそういう形だ」が、「(象徴天皇としての)地位に基づいてアメリカはお迎えする」と答弁した。米政府は象徴天皇を元首と解釈しているという答弁で天皇の位置づけを確認しようとしているとも理解できる。

委員会では、天皇は「対外的には元首であるか」との質問があったが、「現在の憲法の元でも元首といってもいいのではないかという考え方もある」、当然「定義の問題いかんに」よるとの会話がある。在日外国人記者や海外での質問に、元首の想定問題で、これが回答の基本になる。こうした内外の動きを見ながら繰り返す国会答弁で、象徴天皇は実質元首という解釈が大勢を占めていくようだ。

七月七日、入江侍従長は天皇に拝謁、訪米日程について報告している。さらに、三木首相が参内、訪米について報告、宮中幹部と正式発表の打合せを行った。

天皇・皇后夫妻の訪米は八月一四日、閣議で正式に決定した。また外務省の御訪米準備委員会では、今までの研究成果を「擬問擬答集」にまとめた（八月二三日）。これは、①御日程、②法的諸問題、に分かれ、訪米の際に想定される諸問題への回答を準備したものだ。一読すると、天皇・皇后夫妻が広くアメリカの各分野を視察できること、また人柄がにじみ出て親しく国民と接する機会があるような訪問になること、アーリントン墓地への献花はワシントンを訪れた賓客の多くが行う慣例であること、アメリカの国民的スポーツたるアメリカン・フットボールを大統領と観戦すること、国連本部への儀礼訪問などをスケジュールに組み込むことでまとめられた。

フットボールについては、フォード大統領来日の時、天皇と野球やアメフトの会話があったことでスケジュールに組み込まれることになったようだ。国連訪問については、前回の訪米論議の時に政治・外交問題に抵触するとの話があったが、今回は、会議の傍聴ではなく事務総長への儀礼訪問となるため政治問題にはならないとの判断だった。

一方、慰霊施設への立ち寄りについては当然議論の対象になった。それがアリゾナ記念館、大戦の戦没者が眠るパンチボール、アーリントン墓地だった。今回の訪米は天皇の人柄を知ってもらうこと、政治とは距離を置く象徴天皇をアメリカ人に紹介するが目的でもあり、注目されるアリゾナ記念館は回避したいという思惑が政府内にはあった。パンチボールも同じハワイにあるためこれも訪問リストには加えなかった。世界の要人が訪米したとき献花するのはアーリントン墓地であり、これは踏襲する形になった。戦争の負の部分をできるだけ表に出さないように腐心しているのがわかる。訪欧の教訓は生かされている。

さて、特に注目されるのは晩餐会での天皇のスピーチ「お言葉」だった。アメリカの知日派の教授連も「お言葉」の意義を指摘していた。そこで外務省は五月二一日、駐米日本大使館や各領事館に対し、アメリカでの晩餐会や各地の市長が開催するランチや催し物で天皇がどのようなスピーチをするべきか意見を集めている。六月二〇日には安川大使も本国に意見を送った。

これらを集めて外務省や宮内庁が検討を進めた。『入江日記』によると、「お言葉」についていくつかの案が上がっていたようだが、天皇も自身の意見を言ったようだ。藤井の回想では、原案は訪米一ヶ月前に藤井北米一課長などが中心に作成して本省に上げ、官邸と協議し、さらに官邸は宮内庁と協議して決めた。さらに三木首相、福田首席随員、宮沢外相、宇佐美長官などの「意見が微妙に違う」という指摘を受けて、藤山大使が仲介して調整したという。このときは最後に三木首相が原稿に手を入れた。これを読んだ宇佐見長官は「偉大な米国、偉大な米市民、戦後復興に関する感謝」というのは政治家の文面のようで、アメリカへの敬意が強すぎるとして修正、宮中風に「深く悲しみとする」という奥深い言葉で負の遺産を表現することになった。

興味深い逸話が残っている。藤井は、晩餐会での「お言葉」について、日比谷高校時代の同窓生、作家江藤淳にホテルで会ってこれを見せて意見を求めたというのだ。門外不出というべき「お言葉」の原文を外部に漏らすのは重大で機密性からみても前代未聞というべきだろうが、互いに文学少年だった二人の間には扱いについて議論はなかったようだ。江藤は、原文を謹んで一読し、「寛容と善意」の後に「と」という一語を入れることを勧めた。藤井は、その後、入江侍従長にこのことを話したが「いけませんねぇー」の一言で終わった。相手が江藤淳と知って大目に見たかもしれない。「お言葉」に江藤淳の一文字が盛り込まれるなど、正式なメンバーではないだけに実に興味深いエピソードだ。

九月三日、天皇・皇后夫妻は石橋の間において宮内庁記者団と会見した。戦後三〇年の旅行を聞かれて、「一番と言えば、終戦まもなく国民に対して激励しながら各地を巡遊したことが思い出です」と述べている。人間宣言をして各地を巡幸し熱烈に歓迎されたことが強く印象に残っているようだった。また訪米について「この機会が到来したことを喜んでいます」と述べている。しかし宮内庁記者だけに、戦争問題について突っ込んだ質問はなかった。

宮内庁は、前回の天皇訪欧の教訓に鑑み、外国のマスコミにベールに包まれた天皇を紹介することに前向きだった。しかし、外国記者団は甘くはない。あえてタブーとされてきた質問をしてくるのは予想される。さらに関係者が心配していたことは、訪米期間中、天皇のスピーチは約二〇回もあることだった。前年一一月のフォード大統領の訪日では、天皇は「両国間に一時は誠に不幸な時代をもったことは遺憾だった」と述べているが、これは東京でのスピーチだ。だが、訪米すればさらに突っ込んだスピーチを期待されるのは当然である。藤井課長はかなり頭を悩ましたことだろう。

九月五日、閣議で訪米の随員が確定した。首席随員は福田副総理、宇佐美宮内庁長官、入江侍従長など、多くが宮内庁や外務省から選出された。欧州訪問ではスタッフは三四人、今回は三七人と多少増えている。イタリア大使に就任するはずだった藤山楢一大使が広報担当で、また警備担当は警察庁警備局参事官の中村安雄になった。藤山は、外務省入省後、駆け出しだったが外交官補としてワシントンの大使館に勤務していた。彼は戦後、最後通告遅延問題で本省から批判される大使館側にあった人物だ。ともあれマスコミ・警備対策から多少の増員になったと思われる。

九月七日、早くも『ワシントン・ポスト』紙が、天皇・皇后夫妻のカラー写真を掲載、人間宣言した天皇、国民の天皇への親近感、半世紀ぶりのセンチメンタル・ジャーニーの一貫などアメリカ人が関心を呼びおこす記事を大々的に掲載した。

九月一六日、日米開戦のとき真珠湾攻撃で生き残った「パールハーバー生存者協会」は、天皇の訪米についての見解を表明した。すなわち批判的な行動は行わないこと、また「歓迎決議を全国レベルで採択するようにニューヨークの本部に申し入れる」というものだ。アメリカ人の中には、日米開戦時に騙まし討ちにあったという理解があるため強い反発が予想された。だが、軍人組織が歓迎の声を上げてくれることは幸いだった。アメリカでは開戦問題などで過激な反発は大きくなく、オランダやイギリスで体験した反対運動は今回は実にひかえめなものだった。

天皇訪米への関心が高まる中、宮内庁には取材の申し込みが殺到していた。公平性を重視する宮内庁も米メディアのどれか一つに対処するわけにはいかない。そこへ『ニューズウィーク』紙のエドウィン・クリッシャー東京支局長の熱心なアプローチがあった。クリッシャーは、数々の政治家や著名人にインタビューしていたが、さすがに天皇との会見は簡単ではなかった。

話を聞いた福田副総理は、『ニューズウィーク』『タイム』など新聞社との合同インタビューを提案した。だがクリッシャーは、他の日刊紙は毎日の発刊だが、『ニューズウィーク』紙は週一回の発行だけに速報性で劣るので合同インタビューは難しいと乗り気ではなかった。さらにまた宮沢喜一外相は、インタビューに「反対している官僚はいるか」と尋ねられ、外務省の黒田瑞夫情報文化局長が反対していると答えた。この件で人事異動があったとは断言できないが、クリッシャーはその後、文化局長が更迭になったと述懐している。

ともあれ自民党政治家に仲介を依頼する中、九月前半にクリッシャーのインタビューは決まった(『ニューズウィーク日本版』二〇〇六年二月)。米人記者の合同記者会見は翌週の月曜となった。クリッシャーは、天皇とのツーショットの写真撮影を要望したが、宮内庁側から「それは国家元首だけ」と断られた。それではこのインタビューの証拠にはならないと、クリッシャーは内田宏儀典長に交渉し、皇室専属のカメラマンが撮影することで解決した。

この間、スポークスマンとなる藤山楢一大使から物言いがあった。海外のマスコミの攻勢を心配したのだ。藤山は「これはえらいことです」と驚きを隠さず、「全部来ますよ。とても収拾がつかなくなる」と、米マスコミからの取材を止めようとしたほどだった。だが宇佐美長官は「君が来る前に決まっているんだ」といわれて諦めるほかはなく、準備に取り掛かることになった。宇佐見長官は事前に記者から質問の概要を聞き、天皇には宮内庁側が回答を準備すると提案したが、天皇はこれを制止、自分で答えると返事している。用意された回答ではなく、自身の本音を多少なりとも伝えたかったようだ。

まず第一回は三大ネットワークの一つNBCだった。九月四日に一〇個の質問を提出、八日に全米に放送するため録画撮りの計画だった。インタビュアーはエドウィン・ニューマン記者、事前に宮内庁側は「原子爆弾」の言葉を使わないことを要請するなど、関係者は質問と回答を念入りにチェックしていた。七日には天皇は、安楽定信侍従を呼び、質問に対する回答について検討、筆記させるなどしたが、夜まで三度も推敲している。内容の確認を依頼された入江は宇佐美長官と協議、天皇に報告した。天皇の入念な作業に宇佐美長官が「お手伝いしましょうか」と向けると「私の考えでやるからいい」(『側近通訳二十五年』)と答えている。

八日、ニューマンの取材を受けた天皇だったが、五つの質問があった。その中で二問ほどが戦争関係だった。特にポツダム宣言の受諾について一番関心があったようだ。聖断については、内閣より要請があったということ、立憲君主の姿勢を強調し、戦前から憲法を順守していると回答した。

次は『ニューズウィーク』だった。当初、藤山大使が回答文の原案を用意、一七日、宇佐美長官や入江侍従長など宮内庁幹部が集まり打ち合わせた。側近たちは、天皇が「いい加減な答え」では満足されないとして「天皇にお任せするしかない」と最後は匙を投げた形になったようだ。天皇もどのように話すか熟慮していたためあまり深く眠れず何度も夜中に起きていたようだ。

九月二〇日土曜日午前一一時前、『ニューズウィーク』のクリッシャーは、インタビューのため皇居に行き、藤山大使に案内されて石橋の間に入った。ソニー製の小型テープレコーダーを置いて一度退室、再び部屋に入ると、入江侍従長、湯川式部官長、通訳の真崎秀樹の三人がいた。天皇が入室すると、クリッシャーは歩み出て、アメリカ人らしくとっさに手を伸ばして握手、高揚して「こんなに興奮しているのは生まれて初めてです」と述べると、天皇はにこりと笑ったという。ここから三〇分ほどのインタビューが始まった。質問に対して天皇はメモをもたず、側近のアドバイスを求めることもなかった。

主だったものを紹介すると、まず冒頭に「陛下はなぜアメリカ訪問を希望されるのか」と質問した。天皇は大統領からの訪問要請があること、またアメリカ人は「はっきりとした主張をします」が、「サッパリしてした人たち」で「非常に親しみやすい」と加えている。次に、皇室の伝統が「二〇〇〇年にわたって存続した理由は?」との質問には、「皇室が国民の安寧を第一に考えていた」からと答え、「戦前と戦後の役割」と聞かれると、「変わっておらず」、また「常に憲法に則って行動してきた」と答えた。

さらに戦前・戦後と政治指導者と天皇は頻繁に会い、かなりの「影響力をもっていた」と思われるが、「彼らに対してある程度の影響力をもっているとお考えか」との質問には、影響力があったかなかったかは「第三者の判断に委ねなければなりません」と慎重に言葉を選びながら答えている。戦争終結について重要な役割を果たしたのかとの質問には、「戦争終結は私自身が決断しました。首相が閣内の合意を取れず私の意見を求めたからです」と答えた。では開戦ではと問われると、「様々な決定は閣議でなされており、私は、その決定を覆すことは出来ませんでした」と答えている。憲法に従って動いたことは質問の返答に入っている。

生涯でうれしかったことについて問われると、天皇は皇太子時代の欧州訪問をあげ、心が痛んだことは「なんといっても戦争」と答えた。もっと「開かれた皇室になるお考えか」との質問には、「常に望んでいます」と述べながらも「容易ではありません」とも返答している。テレビドラマの「コロンボ」の話も登場した。さらに誰から一番の影響を受けたかについては、「祖父である明治天皇をあげます」と答えている。また皇室が二千年もの間、存続してきた背景についての質問には、「常に国民の安寧を第一に考えてきたから」と返答している。

すべてのインタビュー内容は紹介できないが、天皇の言葉には憲法に従ってきたことなど慎重に言葉を選び、といっても日本人記者より率直に質問するクリッシャーに精一杯の返答をしている。前回の外遊の教訓から、宮内庁は天皇と記者の会見の場を何度も設けたが、アメリカ国民に事前に天皇の情報を提供する対応は、まずまず成功したのだろう。三〇分ほどの会見で天皇の真意をどこまで引き出せたかはわからない。大戦中のドイツでは強烈な個性を見せたヒトラーの印象が強い。天皇についても同様に想像していた人も少なくないだろう。だが会見をしてみると、クリッシャーは、天皇が「非常に謙虚で控め」で、また「紳士」という表現で感想をまとめている。初の会見で改めて真実の天皇像に迫ったのかもしれない。

次の会見は九月二二日、在京外国人の記者団だった。同日午後三時から皇居の石橋の間で記者会見は始まった。在京外国人記者は三一名が集まった。『ワシントン・ポスト』紙、『ニューヨーク・タイムズ』紙、ＵＰＩ、ＡＰ、ロイターなど三一名の特派員が集まり、約三〇分ほどの会見があった。質問内容は、前回の外国人記者と似たものだった。まず最初の質問は、訪米で「何を成し遂げようとお思いですか」だった。天皇は、両国間の友好関係の強化と「日本人の理解が深まること」を述べた。次に、フォード大統領襲撃事件もあり、テロへの問題を尋ねると、天皇はアメリカの警備を信頼していると答えた。

また『天皇の陰謀』という本への感想を求められたり、在位中の最高の思い出を聞かれると、数年前の訪欧をあげ、また引き続き東京オリンピックと大阪万博の体験を話している。さらに、退位についても質問があり、天皇は憲法などには条文もなく「考えたこともない」と答えている。「軍事大国に復活する可能性」を問われると、天皇は憲法が「軍事大国になることを認めていない」と発言している。さらに一九三〇年代や戦争突入の頃についての質問があったが、「関係した多くの人が存命中」で、何かを言えば「当時の軍部指導者を批判することになるでしょう。私はそうしたくはありません」とやんわりと回答を回避した。

戦争問題などは核心に迫りきれなかったものの、外国人記者団への事前の記者会見は、まずは無難に乗り越えた。

こうなると他の米マスコミは色めきだった。二五日はCBC、二六日ABC、『タイム』『ライフ』というように立て続けに取材が続いた。欧州訪問前ではなかったことだ。しかし、一度取材を許可すると、前例を引き合いに出して米マスコミは殺到した。宮内庁としては、天皇の人柄を理解してもらう広報活動の一環であっただろうが、皮肉にも取材の門戸開放という形になった。とはいうものの、取材内容には制限があり、天皇の回答にさらに突っ込んで質問できる状況ではなく、フラストレーションは残っただろうことは確かだ。

準備が進む中でアメリカでは思わぬ事件が発生した。九月二二日サンフランシスコでフォード大統領がセント・フランシス・ホテルのロビーから玄関に現れたところ、中年女性が拳銃で大統領を銃撃したのである。実は五日にもサクラメントでも類似した事件が発生していた。大統領銃撃事件は天皇訪米を控えての事件だけに、日本側に衝撃を与えた。まもなく訪米する天皇・皇后夫妻の警備にさらなる準備が要求されることになる。

2 内外の反応

前回の天皇訪欧でPR不足を認識した政府は、大物の大使クラスで外遊先で皇室をPRする人材を探していた。藤山楢一がその任となった。次に皇后の通訳は須山節子となった。父親はドイツ大使、外務次官などを歴任、またかつてIOC委員として東京オリンピック招致で尽力した外交官の永井松三である。彼女は幼い頃はロンドンで三年半暮らしていた。津田塾大学在学中から語学に親しみ、仏、英語に精通していた。正式な肩書きは宮内庁御用掛である。

天皇訪米に、特に米政府内の事情については『皇室外交と象徴天皇制』を参照されたいが、注目したいのは、駐日大使を経て国務副長官の任にあったロバート・S・インガソルの動きだろう。インガソル副国務長官は九月二五日、天皇訪米を成功させるため「非常に儀礼的で厳格な非政治的なマナー」を示すことや、対日関係が重要と日本側に認識させるような大統領の「個人的ジェスチャー」を示すことを大統領にアドバイスしている。日本を知るインガソルは、日本人目線で天皇を迎えることの重要性も訴えていた。まさに適役だったということだろう。

九月二六日、知日派で知られる元駐日大使エドウィン・ライシャワーが『毎日』に「天皇陛下をお待ちして」を寄稿した。ライシャワーは冒頭で「いうまでもないが、私は、天皇・皇后両陛下の訪米を熱烈にお待ちしている」と述べている。彼は、日本の伝統文化に触れつつ、「最も重要なことは、混乱する世界をよそに、日本が平和、繁栄、秩序の地であり、国民は広範な自由と民主主義を享受している」と日本の繁栄を高く評価、日米の友好促進に天皇訪米が大きな役割を果たすと賞賛している。

同日、米上院と下院は、天皇・皇后夫妻の訪米について、「米国への歴史的訪問」に対して、「米国民の温かい歓迎と心からの善意を差し伸べることを決議する」とした。なかでもかつての敵対関係から「アジアと世界における平和と経済開発の戦いに同盟国となった」(『毎日』九月二七日夕刊)と、評価も忘れてはいない。日本側は政治性に極めてセンシティブだったが、アメリカ側は現状を前向きに評価していた。元首級を迎える歓迎の言葉としては異例の決議でもあった。さらに二九日、議会は天皇・皇后夫妻の訪米に合わせて九月三〇日から一〇月一三日までを「日米友好期間」とすることを上院・下院とも全会一致で決議した。天皇の初の公式訪問であり、両国の緊密かつ協力的な関係を「象徴するもの」であり、「両国民の絆を強化するもの」と、国家、国民が歓迎していることを表明した。議会も政府も異例とも思われる歓迎ぶりで、アジアの同盟国に最大級の敬意を払う振舞いだった。

アメリカ議会の好意的な反応に比べて、日本の各政党はまとまりがあるとはいえなかった。九月三〇日、羽田空港から訪米に出発する天皇・皇后夫妻の見送りに、野党四党はそれぞれの対応をした。民社党は「日米関係の中で特筆すべき出来事」として、春日一幸委員長や木島則夫ら党幹部が見送りに加わった。そして社会党では、先般江田三郎党副委員長が訪米して対話の道を探る行動を示したにもかかわらず見送りには誰も加わらなかったことに疑問の声もあがった。社会党の機関誌『社会新報』では、憲法遵守と「断じて天皇の政治的利用を許してはならない」と書いている。政治抜きの天皇訪米は賛同するということだったが、社会党では右派対左派という党内事情の複雑な背景が訪米送迎行事にも反映されたようだ。

また公明党は、竹入義勝委員長の指示で、党内がバラバラでまとまりもないなか数人が出席した。共産党は、天皇の政治利用との判断から、従来と同じく訪米に反対している。野党各党は政治利用反対では一致していたものの、羽田での見送りの対応を見る限り、党内コンセンサスは取れていない状況だった。

3 訪米へ

天皇・皇后夫妻が搭乗する日航特別機には、木本栄司機長ら乗務員一五人のほかに朝田静夫社長も同行するという異例の対処だった。一九七五年九月三〇日、天皇・皇后夫妻は白バイに先導され、随員の車六台と多数の警護車両に護られて出発した。午前九時半過ぎ、特別機は羽田空港を飛び立った。

出発にあたり天皇は、「多年希望していた米国訪問が、実現する運びに至りましたことは、実に感慨深いものがあります」、「またこの機会に両国の友好親善が、いっそう深められますことを念願しております」と期待感を述べていた（『朝日』九月三〇日夕刊）。

特別機は給油のためアンカレッジに寄った後、バージニア州ウィリアムスのパトリック・ヘンリー空港に到着した。天皇訪米で一躍有名になって、空港では日米両国の国旗が振られ、鼓笛隊の演奏、ファンファーレが鳴り響く華やかな雰囲気の中、天皇・皇后夫妻はタラップを降りた。赤い絨毯を踏みしめながら、整列していた独立戦争当時の正装をした兵士に向かって丁寧に挨拶をしながら歩を進めた。そしてエドウィン・バージニア州知事と握手した。コロニアル風の正装をした夫人から皇后はブーケを受け取った。

警備は非常に厳しく、管制塔やターミナルビルなどには警官があふれ、上空にはヘリコプターが飛び交って目を光らせていた。天皇・皇后夫妻は黒塗りの乗用車に乗り、シークレット・サービス（ＳＳ）に囲まれて出発した。勝田盛治皇宮警察護衛部長は、ＳＳのリーダーのジュリー・バーと共に天皇の車に乗り込んだ。ジュリーは、もしもの時、「陛下のお身体に触れてもいいか」と尋ねるほど使命感があったと勝田は述懐している。さらに後ろの車にはショットガンやライフルを手にしたＳＳが常に控えていた。日本と警備体制は違うものの、役割については「完璧な布陣」と驚くほどだった。

天皇・皇后夫妻の宿舎はウィリアムズバーグ・インである。玄関周辺には夫妻をひと目見たいという一五〇人あまりの人々が集まっていた。天皇・皇后夫妻は、休息を兼ねてロックフェラー別邸のあるバセットホールの庭園を散策した。九月三〇日付の『ニューヨーク・タイムズ』紙は「控えめな天皇」といった表現で紹介している。

その後、天皇はまず六〇キロほど離れたところにあるノーフォーク市のマッカーサー記念館を訪れた。一方、天皇の意を受けて千葉一夫アトランタ総領事は「エンペラー・オブ・ジャパン」の名札をつけた花輪をマッカーサーの墓前に献花した。訪米前に、マッカーサー夫人からウィリアムズバーグに来るのならばマッカーサー記念館へ立ち寄ってほしいとの要望があることが駐米大使館から本国に伝わっていた。しかし宮中では、ウィリアムズバーグは時差の調整の目的で立ち寄ることを説明して、夫人の要請を丁重に断り、了承も得ていた。ところがこのことがアメリカ国内に伝わると、地元紙は「元帥の元部下たちが不満」と報じたのだ。そのため日本側は、これに対応することになる。

午前中、天皇・皇后夫妻は二頭立ての馬車に乗り町の中を見て回った。午後は、皇后が工芸品、カフスボタン、スズ細工製品を買い求め、また印刷工場に出かけてプリント製作を観覧した。ホテルに戻り、二人は裏庭に出て池の鯉にえさを与えたりしたが、一番興味を示したのは奥にある森だった。天皇夫妻が散策していると、この裏庭の森の山荘に住んでいるアン・カトラー夫人が現れ、握手を求めた。

そして夫人は、友人の海洋学者が書いた論文を天皇に手渡すというハプニングがあった。夫人は、多くの人々がこの森を散策されたが、バージニアの自然を「こんなに心から親しまれ、鑑賞された方は初めてです」（『朝日』一〇月二日夕刊）と感動していた。このような光景をみれば、学者天皇のイメージをアメリカ人に紹介するいい場面にもなった。

翌二日午前九時四〇分、天皇・皇后夫妻はウィリアムズバーグを出発、ワシントンに到着した。午前一〇時四〇分からホワイトハウスで歓迎式典が行われた。大統領がキッシンジャー国務長官夫妻、ウェイランド統合参謀本部議長代理夫妻などを紹介した。儀仗兵の閲兵終了後、二人はお立ち台に立った。日米両国の国家が演奏され、二一発の礼砲が放たれた。七〇〇〇人もの観衆がホワイトハウス周辺に集まり、盛大な拍手で歓迎された。

バルコニーに上がった大統領夫妻と天皇・皇后夫妻に大きな歓声が湧き起こった。大統領は、明治天皇の言葉から「米国と日本は一つの大洋を挟んだ隣国」であり、「両国の友好の絆の象徴」と述べ、アメリカ巡行を楽しんでもらうことを許した。一方天皇は、アメリカ訪問は「長年の願い」であり、独立二百年を迎えるときに訪米できたことに「感謝の意」を表明した。そしてこの訪問は「過去を思い、未来を考える機会」と捉え、「不幸な一時期の試練を堪え、今日ゆるぎない友好親善の絆を築き上げております」（『朝日』一〇月三日）と述べた。

大統領のスピーチは、大戦には踏みこまず歴史的な両国の友好親善に触れたが、天皇は、前年のフォード大統領の訪日を感謝すると共に、先の戦争について「不幸な一時期」といった表現で過去の一部をふりかえった。反省や謝罪でもなく、控えめな表現だった。ましてや福田副総理は、前回の天皇訪欧のときも政治的発言はしないことを徹底してきた人物である。こうしたスピーチは、象徴天皇を強く打ちだすことを意図していたこともあるが、戦後、冷戦構造が深化するなか、両国は戦友であり両国の友好の絆を推し進めたいとする姿勢が負の遺産を払拭するような空気を生み出していた。

式典が終ると、天皇・皇后夫妻は、大統領の案内でホワイトハウスの一室に招かれ一五分ほど歓談、そしてホワイトハウスの庭を散策した。見事なローズガーデンに「バラ園は大統領が面倒を見ているのでしょうか」と天皇が質問すると、大統領は大きく手を振りながら「とんでもありません」と答えた。すると、隣にいたベティ夫人が「でもお国の生け花には大変興味を持っています」（『朝日』一〇月三日）と横からサポートした。

次に、天皇・皇后夫妻は、東洋美術の収集で有名なフリーア美術館を二時間あまり参観している。浮世絵研究で博士号を取得したスターン館長が説明役である。流暢な日本語を話すスターン館長は、日本美術コーナーで俵屋宗達の「松島図屛風」などの名作を紹介し、質問にも丁寧に答えた。

午後二時一〇分、国立スミソニアン博物館を訪れた。今回の訪米で天皇が一番楽しみにしていた場所だ。深海生物研究の権威だったベイヤー研究室に入った。通訳は、ペンシルバニア大学の佐藤英美博士である。佐藤はウニ・ヒトデ研究の権威だ。ここでは時間を忘れるほど探究心を刺激されたようで、持参した貝類の標本を見せながらベイヤー博士に次々と質問をしていたという。

このとき、博物館前に「クジラ・デモ」の立て看板が現れた。そこには「著名な海洋生物学者でもある天皇陛下が、世界中に商業捕鯨の禁止を強調されるよう」という反捕鯨のスローガンが書かれていた。反捕鯨一二団体は「我々の運動は反日ではない」と弁明している。魔法瓶や卵が車に飛んできたヨーロッパとは違い、アメリカでは激しさはなく、この頃は寛容の精神が反捕鯨グループにあったようだ。

4 「深く悲しみとする」

一〇月二日夜、ホワイトハウスでフォード大統領夫妻主催の公式晩餐会が開かれた。これに先立って、大統領夫妻は日本側に「オオカナダツル」一対をプレゼントした。華やかな宴で音楽隊が奏でる「サクラ」も、深まる秋の郷愁を誘うような調べになっていた。出席者は一〇九人、ライシャワー教授、訪日して王貞治とホームラン競争を行ったホームラン王ハンク・アーロン選手、『ニューヨーク・タイムズ』紙の社主ザルツバーガー、親日家でも知られるデビット・ロックフェラー、ダニエル・イノウエ上院議員、皇太子の家庭教師を務めたバイニング夫人など、日米親交に縁のある著名人が顔をそろえた。

日系のイノウエ上院議員は「感激した」と答えているが、先の大戦のことも心にわいてきたかもしれない。彼の死去後の話だが、ホノルル空港が「ダニエル・イノウエ空港」と名称を変更している。さらに近年、「ダニエル・イノウエ」と命名されたイージス駆逐艦が建造されている。イノウエがこれほどまでにアメリカで知られているのには理由がある。彼は大戦中、有名な日系人の442部隊に所属、人種差別と戦いながら戦闘で右腕を失った陸軍のヒーローである。またバイニング夫人は、二年前にペンクラブの行事で皇后に会ったことや天皇とは一九六〇年以来の面会だとインタビューで答えている。因みに、晩餐会の会場となったこの部屋は、かつて勝海舟が日米修好条約を調印した場所だった。

晩餐会は中央に天皇と大統領、天皇の左側にはエリザベス夫人という配置。食事中、大統領は何度も天皇の耳元に顔を近づけて話しかけていたのが目を引いた。注目されたのは天皇のスピーチである。日米戦争で天皇が大きな役割を果たしたことはアメリカ国内ではよく知られている。激戦の直接の相手、天皇が晩餐会で何らかの言及をしないわけにはいかなかった。

天皇はスピーチに立った。これは前述したように藤井の労作である。かつて咸臨丸がアメリカに渡り、随行者の福沢諭吉が『西洋事情』という書物を出版し、日本に「共和政治」が紹介されたこと、以来、百年にわたりアメリカが最も親しい友人であったこと、米国訪問を多年の願いとしていたことなどを述べて、「私は深く悲しみとするあの不幸な戦争の直後、貴国が我が国の再建のために、温かい好意と援助の手を差し伸べられたことに対し、貴国民に直接感謝の意を申し述べる」と述べた。また戦争の時代を知らない世代が増え、時代が移り変わる中で「貴国民の寛容と善意とは日本国民の間に永く語り継がれていくものと信じます」とも述べた。昭和天皇の外遊で過去の負の遺産に初めて言及したスピーチだった。江藤淳のアドバイスは活かされていた。

会場から大きな拍手が湧き起こった。「深い悲しみ」発言に加えて、食料援助など戦後復興にアメリカが大きな役割を果たしたことへの率直な謝意に会場の出席者は賞賛を示したのである。このフレーズは、ニクソン副大統領来日のときに感謝を示したのと同じ言葉である。戦争への教訓、反省といった文言には言及したわけではないが、象徴天皇ができる最大限の言及といえるだろう。

ホワイトハウス側にも好評だったようだ。キッシンジャー国務長官は「陛下がお書きになったものか、大変印象的で素晴らしい」（『朝日』一〇月三日夕刊）と安川大使に述べたという。これは藤井の回顧録にも記されている。このスピーチの一部は、マイク・マンスフィールド院内総務（後に駐日大使）の議会演説でも使われたということだからアメリカ人には印象深いスピーチだったのだろう。

しかし、天皇の発言が「deplore」と強い調子に訳されたことで、そのニュアンスの解釈が記者の間で話題になった。「嘆き悲しむ」とも「遺憾とする」との訳も可能だったからだ。藤山楢一大使は「ただ悲しんでいるという意味」とした。天皇も帰国後の記者会見で、「そういう言葉のアヤについては、私はそういう文学方面はあまり研究していないので、よくわかりません」と述べるに留まった。「言葉のアヤ」とは天皇の精一杯の解説だったかもしれない。他方で、聞いていた記者は「誤訳ではないか」、「おかしい、英訳としては極めて不適当」といった意見もあった。藤山大使は大きな問題ではないとして、持参した英語辞書の頁を開いて説明した。

外国人記者の中には「国内向けには柔らかい表現」、対外的には「米国向けに謝罪の意味を強くした表現にして使い分けしたのではないか」と理解する向きもあったが、外務省は、外国人記者に配布するものに使い分けなどするはずがないと釈明した。いずれにせよ、以後の天皇外遊では、交戦した国々への戦争に対するお詫びの文言が注目されるようになる。政治的な言動は回避しなくてはいけないが、相手側は、日本の憲法が変わろうと天皇が当時の国家体制のトップだったことは知っている。友好親善を謳いながら負の遺産への言及が一番注目されるという事態は、以後も明仁天皇に引き継がれることになる。

天皇のスピーチに好意的だったのは、ライシャワー教授である。彼は「戦争についてはっきりとしたお言葉は素晴らしいことだと思う。……ディプロアーという言葉は（戦争を）非難するという意味に近いが、もし曖昧な言い方をするのであったら、アンハッピーという言葉でも言えたと思う。しかし戦後の日本の復興について米国に対する感謝の気持をはっきりとお述べになり、とても感銘を受けた」と非常に高い評価を与えている（『朝日』一〇月三日夕刊）。

晩餐会に招かれたライシャワーは、天皇に何を話しかけるかいろいろと考えて天皇に対面した。「ところが天皇は私を見るなりにっこり笑って『しばらく』と言われた途端、すべてを忘れてしまった」と、親しい友が久しぶりに呼びかけた声だったという（『ライシャワー自伝』）。

訪問国を考えれば、今後もこのような問題は出てくる。謝罪問題は、積極的に言及すれば政治問題になる。フォード大統領は先の大戦について触れなかった。冷戦時代だったので、もはや仇敵というよりも同盟国という意識が強かったのだろう。文化、民主主義、外交で協力関係にあると、両国の歴史と伝統に敬意を評することに力点を置いたスピーチだった。

五日付の『ニューヨーク・タイムズ』紙は、「ルーズベルトは米国民にリメンバー・パールハーバーと呼びかけた」が、「だが、米国民はパールハーバーを忘れた」と天皇の歓迎ぶりも記事にしている。

ところで、晩餐会で大統領が困惑したのが天皇の「あ、そう」発言だった。国内ではよく知られている言葉だが、案の定、大統領には返答に困る一言だったようだ。四日付の『ワシントン・ポスト』紙でこのことが紹介され、日本でも二日付の『朝日』では大統領官邸での一コマを次のように報じている。

大統領「あそこは、本当に温かいところですよ」

天皇「あ、そう」

大統領「あそこで、ご夫人方は楽しく過ごしておられるようですね」

天皇「あ、そう」

大統領「(絶望して壁の絵に向きながら)あの絵は一八五四年のボストン港です」

天皇「あ、そう」

大統領「……」

会話がなかなか成り立たないのも昭和天皇らしい。晩餐会終了後、両国国歌の後に名ピアニスト、バン・クライバーンによる五曲の演奏を堪能した大統領とベティ夫人と天皇・皇后夫妻はグリーンルームに移り、コーヒーを飲みながら親交を深めた。盛大な晩餐会だったが、元来多くを語らない天皇のため、大統領も気苦労が多かったも知れない。そのためだったかもしれないが、天皇・皇后夫妻が帰った後も午前一時まで大統領はダンスに興じた。

一〇月三日、新聞各紙は天皇・皇后夫妻の訪米を好意をもって伝えた。『ニューヨーク・タイムズ』紙は一面で、天皇と大統領の二人がホワイトハウスの庭で談笑する写真を掲載し、「ヒロヒトは、第二次世界大戦を悲しみ、戦後の米国の援助をたたえた」との記事が付され、「三〇年前の仇敵、勝者と敗者は今日、政治上、経済上のパートナーとなった」と持ち上げた。このあたりは英紙や蘭紙とは違う。『ワシントン・ポスト』紙も同様な写真を掲載して「天皇は戦後の米国の援助をたたえた」と報じた。テレビやラジオも天皇訪米の歴史的意義を積極的に評価し、訪米の当初の目的は無事に果たした。

一〇月三日午前一〇時、天皇・皇后夫妻は二一発の礼砲が鳴り響く中、ワシントンのアーリントン墓地で献花した。国賓がアメリカを訪問するとき、儀礼として必ずここに立ち寄る。福田副総理ら随行員も続いた。二人を迎えて軍楽隊が両国国歌を演奏、前夜の晩餐会で「不幸な戦争」と言及していただけに天皇の献花（白菊と赤いカーネーション）、黙祷は注目された。

この無名兵士の墓地では、ワシントン地区のモークス少将が出迎えた。少将は天皇の側に寄り添う気遣いを見せた。これは日本ではなかなかできないことだが、アメリカ人は王制を知らないからフレンドリーな態度になる。ロックフェラー副大統領が自宅に招いた時などは、天皇・皇后夫妻の真ん中に立ち、肩を組んでカメラの撮影におさまっていた。王制を知らないとはいえ、感情表現の仕方があまりにも違うことに驚いた日本人も多かっただろう。

午前一〇時半、夫妻は米赤十字社を訪問した。フランク・スタントン会長の歓迎を受け、天皇は米赤十字の活躍や人道主義を称えるスピーチをして拍手を浴びた。その後、リンカーン・メモリアルを訪問、続いて午後零時四五分、日本から送られた桜で有名なポトマック河畔に到着、対日講和条約を記念して送られた石灯籠のところで下車、「サクラの女王」からワシントン市の鍵が天皇に渡され、皇后には花束が贈呈された。

続いて、大統領専用船「セコイア」号に乗船した。この船は一九三三年に建造され、マストには日章旗、星条旗、そしてひと際高く皇室の紋章である天皇旗が掲げられた。これも異例なもてなしといえる。川を遊覧中は警備艇が二隻、上空にはヘリコプターと厳重な警備が続いた。途中で二隻の観覧船とすれ違ったが、船上の乗客から拍手、歓声があがった。三時間ほどの遊覧を終えて下船し、初代大統領ジョージ・ワシントンの私邸を訪問、さらに墓にも詣でた。午後五時半、天皇は日本大使館にワシントン駐在の各国大使を招いてレセプションを開いた。

三日夜、午後八時からスミソニアン研究所のコモンズ・ホールにおいて天皇・皇后夫妻による返礼の晩餐会が開かれた。いわゆるリターン・バケットである。晩餐会に招かれたのは、大統領夫妻以外にキッシンジャー国務長官ら各閣僚、後に駐日大使に就任するマンスフィールド上院議員ら上下両院議員、元GHQのシーボルト外交部長、リッジウェイ元駐日米軍総司令官夫妻、日本側から福田副総理ら随員が一五名、総勢は一二一名となった。

東京から持参した菊の紋章入りの食器や煙草などにより、室内は皇室の雰囲気が漂う空間となっていた。楽団が「木曽節」「からたちの花」などを演奏し、日本ムードを盛り上げた。天皇はスピーチで「過去の幾多の試練によく耐えてきた日米関係」を話す一方、フォード大統領は天皇の訪米が歴史的訪問であり「日米両国に新しい重み」を与えると賞賛するスピーチをした。

さらに大統領は、天皇・皇后夫妻がワシントンを離れる時、宿泊先のブレア・ハウスに赴き、見送ると発表した。通常ならば招待された側がホワイトハウスに出向くことになっている。翌四日、フォード大統領夫妻はブレア・ハウスを訪ねて天皇・皇后夫妻に二〇分ほど別れの挨拶をした。大統領がやってくることを日本のマスコミは事前に察知していなかったようだ。それゆえに「異例」と報じ、高く評価した。実は、大統領のこの動きは安川大使や日本側による事前の根回しをホワイトハウスが受け入れたものだった。日本への敬意を表し、アメリカの歓待ぶりを存分に発揮したセレモニーだった。

テレビカメラのライトがまぶしく光る中、ベティ夫人は「両陛下の滞在中ずっと晴天続きでしたが、米国に太陽を持ってこられたわけですね」と笑顔で話した。午後五時半頃、フォード大統領側の「型破りともいえる」（『朝日』一〇月五日）歓待を受けた天皇・皇后夫妻は、大統領専用機「エアフォース・ワン」に搭乗し、マサチューセッツ州ローガン空港に向かった。大統領専用機の利用、これも破格の対応である。各国外交団もアメリカの接遇について驚いていたほど、ともかく異例尽くしの歓待だった。

天皇は公式行事を終えて学者の姿に戻る地に降り立った。ウッズホールでは、天皇は自身の研究テーマでもある生物学の聖地、全米最古の海洋生物学研究所を訪問し、皇后はガラス博物館を参観した。同研究所は数多くのノーベル賞受賞者を輩出している。天皇はこの訪米では生物研究所関係を四ヶ所訪問予定だった。この研究所では明治初めに東大に招かれた米海洋学者チャールズ・オティス・ホイットマン博士により東大内に動物学研究室が設置されたが、彼の指導のもと多くの生物学者が日本で誕生した。ここは生物学者にはまさに聖地でもあった。

研究所では九〇人もの関係者が天皇を歓迎した。研究員の紹介の間、天皇は声も弾んでいた。

天皇が見学したいのはヒドロ虫類ハイドロゾア類の一種で「ケラトスム・コンプレクスム」だった。各研究室などを訪れて次々と質問を浴びせかけるなか、随員から記念写真の撮影の耳打ちをされたとき、天皇が明らかに不満の様子を見せながら切り上げたのを随行記者は見逃さなかった。天皇はもっとこの地で研究成果を聞きたがったのだろう。

ともあれ同研究所での約一時間は至福の時間だった。また、いつもは静かな研究所に記者団が殺到した。研究所のホールでは、天皇に説明している内容を別の研究員が記者たちに解説していたが、あまりに専門的な内容が多く、途中でメモをやめてしまう記者もいたようだ。

5　ニューヨーク市内観覧

一〇月四日、天皇・皇后夫妻はニューヨーク・ケネディ空港で、斉藤鎮男国連大使、リース・ニューヨーク州知事代理、デューク・ニューヨーク市儀典長、ベネット米国国連次席代理大使、赤谷国連事務総長代理などの歓迎を受けた。そしてネルソン・ロックフェラー副大統領邸を訪問、彼の自慢の日本庭園を散策、日本美術のコレクションを観覧した。一方この日、真珠湾攻撃の生き残りの兵士からなる「パールハーバー生存者協会」は、「天皇歓迎決議」という異例の声明を発表した。

一〇月五日はのどかな日曜日になった。午前九時半、ノルウェー人移民一五〇年記念行事のため訪米中で、同じくウォルドルフ・アストリア・タワーズ・ホテルに宿泊していたノルウェーのオラフ国王の訪問を受けている。

天皇・皇后夫妻が宿舎のホテルの玄関口から車に乗ろうとした時、ホテル周辺に集まった四〇人ほどの日系人から歓声があがった。その中に、石原源之助（86歳）が、目が不自由な妻のよう子（84歳）を連れていた。石原は一九〇七年に島根からシアトルに移住した日系人である。苦労してカリフォルニア州で小さなぶどう園をもつまでになった。ところが日米開戦により、長男は帰国、石原自身はコロラド州の収容所に収監され、家族は離散状態となった。戦後、再び家族は集結、そしてニューヨークへ移動した。長男は再び訪米し、その後ボストンで外科医になっていた。こうした様々な想いを抱えた一世、二世の高齢者がホテル前に集まっていた。

日系人側は、ニューヨークの日本総領事館に天皇との面会を強く陳情していたが、懇親会などでは会わなければならない著名人も多く招かれており、一世や二世の一般人と面会する機会をつくることはできなかった。そこで浮上したのは、ホテル玄関から出発する時のわずかな時間、車のスピードを落として日系人が挨拶をするという苦肉の策が考えられた。これならばスケジュールを変更する必要もないが、わずかに数秒の対面に過ぎない。石原も、天皇・皇后夫妻の乗った車が走り始めるのを見て、防弾ガラス越しに手を振る天皇を見送った。

それでも故国への郷愁と天皇・皇后夫妻との対面は戦前からアメリカに住む日系人にはかなわぬ夢がほんの少しばかり実現した。側近たちも日系人の歓迎を把握していたのだが、せめて車の停車位置を玄関から離して天皇夫妻が少しでも歩く距離をつくれば、わずかばかりの接触はできたと思うのだが。警備側が許可を出さなかったのかもしれない。

その後、六日はニューヨークのセントラルパークを散策した。この日は、アメリカの大衆とのふれあいを楽しむ日になった。地元の子供たちがミュージカル「オリバー」のヒットソングに日本語の歌詞をつけて歌って二人を歓迎した。「ワレワレハ、ナカヨシデス。イイトモダチニナレテ、ホントウニウレシイデス」という内容だった。彼らは、市内二一丁目のサイモン・

パルーク中学校のコーラスグループ六四人だった。天皇・皇后夫妻は微笑みながら生徒の中に入り歓談、終ると天皇は数人の生徒と握手をして「ありがとう」と答えて、名残り惜しそうにその場を離れた。これは、ニューヨーク市が企画した歓迎プログラムだが、予想以上の雰囲気に市のアンジェル・ピドル・デューク儀典長は面目躍如だった。デュークは戦前日本に留学、笹川良一と親交があり、ケネディ、ジョンソンの大統領時代に国務省儀典長の職にあった経験豊かな人物だった。

午後、天皇・皇后夫妻は六万人の大観衆を飲み込んだシェイ・スタジアムに向かった。メジャー・リーグのニューヨーク・メッツの本拠地だが、夫妻が観覧したのはアメリカン・フットボールだった。アメフトのニューヨーク・ジェッツの本拠地でもあった。二人が四階の貴賓室に入っても大歓声の球場では観衆は天皇夫妻に気づかなかったが、しばらくして拍手が周りで湧き起こった。観戦したのは、ニューヨーク・ジェッツとニューイングランド・ペイトリオッツの対戦だった。

野球なら多少の知識もあろうが、見たこともないアメフトだ。日本では天皇の野球観戦はあったので、日本側の要望もありホワイトハウス側はあえてアメフトを選択したようだ。試合はジェッツの積極的な攻撃で二九対〇と一方的な展開になった。全米に中継していたNBCテレビの解説者が、このような乱暴な試合をロイヤルボックスの天皇が「お気に召すだろうか」と気掛かりだったようだ。天皇も日本で事前にこのスポーツの説明を受けていたというが、なにしろ見たこともないのだから、大変だっただろうことは予測に難くない。皇后側の説明役は安川大使だった。その後、得点は三六対七となり、試合の行く末はほぼ決まり、観客も帰り始め、混雑を心配した側近が耳打ちして帰路に着いた。

同日夕刻、天皇・皇后夫妻は宿舎のウォルドルフ・アストリア・タワーズ・ホテルに戻った。そこで皇后が会ったのは、かつて二年ほど英語の家庭教師だったラクロア夫人である。マッカーサー元帥未亡人はこのホテルに住んでおり、天皇・皇后夫妻の部屋を訪ねてきた。夫人から「試合はいかがでしたか」と聞かれ、天皇は「大変面白かったが、ルールが難しくて、よく理解できませんでした」と素直に答えている。かつて明仁皇太子がニューヨークに立ち寄った時、メジャー・リーグを観戦したが、さすがに天皇はアメフトはなじみがなく難しかったようだ。

六日朝、天皇・皇后夫妻は国連本部を訪問した。迎えたのはワルトハイム事務総長夫妻である。天皇は、「(多忙な中)時間を割いてくださってありがとう」と述べると、総長も「陛下こそ、大変な御日程なのに」と答えている(『朝日』一〇月七日)。

彼は、一九七三年二月一三日から一七日まで国連大学の日本誘致のため訪日しており、日本もまた常任理事国の拡大などの要望もあったため、このときの総長の訪日は非常に大きな話題になっていた。ワルトハイム総長は、国連大学設置に向けた日本の協力や赤谷源一国連事務次長ら日本人職員の協力を感謝する旨を述べた。総長は国連発足三〇年の記念アルバムを贈呈した。さらに「国連大学が日本にできたことは良いことです」と話し、総会の会場を案内した。

国連訪問を終えて、天皇・皇后夫妻はブロンクスにある植物公園に移動した。同園の名誉顧問のスティア博士から説明を受け、さらに原生植物園の植物図鑑をプレゼントされている。午後一時からビーム市長(ニューヨーク市長)の主催で公邸グレーシー・マンションにて午餐会が開かれた。

さらに、午後五時からジャパン・ソサイアティに立ち寄った。同協会理事長はロックフェラー三世である。彼の主催でレセプションが開かれた。二五〇〇人もの米人が集まっていたホールで、一九六四年に新婚旅行の常陸宮親王夫妻が訪米したおり、天皇訪米の話を聞いていて「楽しみにしておりました」とロックフェラー三世は呼びかけた。ロックフェラーは「(シティ銀行の)東京支店が皇居の近くです。御利用を」と伝えると、天皇は「預金ですか？　借り入れですか？」と返した。これが笑いを誘った。ロックフェラーは「どちらでも結構です」と答えたのでその場の空気は和んだという。

その後、午後五時四五分、宿舎のウォルドルフ・アストリア・タワーズ・ホテルで日系三団体の歓迎会に出席した。正装の関係者が一時間も前から一〇〇〇人以上も参集するという盛況ぶりだった。天皇・皇后夫妻が会場に姿を見せると、がやがやと話し声で湧いていた会場は一変、直立不動の姿勢、大きな歓声とともに拍手が湧き起こり、厳粛な空気に変わった。あまりの厳かな空気に、二階のバルコニーで警備していたニューヨーク市警の警官たちも思わず脱帽して起立状態になったという。スピーチする人も直立不動、礼儀正しく深々と頭を下げるなど、ジョークやユーモアが飛び出すアメリカ人のパーティとはかなり様子が違っていた。

他方で日系人には、大戦中の強制収容所体験など心に刻まれた傷跡など、この訪米によって心の重荷を降ろすような気持ちもあった。警護するシークレット・サービス側も「とても印象的」と言うほど日本らしい歓迎会だった(『朝日』一〇月七日夕刊)。

ニューヨーク訪問を終えて、日本国内では安堵の声もあがっていた。訪米前は、真珠湾攻撃を命令したかどうかがアメリカ側の大きな関心だった。しかしながら、事前の根回しとホワイトハウスの尽力により、「旧敵国日本」といったイメージが薄れ、「チャーミング」とか「ジェントルマン」とかといった天皇への親近感を表現する記事にかわっていた。

『ニューヨーク・タイムズ』紙は三日間、天皇の写真を一面で登場させ、『ワシントン・ポスト』紙も天皇の印象的な写真を一面に掲載していた。『ニューヨーク・タイムズ』紙は、訪米歓迎の社説の末尾に「ＹＯＫＵＩＲＲＡＳＳＹＡＩＭＡＳＨＩＴＡ」と記して歓迎の意を大きく表明した。マスコミも前例のない取り扱いだった。大戦勃発のときの君主だったこと、アメリカ本土への外遊は初という新鮮味など、友好的な記事内容は日々増えていた。ホドソン大使も、この三日間の天皇関係の記事は予想外の多さだったことを認めている。

露骨な敵意を示すような反発もない。ホワイトハウスや米議会の配慮もあったが、政府、宮内庁の訪米前の外国人記者との会見やインタビューなど事前の対策が功を奏したことも間違いなかったようだ。

一〇月八日付の『毎日』は、天皇外遊の半ばを終えて、記者の座談会を掲載している。そこでは、主要米紙が連日、天皇の動静を好意的に紹介していることにふれている。東洋からの賓客というアメリカ人の好奇心も手伝っていたようだ。海洋研究所の訪問、アメフト観戦、公園の散策など「親しみを呼ぶ、お人柄」は各紙で伝えられ、先の大戦については「真正面から取り上げることは、米人記者もなんとなくためらっている感じ」と受け止めている。他方で、天皇が各地で日本人関係者に声をかけるときの「よく頑張ってくれてご苦労である」という昔ながらの文語調については「昔通り、臣下に対する言葉なんだ」との声もあったことを紹介している。この感想は特定の記者だけに限らない。天皇が話しぶりを戦後になって急に変えることは簡単ではない。そうした意識があっただけに、失言しないように多くを語らないということもあったようだ。

6　シカゴから西海岸、ハワイへ

一〇月七日朝、天皇・皇后夫妻はニューヨークを出発、シカゴを訪問した。スケジュール的には一番ゆとりのある訪問地という予定だったが、予想外の歓迎に日本側は驚くことになる。まず地元の主要各紙は天皇・皇后夫妻そろっての写真をトップに飾り「ハロー・ヒロヒト」と紹介した。一九五五年から二一年間シカゴ市長の職にありボス的な存在だったリチャード・デイリー市長をはじめ街を挙げての大歓迎を受けた。余談だが、彼の息子もまたシカゴ市長となり、父親より長く二二年も務めたという。

さて、デイリー市長は特異な動きを見せた。通常、天皇の乗車する車には元首が乗るものだが、デイリー市長はかまわず同乗したのだ。これには日本側関係者が驚いた。市長主催の午餐会の開かれるコンラッド・ヒルトン・ホテルに向かう道は、制服に身を包んだ騎馬隊が先導し、ホテルの玄関では少年鼓笛隊が出迎えるという華やかなものだった。

午餐会では、オペラ歌手の歌、シカゴ交響楽団の演奏もあり、ワシントンの晩餐会をしのぐほどの盛会だった。招待客も七五〇人を数え、市長の権限をフルに利用した歓迎ぶりに随員たちも驚いた。

午餐会終了後、皇后は市内のワイラー児童病院、シカゴ美術館を視察し、天皇は午後四時にシカゴ郊外のバルツ農場を訪問した。ドナルド・バルツ、ジョン・バルツ父子の農場である。R・L・バッツ農務長官、カー・イリノイ州知事も同行した。

普段は人もまばらな田舎の農場に多くの人々が溢れた。マスコミだけで三〇〇人以上、また町始まって以来の珍客ということで、農場へ続く道には車が二キロ以上も渋滞した。車を降りて農場に向かう道を歩いた天皇は、研究者魂がよみがえったのか、大豆を手にして「どれくらいの収穫があるの」「肥料はつかっているのか」など矢継ぎ早に質問した。

ドナルドは大豆、ジョンはとうもろこしの収穫をコンバインを操作して見せた。これを見た天皇が「乗ってみたい」と言ったためちょっとしたハプニングがあった。絶好の被写体になると思ったカメラマンたちがいっせいに撮影ポイントを求めて動きだしたのだ。このような光景は日本ではまず見られない。コンバインから降りた天皇は、ひとりの子供から子豚を渡され抱きかかえた。天皇が農村で子豚を抱える姿など日本では想像もつかない。最も庶民に近づいた光景だった。

その後一行は一〇月八日シカゴを出発、西海岸のロサンゼルス空港へ、同地からアナハイムのディズニーランドに向かった。訪米前、ハリウッドの見学も候補にあがっていたが、ハリウッド映画は正義、善悪などを描く映画が非常に多いと消極的で、大使館側は「暴力と悪が結びつきやすいハリウッドではなく、子供の世界であり、ＨＡＰＰＩＮＥＳＳやＪＯＹを連想させるディズニーランドの方がよい」との思惑があったようだ。

天皇とディズニーランドとは想像もできない組み合わせだが、日本側は、大衆のなかで子供やディズニー・キャラクターに囲まれれば、戦争といったマイナスイメージを払拭することができると考えたのだろう。当日のディズニーランドは特に入場制限はなく、一万六〇〇〇人ほどが入場者の中から歓声と拍手が沸きあがった。

おとぎの国でパレードを観覧しているとき、マイケル君という小さな男の子が皇后に近づいてきて、しばし寄り添いながら眺めるというハプニングもあった。あとで記者団がマイケル君を取り囲み感想を聞いている。「あの人が誰かは知らない。でもよかった」と話したマイケル君から、記者は天皇が近くで何を話していたのか、あるいは印象を聞こうと食い下がったが、マイケル君は泣き出してしまった。天皇本人が寡黙だけに、少しでも接触した人から情報を引き出そうとしたのだろうが、過剰な取材だ。その後、天皇は、ウォルト・ディズニー社からミッキー・マウスの腕時計を贈られ、これは大切な宝物となった。

九日、天皇・皇后夫妻はサンフランシスコへ向かう途中、サンディエゴに立ち寄り、明仁皇太子から勧められていた動物園を見学した。一九一五年のパナマ・カリフォルニア博覧会のときに開園した老舗の動物園である。コアラやオカピを見ていると、隣接の学校の子供たちが金網越しに二人に手を振り声援を送った。側近が「あれは動物園ではありません」と述べると、皇后が思わず吹き出すというエピソードもあった。

その後、天皇は楽しみにしていたスクリプス研究所を訪れた。この研究所はノーベル賞受賞者も輩出している世界最大級の生物医療科学の専門機関で、日本人留学生も多い。本部前で歓迎式が行われ、ニーレンバーグ所長の歓迎の言葉に対し、天皇は「貴重な資料を見ることができることを心から感謝します」と応えている。

研究者である天皇には楽しい見学となったが、警備はシークレット・サービスのほか州兵も動員され、動物園内や研究所ビルの屋上にはライフルを構えた兵士が配置につき、沖合には沿岸警備隊の警備艇、空にはヘリコプターが監視するというものものしさだった。

サンフランシスコに入り、ゴールデンゲートブリッジを見学した。ゲートパークの樹木園には「天皇皇后両陛下奉迎記念碑」がある。

スポークスマン藤山大使のコメントは記者団には好評だった。彼の表現力が優れていたことはもちろんだが、欧州外遊の教訓をかなり勉強したようで、象徴天皇の意味を丁寧に解説した。アメリカの報道機関を通じての広報が功を奏したという手ごたえを感じたようだ。彼は「米国人記者が予想外に好意的なので驚いた。もっと激しい質問が出ると思っていた」（『毎日』一〇月一一日）と、まずは安堵していた。

ところで、当時の日米航空協定はアメリカに有利な不平等条約だった。ナショナル・フラッグだった日本航空はサンフランシスコへは乗り入れ可能だったが、ロサンゼルスには直接乗り入れできなかったのだ。日本が経済大国への道を走っているとき、こんな協定があったのである。だが天皇訪米後、この協定も改善されることになる。天皇の外遊は、日系移民の名誉を回復し、不平等な経済的な格差改善の契機にもなっていた。

一〇日夕刻、天皇・皇后はハワイのホノルル空港に降り立った。この空港は、真珠湾攻撃の地、ヒッカム空軍基地と同じ場所にある。当時、ハワイには日系人約二三万人、日本国籍の日系人が一万二〇〇〇人ほどいたが、二世、三世のなかには「天皇陛下ってよくわからない」という人々もいた。また故国の復興を心配していた日系人は多かった。それだけに一世の日系人の歓迎には熱がこもっていた。

彼らは「奉迎委員会」を設置して準備にとりかかった。しかし事前に日本総領事館から一五項目の「注意事項」メモが手渡された。その中に「万歳は好ましくない」という項目があった。日系人のハワイ「明治会」の幹部は、結婚式でもやっていることであり、アメリカ人の音頭で「万歳」をしてもよいと粘ったが、三度も呼び出されて禁止を説得されたという。これは、国務省筋からの要請もあったようだと『毎日』（一〇月一二日）は報じている。真珠湾攻撃の地点だけに無用な刺激を与えてはいけないとの判断だろう。結局、ホノルル空港で「万歳」を叫んだのは、このとき日本からやって来た観光客が中心だった。それでもあちらこちらから歓声があがった。日系一世の人は「やっぱり万歳がなけりゃー。ここまで手が上がっていたのに」と、無念さを滲ませる人も多かった。宿泊先はカハラ・ヒルトンホテルである。

五〇〇〇人以上の日系人が日米の小旗を振り大歓迎するなか、天皇・皇后夫妻はアリヨシ・ハワイ州知事の先導で乗車した。同知事は福岡出身、GHQで通訳の経験もある日系二世だ。戦後はミシガン大学を卒業、下院議員、上院議員を経て副知事となり、州知事を十二年間務めている。

同夜、随行の福田副総理は、ハワイアン・リージェント・ホテルで記者会見し、①米政府、国民、マスコミの歓迎に感謝すること、②繊維や沖縄返還など直近の政治課題はなく訪米の時期として良いタイミングだったことを述べて「御訪米は大成功だった」(『毎日』一〇月一二日)と、誇らしげに述べた。また宇佐美長官も記者会見で、「天皇陛下の御様子を米国民に知ってもらうことができて、親善に成果があったと思う」と述べた。また、「万歳」が出来なかったとの話を聞いた二人は、「そんなことは号令をかけて決めるべきことではない」として「おおいに結構」と物言いをつけると、長谷川総領事は「どうしても万歳したいという人が少なかったので」とバツの悪い返答だった。総領事も過去の体験を懸念して忖度したのかもしれない。

一一日、ハワイ・ホノルル国際センターで市民歓迎会が開かれ、同夜は総領事公邸に在留邦人日系人、約一二〇〇人が集まった。まず冒頭に奉迎委員会の代表から歓迎の言葉があった。「生きて間近に両陛下をハワイの地でお迎えできますのは誠に感激に堪えないことで……」と感激のあまり最後は声も震えていた。一世にしてみればこの日が来るとは到底予想しなかっただろう。

天皇は「一世紀にわたる日本とハワイの関係を思い起こして感慨もひとしおです。このような交流が一時期絶たれたことは遺憾ですが、今日日本とハワイの絆が、かつて見ないほど強固なものになっていることは喜びにたえません」と述べ、「様々なご苦労があったことに同情しますす」ともスピーチした。一世の人たちからは涙が溢れ、居合わせたアメリカ人には予想もつかない展開になった。天皇・皇后夫妻は緑のカーペット上を歩きながら参会者に挨拶を続けた。

一九九四年、明仁天皇・美智子皇后夫妻がハワイを訪問した時、アリゾナ記念館訪問が検討されたが、このときも断念、結局、パンチボウル国立太平洋記念墓地を訪れている。

また、二〇一六年五月二七日、オバマ大統領が広島を慰霊訪問、これに応じるかのように一二月二七日、安倍晋三首相がオバマ大統領と共にハワイのアリゾナ記念館で献花している。安倍首相は前年四月、ワシントンを訪問して上下両院合同議会で演説して先の大戦について「痛切な反省」を述べ、またアジア・太平洋の平和安定に言及、「日米同盟を希望の同盟にしていこう」と訴えて議員たちから熱烈なスタンディング・オベーションを受けている。

さて、天皇・皇后夫妻の旅は終わりに近づいていた。アメリカを去るにあたり、担当のシークレット・サービスの男性職員に銀製カフスボタンを、女性職員には銀のコンパクトが侍従長を通じて渡された。

特別機は一〇月一四日午後四時に羽田空港に到着した。タラップの下では、三木首相、シュースミス駐日臨時代理大使、さらに自民党を中心に、公明党、民社党の議員一三〇人ほどが人垣をつくって出迎えた。空港ビルのデッキからの「万歳」の声に合わせて、議員のなかからも「万歳」の声があがり、空港は万歳のこだまで湧きあがった。

7　天皇訪米をふりかえって

天皇・皇后夫妻のアメリカ訪問はまずは無事に終了した。訪米の最初の一週間で、「アメリカ人の陛下に対する理解は飛躍的に深まった」（『毎日』一〇月八日）のは言うまでもないが、「陛下＝生物学者」という雰囲気も象徴天皇のイメージ向上には役立ったことだろう。日米間の貿易摩擦が続く中、ニクソン・ショックに始まる日米間のギクシャクした空気を緩和するといった思惑は一定の成果を得たといえる。日本に対しあまり好印象を持っていなかったはずのキッシンジャーも、日本を「永遠の友人」と述べた。本音はともかく、日本軽視の姿勢を緩和させたことは間違いない。

日本政府は、当初アメリカの反応を懸念していた。先の大戦でもっとも激戦を繰り返した両国である。事前の根回しは十分したものの、疑心暗鬼になるところもあった。ところが米政府は、通常の警備体制だけなく、夫妻の移動にエアフォース・ワンを提供、ブレア・ハウスへの表敬訪問、大統領とともにアメフト見物、さらにマスコミの好意的な記事など、日本週間の実施に始まった歓迎ムードが国内を覆うことになった。何よりも、天皇のありのままの姿を見た米国民は、ヒトラーに似ても似つかないことに認識を新たにした。さらに学者としての片鱗を見せることによって、天皇は「文化的象徴」というイメージが流布されることになった。

日本側は、象徴天皇の意義を海外に紹介することに尽力したが、ホワイトハウス側の配慮、歓迎は日本側の予想を超えるものだった。米議会上下両院が天皇の訪米歓迎決議を行い、また議会の決議を受けてフォード大統領は一〇月二日から一二日までを「日米友好期間」とした。政府と議会が一体となった歓迎ぶりはまさに異例のことであり、初外遊の欧州と比べて、予想外だったといえる。

特派員たちはそれぞれの感想を記事にしている。まず困惑したのが、「象徴」という天皇の立場についてである。外国人記者に「実に変わった制度」と言われ、説明に苦慮したようだが、重要なことは天皇の存在を米国民が認識したことだった。菊のカーテンの向こう側にいた天皇が、アメリカでは終始にこやかに笑顔を見せた。ウィットにも富んだ天皇は、各地で親しみを感じさせたのだ。

『毎日』の特派員は、「感動与えた遺憾発言」とアメリカ側の反応を前向きに評価している。結局日本側の心配は杞憂に終った。ホワイトハウス側と事前に協議して、訪米前に米人記者団との会見を行ったり、テレビ出演などの機会を通じて天皇訪米の環境を整えてきたことの成果が出たということだろう。

天皇・皇后夫妻は帰国後の一〇月三一日、皇居石橋の間において日本記者クラブの会見に出席した。司会は同クラブの渡辺誠毅理事長である。冒頭、渡辺は天皇・皇后夫妻の記者クラブでの会見を「歴史的に見ても画期的」と紹介した。従来、皇室記者の担当分野でもあるが、日本記者クラブが会見の場を仕切ったことは前例がなかった。そして渡辺は訪米の印象について質問した。天皇は「皇太子時代から永年願っていたこと」で「感無量」と述べ、また大統領や国民の歓迎や日系人のもてなしに感謝した。「一番記憶に残った場所は」と聞かれると、意外にも初代大統領ワシントンの私邸だったと答えている。学習院時代に勉強して強い関心があったようだ。さらに「最も悲しかった思い出は」との質問には「言うまでも無く第二次世界大戦です」と答えている。

さらに『ロンドン・タイムズ』紙の中村康二が、晩餐会での「私が深く悲しみとするあの不幸な戦争」というスピーチについて、「戦争そのものに対して責任を感じておられるという意味に解してよろしゅうございましょうか」と率直な質問をした。天皇も宮中側もこうした質問を事前に確認していたかどうかはわからないが、天皇は、「そういう言葉のアヤについては、私はそういう文学方面はあまり研究もしていないので、よくわかりませんから、そういう問題についてはお答えできかねます」と述べた。これまでのコメントに比べれば歯切れは悪い。象徴天皇の発言の限界と言ってしまえばそれまでだが。理解していながら表現するのに苦悩したのか判然とはしない。戦前は大元帥という地位にあった天皇に、戦争について本音を聞きたくなるのは記者としては自然である。安全保障問題と同様、戦後天皇と戦争問題について政権内で議論を積み重ねなかったことが記者会見でいみじくも露見することになる。天皇が大掛かりな記者会見の経験がなかっただけに、答えは短く、司会者も同じ問題に続けて尋ねることはなかった。

「アヤ」というのも実に曖昧模糊とした表現だが、この背景には吉田首相のかつてのアドバイスが反映されているようだ。実は、サンフランシスコ講和条約発効後、日本の独立を祝う式典で、天皇は田島道治初代宮内庁長官に対して、戦争への反省について言及したいと伝えたが、これに吉田首相が反対してその部分を削除したことがあった。後年、田島の手記で判明したことだが、吉田首相は、そのような発言は戦争責任問題が発生すると反対したようだ。これ以後、天皇は明確な発言はしなくなった。昭和天皇のその後の戦争責任問題への発言は 非常に抑制されたものになるのは吉田首相の思惑が反映された結果ともいえる。

天皇自身が訪問したいと考えていた沖縄について、司会者が「日本に復帰してきた沖縄をご訪問になるご希望がございますでしょうか」と質問した。天皇は「機会があれば」と前置きしつつ、「行きたいと私は希望しています」と訪問に意欲を見せた。結局、実現しなかったが。

　次の質問がその後物議を醸すことになる。それは中国放送の秋信利彦記者の質問である。昭和二二年一二月七日、天皇が原爆を投下された広島に行幸し、「同情にたえない」としつつ「この犠牲を無駄にすることなく、平和日本を建設して世界平和に貢献する」とコメントしたこと、また昭和二六年、昭和四六年と合計三度訪問して広島市民をお見舞いしたことに触れつつ、「原爆投下の事実を、陛下はどうお受け止めになりましたのでしょうか」と質問した。

　天皇は「原子爆弾が投下されたことに対しては遺憾に思っていますが、こういう戦争中であることですから、どうも、広島市民に対しては気の毒であるが、やむを得ないことと私は思っています」と答えた。

　テレビの記者会見で、しかも原爆投下問題である。天皇も困惑した表情が伺われる。だがこの文言は、戦争責任を追及する人々が取り上げることになる。よくあることだが、彼らはまずこの部分だけを切り取り、無責任な発言と非難する。この会見全体の天皇の発言や、すでに三度も広島を訪問していることを考えれば、天皇がアメリカの肩を持っているわけではないことはわかる。まして歴史的訪問を終えたばかりのアメリカを批判するわけにはいかないだろう。それさえも政治的発言になる。宮中側でも回答を用意していたようではなかったが、記者会見のコメントとしては無頓着、表現不足は明らかだった。しかし、それも高齢の天皇がテレビ中継しているる記者会見という不慣れな状況のなかで、真意を説明するのは困難だったと思われる。ともあれ、この発言はしばらく各紙に取り上げられ論議の的になった。

　しかし堅い話ばかりではない。テレビ番組について「どんな番組をごらんですか」との記者の質問に、天皇は「放送会社の競争が甚だ激しいので、いま、どういう番組を見ているかということはお話できません」と答えた。公平さを気遣った誠実な回答に、会場が笑いに包まれる一幕もあった。

三一日夜、天皇の記者会見について宇佐美長官がコメントを発表した。宇佐美は、天皇が「ご自分から質問をされることがあっても、質問を受けることには慣れておられないため、お考えを十分述べになれなかったきらいがあった」と解説している。

特に原爆投下についての発言で、「やむをえなかった」など「言葉が簡単すぎた気味があった」と弁明している。天皇は、この発言の前に「広島市民には気の毒」と二度触れており、「全体で文脈を考えてもらえば」と述べている。「やむをえなかった」の文脈は、「自分にはどうしようもなかった」という意味と受けとめていると長官は述べた。その上で、各方面から記者会見などを要請されているが、「全部には応じ切れない」というのが宮内庁の見解だった。日本記者クラブの記者相手の会見は、この経験もふまえれば今後はわからない。それは「あのように、お答えになるのは、とっても苦心なさる方なので、いずれにしても、そうしょっちゅうはできないだろう」(『朝日』一一月一日)と結んだ。

記者会見で発した言葉という重みはあるが、といって都合のいい部分を切り取って批判するのも天皇の意図を反映したものではない。

同夜、共産党はさっそく天皇発言について「アメリカの立場を代弁するもの」で「日本国民に重大な衝撃を与える」と批判した。左派勢力には絶好の批判の対象になる。記者会見は国内に波紋を生み、様々な反応があった。一一月一日の『朝日』は「沈黙流れた原爆病院」と取り上げた。作家のいいだももは「天皇は大変なリアリスト」と戦前からの変貌を指摘、戦争や傷みに対し「過去に取り付かれた思考」と厳しい。

加藤秀俊学習院大教授は、テレビ問題の発言で天皇の「ユーモア」に驚いている。大元帥だった天皇がまさか視聴率に触れて切り返すとは誰も予想できなかった。それまでの発言は国会答弁のようで、またこのような会見は「もっともっと、あってほしい」と肯定的に捉えた。西義之東大教授は、「テレビのインタビュー術まで学ばれなかったのだろう」と同情的で、原爆についても「あれがお考えのすべてではない」とし、「もともといろいろ言っておられるのだから」と解説している。それぞれの立場で認識は別れるが、負の遺産について、三〇分ほどの会見、ましてや象徴天皇にどのように語ってもらうのか、課題になったことは確かだった。

ところで、天皇は記者会見など種々の報道をかなり気にしていたことを小林忍侍従が記していたことが近年明らかになっている（『昭和天皇最後の侍従日記』）。小林は「御訪米、御帰国後の記者会見等に関する世評を大変気になさっており」と記し、また「御自信を失っておられる」というのである。天皇の心情を残したものとして興味深い。そこで、小林は「お上の素朴な御行動が反ってアメリカの世論を驚異的にもりあげたことなどを具体的につぶさに申し上げ、自信をもって行動なさるべきことを縷々申し上げた」というのである。

天皇は慣れない記者会見で、政治性に及ぶような事項ではとても苦労して話していた。また大戦の責任問題も問われてさらに心身にストレスを与えられた。多くを語ると失言につながることもあり、短く発言すれば、真意が伝わらない。それだけにマスコミは　取材記者や専門家を動員して発言の奥底にある何かを解明したいと分析しようとする。ややもすると賛成、反対で分断された捉え方にもなる。まさに日本の政治体制が大変革した時代の昭和天皇は、様々な課題を含みつつ明仁天皇にバトンを手渡すことになった。

結びにかえて　負の遺産を引き継ぐ明仁天皇

昭和天皇は、二度の外遊で対照的な経験をすることになった。最初の欧州訪問では、皇太子時代の思い出を半世紀ぶりに髣髴《ほうふつ》させるセンチメンタル・ジャーニーとなったことはよく知られている。それは皇太子時代の外遊の思い出が優先していたこと、また象徴天皇を世界にアピールすることを意識していたせいか、国内でも異論はあっても政治性が薄いこの外遊に大きな反発はなかった。むしろ天皇が外遊を可能にするという法的問題をクリアして門戸を開いたことが画期的だった。

それとともにヨーロッパの王室や元首と交流を行い、国際社会に日本の象徴天皇を紹介する機会になったことは間違いない。とはいっても大戦の敗戦国、かつての連合国がこの外遊を大歓迎したわけではなかった。まだ終戦から四半世紀、日本と激戦を繰り返した国々では戦時捕虜を中心に積もっていた不信感がこれを機に表面化することになった。典型的な例はイギリスやオランダだろう。

日本側も、ある程度は予想していたものの、戦時中の日本軍による負の遺産に対面した時の様々な準備はあまりしていなかったかもしれない。天皇の乗車した車にものが飛んできたり、罵声やシュプレヒコールを浴びたことから、現実の外の世界では、戦争の傷痕は癒えていなかったことがわかる。しかし、天皇が外遊することはこれも含めて現実を知るという覚悟も必要だ。それがヨーロッパ外遊の体験だったが、それだけではなかった。

さらに高度経済成長を続ける日本から天皇が来訪することで警戒感も生まれた。それはかつての大日本帝国と重ね合わせて経済侵略と主張するマスコミも多かったことからもわかる。

以上のような背景も考慮すると、天皇の外遊は戦争の記憶がまだ新しい国々との交流を日本が見直す契機になったという側面もあったことがわかる。特に訪問を重視していたイギリスで、エリザベス女王が天皇を招いての晩餐会で日本の負の遺産を指摘するスピーチは日本側にとって重大な教訓になった。戦争体験に言及する女王、明治維新以来のイギリスとの友好関係を言及する天皇のスピーチはあまりに対照的だった。同時に、江戸時代から友好関係にあったはずのオランダの一部から強い反発があったことは日本側に大きな衝撃を与えたに違いない。象徴天皇は政治的な言動はできないというものの、戦前は大元帥だった天皇だけに、旧連合国は額面通りには受け取れなかったのである。

もう一国はオランダだった。このときは、非公式訪問でオランダ王室は平静を保っていたが、その後明仁天皇がオランダを公式に訪問した時、メディアもさることながら、女王が晩餐会で大戦の負の遺産を厳しく追及したことは、問題の根深さを物語っている。この結果、訪欧で経験を得た宮内庁や政府側は、広報活動に力を入れることになる。いい例は、天皇が海外メディアとの会見やインタビューなどを増やしたことだろう。それも日本人記者より先んじていた。

このことは次なる天皇訪米に教訓をもたらすことになった。女王も国民の心情を考えれば晩餐会などで大戦についてふれないわけにはいかなかった。これが前例になったわけではないだろうが、今後も他国で国王や元首が天皇との晩餐会などで大戦の負の遺産に言及するということにもなる。友好親善には乗り超えなくてはならない課題が突き付けられることになった。

一方、訪米は訪欧と比べ政治色においてかなり違っていた。当時、日米間には貿易摩擦があり、ニクソン政権は煮え切らない日本の対応にいら立っていた。またニクソンは米中接近を試みていて、いわゆるニクソン・ショックは頭越し外交といわれるようなやり方で、日米の外務当局を驚かした。ホワイトハウスは秘密主義で、日本政府は機密情報を漏らしてしまうという不信感がそれに輪をかけ、アンカレッジの会談も日本の不信感を慰撫する目的とニクソン再選の選挙活動、中国へのある程度の牽制といった諸条件があるなかで極めて政治性の濃い会談になった。他方で、この会談が天皇の訪米の糸口になるのは注目しなくてはならない。

しかし、七一年のアンカレッジでの天皇とニクソンの約束から訪米が実現する七五年まで、数年も経過したことは普通ではない。冷戦に対処するアメリカは同盟国日本の天皇を極めて配慮に満ちた対処をして対照的な状況になった。天皇訪米が現実味を帯びる中、前例主義、相互訪問が前提とする宮内庁だが、ニクソン・田中政権が日米共同声明などで、友好関係をうたう中、天皇訪米を「共同声明」に記載するという政治性が宮内庁では反発を呼んだ。さらにウォーターゲート事件、田中金脈事件など両国で政府を震撼させる事件が発生して、これらもまた相互訪問プランを阻害する要因になった。

このころの宮中は、天皇訪米が政権に利用されることを心配して総選挙の結果でも一喜一憂していることがよくわかる。自民党が多少議席を減らしたことに満足するなど、国会や国民の中で外遊を後押しするコンセンサスができない空気を歓迎するのは一見自己矛盾でもあるが、宇佐美長官はともかく政治の外に天皇を置きたいとする姿勢が田中政権の当初の天皇訪米計画を流産させていく結果になった。

当然、国会では天皇訪米について、その政治性について喧々諤々《けんけんがくがく》の議論が繰り返された。浮上した一つが元首という問題だ。憲法には記載されていないが海外に象徴を説明するのは難しく、外務省は元首という形で照会していたがこれとても国会で何度も議論された。政府見解は、実質は元首と答弁しているが憲法で確定した文言にはなっていない。ともあれ、こうしたプロセスを経てむしろ戦後の天皇制度を元首へと誘う役割を果たした面もあるともいえなくはない。象徴天皇が元首というシステムと整合性があるのかどうか曖昧さを残しつつも憲法上の理論と現実の運用のなかで距離感が近づいてきたとも言うべきだろうか。

日米安保、冷戦という激動のなか、国会で天皇の外遊がかなり議論され、これにより立憲君主的な解釈が定着していくとの指摘があるが、皇室外交、あるいは元首や立憲君主といった概念が戦後の天皇制のあり方に対する文言として次々と登場して収斂していくプロセスともいえる。最後は憲法改正で決まるのだろうが、これもまた簡単ではなさそうだ。

昭和天皇は二度の外遊によってむしろ課題を次世代に残したが、明仁天皇の外遊の足跡は、積み残された課題を自身が引き継ぎ、その上での友好親善活動と理解することもできる。その典型的活動が、明仁天皇が昭和時代の負の遺産と向き合ういわゆる「慰霊の旅」だった。歴代の天皇で明仁天皇ほど海外に出向いた天皇はいないが、戦場となった地で皇后とともに頭を垂れ、献花する天皇は、皇族が永久に引き継いだ平和への願いの向き方ともいえる。

裕仁皇太子が外遊して一〇〇年、明仁皇太子の戴冠式参列のための訪英から七〇年、そして昭和天皇の訪欧から半世紀が経過している。

二〇二三年五月六日、チャールズ国王が戴冠式を迎える。彼は何度も訪日しており、日本との関係も深い。徳仁天皇はおそらく戴冠式に参列するだろうが、この日から日英の皇室・王族の交流の新たな始まりになる。大戦の負の遺産を徳仁天皇が昭和、平成天皇の遺志をどのようにつないでいくのか、過去の歴史とどのように対面していくのか、今後も注目しなくてはならない国際親善活動である。

あとがき

皇室は菊のカーテンの中という状況で皇族、特に天皇の外遊を詳らかにするというのは大変な作業である。それを可能にしたのは側近たちの記した日記やメモがかなり公開されたからだが、二十世紀の史料状況はそれでも限定されていた。

『裕仁皇太子ヨーロッパ外遊記』を出版してからすでに二十五年ほど経過した。昨今、昭和天皇の側近の日記など史料が続々と公開され、加速度的に研究は進んでいる。なかでも昭和は大戦によって価値観が大転換する時代、政治、歴史、外交など様々な分野から天皇と政治を巡る研究成果が輩出している。本書は皇太子時代の外遊の姉妹編だが、政策決定の裏側は、軍部こそ介入はなくなったが、時の政権と宮中の綱引きは戦後も変わらない部分があることが感じられる。それだけ研究対象として興味深いということもいえよう。

昨年エリザベス女王が逝去、チャールズ国王が即位、日本も数年前に令和と変わり、日英間は新たな時代に入った。コロナ禍、ウクライナ戦争と混迷が世界に拡散し、それに本書で紹介した半世紀前の米中接近が嘘のように東アジアの緊張とグローバル時代に逆行するような国際情勢を迎えている。平和を求める国際社会に政治と距離を置いた皇室がどのようにアピールできるのか、日本ならではのアプローチが今後問われることになると思われる。

本書出版にあたって多くの人のお世話になっている。慶大法学部のゼミ生時代から御指導をうけた池井優慶大名誉教授には研究から野球にいたるまで様々なテーマを学ぶことになった。野球では先生がミシガン大学で教鞭をとられていた時、訪米して先生やゼミ生と共にドジャースタジアムのマウンドに上がったことは忘れられない思い出の一つだ。筆者が野球などの著作が増えているのも先生の影響であることは言うまでもない。改めて米寿を迎えられた先生に本書を捧げたい。

また資料収集、確認でお世話になった大矢耕司氏、中崎千帆氏、大高千嘉世氏、岩間克則氏に、また出版にあたって芙蓉書房出版平澤公裕社長には大変ご迷惑をおかけした。改めて感謝申し上げたい。最後に、私事ながら娘の絵美子・久美子の健康を祈ってこの書を捧げたい。

波多野　勝

参考文献

■一次史料

「対外啓発講演」(「情報部関係講演会雑件」) 外務省外交史料館所蔵(以下、外交史料館とする)
「皇太子継宮明仁親王殿下御外遊一件・英国エリザベス女王戴冠式御出席」外交史料館
「吉田総理の欧米訪問関係一件」(第一巻 第二巻、第三巻、第四巻) 外交史料館
「ニクソン副大統領訪問関係」(「米国要人訪問関係」) 外交史料館
「皇太子殿下同妃殿下御訪米関係一件」外交史料館
「米州諸国大統領本邦訪問関係 アイゼンハワー米国大統領関係」外交史料館
「欧州諸国君主及び王族本邦訪問関係雑件 アレクサンドラ英国内親王関係 第一巻」〈他第二巻、第三巻、第四巻〉外交史料館
「田中総理訪米(ハワイ会談関係) 一九七二・八 第三巻」外交史料館
「池田総理欧州訪問関係一件」外交史料館
「皇太子継宮明仁殿下外遊一件 英国エリザベス女王戴冠式御出席」(米国関係) 外交史料館
「皇太子同妃両殿下御訪米関係一件」外交史料館
「天皇皇后両陛下御訪欧関係(昭和四六年九月~一〇月) 外交史料館
「日本万国博覧会(一九七〇年於大阪) 日本万国博覧会常任理事」(第一巻) 外交史料館
「日本万国博覧会 天皇皇后両陛下及び皇族の万博御視察」外交史料館
「同、外国元首及び要人招聘」他第二巻、第三巻 外交史料館
「同、外国元首及び要人招聘 接遇、接遇準備委員会」外交史料館
「「同、宮中接遇」外交史料館
「英国元侍従陸軍少将ロード・ロック叙勲の件」「叙勲裁可書・昭和十二年・叙勲巻九外国人二止」国立

公文書館所蔵
「明治四二年　公文備考　巻66物件9日英博覧会書類1」（防衛研究所戦史研究センター）
「昭和四六年天皇皇后両陛下　ベルギー、英、独御訪問1」外交史料館
「昭和四六年天皇皇后両陛下　ベルギー、英、独御訪問2」外交史料館
「昭和四六年天皇皇后両陛下　ベルギー、英、独御訪問3」外交史料館
「昭和四六年天皇皇后両陛下　ベルギー、英、独御訪問4」外交史料館
「昭和四六年天皇皇后両陛下　ベルギー、英、独御訪問5」外交史料館
「昭和四六年天皇皇后両陛下　ベルギー、英、独御訪問8」外交史料館
「昭和四六年天皇皇后両陛下　ベルギー、英、独御訪問9」外交史料館
「昭和四六年天皇皇后両陛下　ベルギー、英、独御訪問10」外交史料館
「昭和四六年天皇皇后両陛下外国御訪問（ベルギー他）」外交史料館
「昭和四六年天皇皇后両陛下外国御訪問（ベルギー他）御訪問経緯（決定まで）」外交史料館
「昭和四六年天皇皇后両陛下外国御訪問（ベルギー他）事前調査・準備1」外交史料館
「昭和四六年天皇皇后両陛下外国御訪問（ベルギー他）事前調査・準備2」外交史料館
「昭和四六年天皇皇后両陛下外国御訪問（ベルギー他）宿舎」外交史料館
「昭和四六年天皇皇后両陛下外国御訪問（ベルギー他）発表・準備体制」外交史料館
「昭和四六年天皇皇后両陛下外国御訪問（ベルギー他）01」外交史料館
「昭和四六年天皇皇后両陛下外国御訪問（ベルギー他）02」外交史料館
「昭和四六年天皇皇后両陛下外国御訪問（ベルギー他）03」外交史料館
「昭和四六年天皇皇后両陛下外国御訪問（ベルギー他）04」外交史料館
「邦人記者会見要録」「田中総理訪米（ハワイ関係）第一巻」外交史料館
Foreign Office Files for Japan and the Far East Series:British Foreign Office Files for post war Japan Part 1:1952-1953、国立国会図書館憲政資料室所蔵

■単行本、論文、雑誌

外務省『わが外交の近況』下　一九七四年版、一九七五年。

宮内庁編『昭和天皇実録』全19巻、東京書籍、二〇一五年〜二〇一九年。

『日本万国博覧会公式記録資料集』別冊B1
朝海浩一郎著『司町閑話・一外交官の回想』大林組東京本社広報室、一九八六年。

朝海浩一郎『花みづきの庭にて　ある外交官の回想』朝海浩一郎回顧録編集会編、一九八八年。

五百籏頭眞・伊藤元重・薬師寺克行編『宮沢喜一』朝日新聞社、二〇〇六年。

池井　優『駐日アメリカ大使』文春新書　二〇〇一年。

池田直隆『日米関係と二つの中国』木鐸社、二〇〇四年。

池田勇人『均衡財政』中公文庫、一九九九年。

石井　修「ニクソン訪中」(『法学研究』第九〇号、明治学院、二〇一一年一月)。

石井　修「対中禁輸と日本の経済自立」(『国際政治』八五号、一九八七年五月)。

石井　修「ニクソンの『チャイナ・イニシアチブ』1」(『一橋法学』第八巻第五号、二〇〇九年一一月)。

石井　修「ニクソンの『チャイナ・イニシアチブ』2」(『一橋法学』第一〇巻第一号、二〇一一年三月)。

石井　修「ニクソン訪中後の米中関係」(『一橋法学』第一二巻第一二号、二〇一三年一一月)。

石川真澄『人物戦後政治』岩波書店、一九九七年。

石川忠久『漢詩人　大正天皇』大修館書店、二〇〇九年。

ロバート・アントニー・イーデン　湯浅義正訳『イーデン回顧録』(全四巻)みすず書房、二〇〇〇年。

伊藤之雄『昭和天皇伝』文藝春秋、二〇一一年。

稲生雅亮『昭和天皇と私達』三進堂出版、一九九九年。

入江相政『入江相政日記』第三〜九巻、朝日新聞社、一九九〇年〜一九九五年。

岩見隆夫『陛下の御質問』毎日新聞社、一九九二年。

岩見隆夫『陛下の御質問　昭和天皇と戦後政治』文春文庫、二〇〇五年。

牛場信彦『外交の瞬間―私の履歴書』日本経済新聞社、一九八九年。

大平正芳『大平正芳全著作集七』講談社、二〇一一年。

小野　昇『皇太子さま』白雲堂、一九四七年。

折田正樹『外交証言録・湾岸戦争　普天間問題　イラク戦争』岩波書店、二〇一三年。

河西秀哉編『戦後史のなかの象徴天皇』吉田書店、二〇一三年。

河西秀哉『象徴天皇の戦後史』講談社選書メチエ、二〇一〇年。

河出書房新社編『河出人物読本　天皇裕仁』河出書房新社、一九八三年。

河合秀和『チャーチル』中公新書、一九九八年。

甘露寺受長『天皇さま』講談社、一九七五年。

岸田英夫『天皇と侍従長』朝日新聞社、一九八六年。

岸田弘一『誠の道　保利茂と戦後政治』毎日新聞社、一九八一年。

木下道雄『側近日誌』文藝春秋、一九九〇年。

君塚直隆『女王陛下の外交戦略―エリザベス二世と「三つのサークル」』講談社、二〇〇八年。

君塚直隆「日露戦争と日英王室外交」(軍事史学会編『日露戦争二』錦正社、二〇〇五年)。

君塚直隆『物語　イギリスの歴史　上・下』中公新書、二〇一五年。

君塚直隆「エリザベス二世と戦後イギリス外交」(『国際政治』第一七三号、日本国際政治学会、二〇一三年六月)。

君塚直隆『エリザベス女王』中公新書、二〇二〇年。

楠田実他編『楠田実日記―佐藤栄作首相秘書官の二〇〇〇日』中央公論新社、二〇〇一年。

楠元町子「万国博覧会と皇室外交」(『愛知淑徳大学論叢―文学部文学研究科』二〇一〇年三月)。

黒岩　徹『危機の女王　エリザベス二世』新潮社、二〇一三年。

黒田勝弘・畑好秀編『昭和天皇語録』講談社、二〇〇四年一月。

軍司貞則『アントワープのサムライ商人』文藝春秋、一九八五年。

小泉信三『小泉信三全集・書簡集25・26』文春新書、一九七二年。

サー・ヒュー・コータッツィ、日英文化交流研究会訳『歴代の駐日英国大使』文眞堂、二〇〇七年。

サー・ヒュー・コータッツィ、松井耕輔訳『日英の間で』日本経済新聞社、一九九八年。

後藤致人『昭和天皇と近現代日本』吉川弘文館、二〇〇三年。

小林忍・共同通信取材班『昭和天皇 最後の侍従日記』文藝春秋、二〇一九年。

佐藤栄作 伊藤隆監修『佐藤栄作日記』第四巻、朝日新聞社、一九九七年。

澤田壽夫『澤田節蔵回想録』有斐閣、一九八五年。

塩沢実信『人間 吉田茂』光人社、一九八九年。

「衆議院会議録情報 第71回 内閣委員会 第14号 昭和四八年四月一二日」

「衆議院会議録情報 第72回 内閣委員会 第6号 昭和四九年二月二一日」

アレックス・ジョンソン 増田弘編『ジョンソン米大使の日本回想』草思社、一九八九年。

関 桂三『日本綿業論』東京大学出版会、一九五四年。

高橋 紘『陛下、お尋ね申し上げます―記者会見全記録と人間天皇の軌跡』文春文庫、一九八八年。

高橋 紘『昭和天皇』岩波書店、二〇〇八年。

竹内 桂「三木・フォード会談について」(『大学史紀要』一五号、明治大学、二〇一一年三月)。

秩父宮雍仁・秩父宮勢津子『御殿場清話』世界の日本社、一九四八年。

寺崎英成、マリコ・テラサキ・ミラー著『昭和天皇独白録』文春文庫、一九九五年。

藤樫準二『天皇とともに五十年 宮内庁記者の目』毎日新聞社、一九九七年。

永積寅彦『昭和天皇と私 八十年間お側に仕えて』学習研究社、一九九二年。

中村隆英『昭和史1』東洋経済新報社、一九九三年。

西 春彦『回想の日本外交』岩波新書、一九六五年。

西野重孝「忘れ得ぬ思い出、ご訪欧、ご訪米」(『週刊朝日』一九八四年一二月二〇日)。

波多野勝『裕仁皇太子ヨーロッパ外遊記』草思社、一九九八年。

波多野勝『明仁皇太子エリザベス女王戴冠式列席記』草思社、二〇一三年。

服部龍二『日中国交回復』中公新書、二〇〇一年。

服部龍二「田中首相・ニクソン大統領会議記録」(『人文研紀要』六八号、中央大学人文科学研究所、二〇一〇年）。

原圭一郎編『原敬日記・第四巻・第五巻』福村出版、一九六五年。

原　武史『大正天皇』朝日選書、二〇〇一年。

原　武史『昭和天皇』岩波新書、二〇〇五年。

ジョン・フィゲス「日欧関係の新展開」（クルト・ガスタイガー、久野圭訳『日本の将来　日本の選択　高まる欧米との不協和音』日本経済新聞社、一九七三年）。

福田赳夫『回顧九十年』岩波書店、一九九五年。

藤井宏昭、細谷雄一、白鳥潤一郎、山本みずき『国際社会において名誉ある地位を占めたいと思ふ、藤井宏昭外交回想録』吉田書店、二〇二〇年。

藤村通監修『松方正義関係文書　第五巻』大東文化大学東洋研究所、一九八三年。

二荒芳徳・沢田節蔵『皇太子殿下御外遊記』東京日日新聞社、一九二四年。

舟橋正真『皇室外交と象徴天皇制　一九六〇年〜一九七五年』吉田書店、二〇一九年。

古垣鉄郎、ロバート・マーフィ『軍人の中の外交官』鹿島研究所、一九六四年。

古川隆久『昭和天皇「理性の君主」の孤独』中公新書、二〇〇九年。

古田尚輝「昭和四六年天皇訪欧とマス・メディア」（『成城文藝』二四〇号、二〇一七年六月）。

保阪正康『昭和天皇』中央公論新社、二〇〇五年。

細川勝元『天皇陛下と語る』山手書房、一九八二年。

アーミン・マイヤー　浅尾道子訳『東京回想』朝日新聞社、一九七六年。

増田　毅『幕末期の英国人　R・オールコック覚書』神戸大学研究双書・神戸法学双書14、有斐閣、一九八〇年。

増田　弘『ニクソン訪中と冷静構造の変容』慶應義塾大学出版会、二〇〇六年。

松本俊一著「日本人への愛情（チャーチル）」（『文藝春秋』一九六七年五月号）。

御厨貴・中村隆英編『聞き書　宮沢喜一回顧録』岩波書店、二〇〇五年。

溝口雅久『大使館ドライバー・日記で綴る英国大使館との三十八年』文芸社、二〇〇二年。

三谷隆信『回顧録』中公新書、一九八〇年。

御手洗辰雄『欧州に於ける東宮』報知新聞出版部、一九二二年。

宮沢喜一『戦後政治の証言』読売新聞社、一九九一年。

宮澤喜一『東京―ワシントンの密談』中公文庫、一九九九年。

毛利和子、毛利與三郎訳『ニクソン訪中機密会談録』名古屋大学出版会、二〇〇一年。

毛利和子、増田弘編・監訳『周恩来・キッシンジャー機密会談録』岩波書店、二〇〇四年。

レナード・モズレー　高田市太郎訳『天皇ヒロヒト』毎日新聞社、一九七一年。

森　暢平「新資料にみる昭和天皇・ニクソン会談」（『コミュニケーション紀要』第一八号、成城大学、二〇〇六年三月）。

吉田　茂『回想十年』第4巻、中公文庫、一九九八年。

吉田尚輝「昭和四六年天皇訪欧とマスメディア」（『成城文藝』第二四〇号、二〇一七年七月）。

吉田裕、瀬畑源、河西秀哉編『平成の天皇制とは何か―制度と個人のはざまで』岩波書店、二〇一七年。

吉次公介「戦後日米関係と『天皇外交』」（五十嵐暁郎編『象徴天皇の現在』、世織書房、二〇〇八年）。

吉村道男「日英宮廷交流の一面」（細谷千博・木畑洋一等編『日英交流史1』、東京大学出版会、二〇〇〇年）。

エドウィン・O・ライシャワー、徳岡孝雄訳『ライシャワー自伝』文藝春秋、一九八七年。

若泉　敬『他策ナカリシヲ信ゼムト欲ス』文藝春秋、一九九四年。

『ニューズウィーク日本版』二〇〇六年二月。

Henry A. Kissinger "The Future of U.S.-Chinese Relations Conflict Is a Choice, Not a Necessity" *Foreign Affairs*, March/April 2012
Safilre, Wiliam, *Before the Fall An inside View of the Pre-watergate White House*, New York A Da Capo Paper Back,1975.

Richard M. Nixon, "Asia after Vietnam", *Foreign Affairs*, 1967.

著者

波多野 勝（はたの まさる）

総合教育研究所代表、現代史研究家。
1953年岐阜県生れ。慶応義塾大学法学部卒、同大学院修了、法学博士。日本外交史、国際政治専攻。
主な著書『浜口雄幸』（中公新書）、『日米野球史』『満蒙独立運動』（以上、PHP 新書）、『濱口雄幸日記、随感録』（共編、みすず書房）、『裕仁皇太子ヨーロッパ外遊記』『東京オリンピックへの遥かな道』『明仁皇太子エリザベス女王戴冠式列席記』（以上、草思社）、『海軍の外交官　竹下勇日記』『内田良平関係文書』（以上共編、芙蓉書房出版）、『浜口雄幸日記・随感録』（共編、みすず書房）、『左腕の誇り・江夏豊自伝』（新潮文庫）、『日米野球の架け橋』『奈良武次とその時代』（以上、芙蓉書房出版）など。

昭和天皇欧米外遊の実像
――象徴天皇の外交を再検証する――

2023年3月28日　第１刷発行

著 者
波多野《はたの》　勝《まさる》

発行所
㈱芙蓉書房出版
（代表 平澤公裕）
〒113-0033東京都文京区本郷3-3-13
TEL 03-3813-4466　FAX 03-3813-4615
http://www.fuyoshobo.co.jp

印刷・製本／モリモト印刷

ISBN978-4-8295-0858-9

【芙蓉書房出版の本】

世界史と日本史の枠を越えた新しい近現代史通史　全３冊

明日のための近代史 **増補新版**

世界史と日本史が織りなす史実　伊勢弘志著　本体 2,500円

明日のための現代史〈上巻〉1914～1948

「歴史総合」の視点で学ぶ世界大戦　伊勢弘志著　本体 2,700円

明日のための現代史〈下巻〉1948～2022

戦後の世界と日本　伊勢弘志著　本体 2,900円

日中和平工作秘史

繆斌工作は真実だった

太田　茂著　本体 2,700円

「繆斌工作」が実現していればヒロシマ・ナガサキもソ連の満州・北方領土侵略もなく戦争は終結していた！
日中和平工作史上最大の謎を解明・論証。

新考・近衛文麿論

「悲劇の宰相、最後の公家」の戦争責任と和平工作

太田　茂著　本体 2,500円

毀誉褒貶が激しく評価が定まっていない近衛文麿。近衛が敗戦直前まで試みた様々な和平工作の詳細と、それが成功しなかった原因を徹底検証する。

陸軍中野学校の光と影

インテリジェンス・スクール全史

スティーブン・C・マルカード著　秋場涼太訳　本体 2,700円

帝国陸軍の情報機関、特務機関の誕生から戦後における“戦い”までをまとめた書 *The Shadow Warriors of Nakano* の日本語訳版。